老後貧乏

にならないための**お金**の法則

Masayuki
Tamura
田村正之

日本経済新聞出版社

まえがき　老後貧乏に陥らないために

「普通の夫婦」の多くは、まだどちらかが生きている年齢で老後資金が枯渇する可能性が大きい――。このことを考え始めたのは、お金の記事を執筆するために、平均的な会社員の年収などをもとに何度か老後資金をシミュレーションしてみたことがきっかけでした。最初は自分の計算ミスかとも思いましたが、何度計算してもやはり同じ結果になってしまいます。

なぜこうしたことが起きるのか。背景には4つの大きな流れの変化があります。1つはさらなる長寿化。厚生労働省の調査では、すでに2013年に女性の4人に1人が95歳まで生きます。そして2050年には、4人に1人が生きる年齢が98歳までさらに延びます。老後がますます長くなるのです。

老後を支えてくれるはずの公的年金については、今後2割程度の実質減額のリスクを考えておいたほうがいいでしょう。そのなかで始まったのがインフレ。せっかく貯めた預貯金の実質価値が、すでに傷み始めています。今後、原油安などで一時的にデフレ的状態に戻る局面もありそうですが、失業率の低下に伴う賃金増や需給ギャップの縮小などを背景に中長期的な物価上昇を見込む経済予測が増えています。

そして上がらない預貯金金利。預貯金金利を左右するのが国の債券、つまり国債の金利です。国の財政が極度に悪化しているなか、国債金利は今後も低く抑え込まれるとみられ、その結果、預貯金の金利が物価上昇率を下回る状況が長期化しそうです。

「さらなる長寿化」×「年金の実質減額」×「インフレ」×「金利の抑圧」＝老後貧乏

という怖い方程式が、かなりの確率で成立してしまいそうなのです。

しかし怖がっていても仕方がありません。老後貧乏のリスクに早く気付くほど、対策もとりやすくなります。①リスクを抑えながらのインフレに負けない資産運用、②年金増額の工夫や妻の働きなどの収入増、③公的医療保険など社会保障制度の徹底活用、④保険や住宅ローンの見直しなど支出の削減――といった対策を総合的に実施することが急がれます。

お金の話は難しくなりやすいのが難点です。そこでこの本では、ハナちゃんという大学生と、彼女のサークルの先輩である大学の資産形成論の講師兼ファイナンシャルプランナー（通称、老後博士）の2人の会話形式にし、読みやすくなるように考えました。ハナちゃんたちの会話を楽しみながら、できるだけ早く老後貧乏に陥らないための備えを実行していきましょう。

登場人物紹介

ハナちゃん

大学４年生。ゼミはパーソナル・ファイナンス概論。卒論で「超高齢化時代の老後資金の現状と課題」というテーマを選び奮闘中。本人も認める「妄想体質」で、夢はアラブの若き石油王との結婚。話が難しくなると眠ってしまう癖がある。

老後博士

ハナちゃんの大学のサークルの３年先輩で、現在は別の大学の助手。資産形成論を教える講師も務め、ファイナンシャルプランナー（FP）資格を持つ。お金のことを何でも教えてくれるので、ハナちゃんは老後博士と呼んでいる。イチゴのババロア好き。

装丁／相京厚史（next door design）

目次

まえがき　老後貧乏に陥らないために　3

第1章

迫る老後貧乏――増大する4つのリスク

「さらなる長寿化」×「年金減額」×「インフレ」×「金利抑圧」

女性の4人に1人は95歳まで生きる　13

年金は将来、実質2割減も　17

インフレで、貯めたお金が傷んでいく時代に突入　21

金利の「抑圧」で預貯金は実質目減りへ　25

コラム　GPIFに見る「脱デフレ型新資産配分」の期待と不安　32

第2章

実は難しくない堅実な資産運用

運用するかどうかで老後資金は20年違ってくる　36

発想の根本的な転換を！「当てる」のが投資ではない　38
「長期・分散・積み立て・低コスト」の威力！
　１９８０年以降の35年で年率リターンは５・８％　40
自分が耐えられる下落率を考えて資産配分を　44
今さら聞けないお金の話——債券って何？　どうして株価と動きが違うの？　46
４資産で10年持ち続けると損が出た時期はなかった　50
ＧＰＩＦの新中期計画で考える「お得」な資産配分は？　52
今さら聞けないお金の話——「リスク」は「危険」じゃないって、どういうこと？　53
新興国やＲＥＩＴも含めたお得な資産配分は　59
「国破れて企業あり」の時代、生き延びるのに不可欠になった株式投資　61
日経平均はバブル崩壊後の半値なのに、積み立てならすでに利益　64
ドルコスト平均法に勝つ「最強積立術」とは　69
投信のコスト差で老後資金の増え方は３倍変わる　75
コラム　大人気のラップ口座はコストが高すぎて……　83
「プロが運用するから好成績」は間違い　88
銘柄選びの神様、バフェットの意外な言葉「普通の人はインデックス投信でいい」　93
新興国指数の２倍の成績、「賢い指数」の底力　95

年金が採用している「コア・サテライト戦略」は個人もおすすめ 102
コラム 40年データで見たNISA必勝法とは 104

第3章

間違いだらけの外貨投資

金融機関のトーク「高金利通貨はお得ですよ」は間違い 112
デフレの国の通貨は上がる 117
「貿易赤字＝長期でも円安」とは限らない 125
「お得なはずが損」――外貨預金の2つの罠 130
外債、「利率が高いほうが損」の謎 135
2016年から外貨建て投資の「節税テクニック」が大変わり！ 139
FXは老後を支える「投資」ではない 145

第4章

医療と保険の知られざるツボ

生命保険料、月1万円の見直しで790万円のプラスに 154
生命保険料は、実際の支払いより多く徴収されている 156

保険料の格差は会社や商品により2・8倍にも　161
割安な「非喫煙健康体」を最優先　163
収入保障保険は自動的に保障が減額　167
終身部分の見直しの裏ワザ、高い利回りを維持しながら支払いをやめる「払い済み」　169
100万円の医療費でも申請すれば自己負担は8万円強ですむ　174
70歳以上はさらに優遇。高齢者の民間医療保険は本当に必要？　183
医療と介護を合算して、さらに割り引いてくれる「高額医療・高額介護合算制度」は
おそらく誰も教えてくれない　186
平均入院日数は急速に短期化。医療保険の意義は薄れた　189
がんになる確率は年齢や性別で大違い　194

第5章

持ち家がいいか、賃貸が正解か　老後の住まいをどうする？

今は最後のチャンス？　60歳時点でのローン残高を極力減らすのが老後貧乏回避のカギ　197
変動金利に潜む「毎月返済額は5年間変更なし」という罠　209
全期間固定で6年前より返済額900万円減も　213
「変動金利で家賃並みの返済」は破綻のもと　217

意外に大きな老後の賃貸資金。賃貸派は、退職時点までに2800万円の「賃貸ファンド」を　220
譲渡損なら所得税が軽くなる！　住み替えは税金の知識が不可欠　222
コラム　地震保険、東日本大震災ではマンション「共用部分」の契約が再建の分かれ道に　228

第6章 年金は大丈夫？

年金増額で老後貧乏回避へ　232
「隠れた優遇税制」個人型確定拠出年金　236
企業型DCの「元本確保型運用」は老後に暗雲　245
60歳以降、月20万円で5年働くと、65歳以降の上積み額が年間10万円前後に　250
妻の働きが老後貧乏を遠ざける　253
付加年金は払った保険料を2年で回収でき、その後もずっと上積みが続く　259
税優遇の年金制度をフルに使えば年50万円の節税も　262
自営業者の年金　1年多く納めれば受給9年半で回収　264
繰り下げ受給、特に女性の長生きに安心感　266

年金分割でも妻の老後貧乏は救えない 269

第7章 相続と贈与も賢く考える 老後資金の最後の逆転策

賢い相続で老後資金は10年分の増額も 273
相続増税で都内は5人に1人が相続税 276
親の土地の「8割減特例」が相続貧乏回避のカギ 282
生前贈与は「早く、たくさんの人に」 287
「なんちゃって贈与」は認められない 290
相続時精算課税制度はかなり慎重に 293
教育・結婚・出産・育児の贈与を受ければ自分の老後資金に余裕も 295
預貯金を生命保険に変えれば相続税が減る 299
タワーマンション節税、「実需」で有効 303
もめると相続税は高くなる 306
コラム 遺言の「付言事項」が相続争いを防ぐ 310

おわりに 「早めの危機感」が老後貧乏を救う 314

第1章

迫る老後貧乏——増大する4つのリスク

「さらなる長寿化」×「年金減額」×「インフレ」×「金利抑圧」

女性の4人に1人は95歳まで生きる

ハナ　先輩、久しぶりっす！　急に呼び出してすみません。ゼミの卒論を「超高齢化時代の老後資金の現状と課題」っていうテーマで書くことになったので、ざくっと話、聞かせてください。前にサークルのOBの飲み会で、「これからはたくさんの人が老後貧乏になる！」ってわめいて、クダ巻いてたじゃないすか。ちょっと気になって。

老後博士　「クダ巻いてた」って、失礼な！　でも実際、普通の収入がある人の多くが老後貧乏に陥る可能性がどんどん高まっていると思うよ。

ハナ　昔から、妄想癖がありましたよね。

図表1－1　それぞれの年齢で生きている確率は？（％）

＊薄い網掛けはほぼ2人に1人、濃い網掛けはほぼ4人に1人

	男性		女性	
	2013年	2050年	2013年	2050年
80歳	61	69	80	85
81歳	58	67	78	84
82歳	54	64	76	82
83歳	51	61	73	81
84歳	47	58	70	79
85歳	43	55	67	76
86歳	39	51	64	74
87歳	35	48	60	71
88歳	31	44	56	69
89歳	27	40	52	65
90歳	23	36	47	62
91歳	19	33	42	58
92歳	16	29	38	54
93歳	13	25	33	50
94歳	10	21	28	45
95歳	8	18	23	40
96歳	6	15	19	36
97歳	5	12	15	31
98歳	3	10	12	27
99歳	2	7	9	22
100歳	1	6	7	18

（出所）生命表（2013年は厚生労働省、2050年は国立社会保障・人口問題研究所の出生率中位予測）

老後博士　妄想癖は君だろ。昔から「理想の結婚相手はアラブの若き石油王」とか言ってたし（笑）。でもこの話はちゃんと考えたほうがいい。そもそもハナちゃんは何歳くらいまで生きると思う？

ハナ　えっと……35歳くらいで夭折？

老後博士　まじめに。老後資金を何歳くらいまで用意すればいいか、っていう大事な話。

ハナ　確か平均寿命が男性で80歳、女性で86歳になったそうだから、それくらいかしら。

老後博士　ところがその年齢まででは不十分なんだな。まず言葉の定義をおさらいしよう。「平均寿命」というのは、そのときのゼロ歳時があと何年生きるかを示す言葉。でも体が弱くて死亡率が高い幼少期を生き残った人は、実際にはもっと長く生きる。図表1－1は厚生労働省の調べた各年齢での生き残り確率だけど、**現時点で男性は83歳、女性は89歳で約半分が生きている。**

ハナ　えっ！　女性の老後資金は89歳まで？

老後博士　それでもやや不安。半分ってことは、残り半分は生きるってことでしょ？　89歳までしか用意していないと、残り半分に入ればお金はどうする？

ハナ　困りますね……。

老後博士　せめて**4人に1人が生き残っている年齢まで老後資金を用意しようとすると、現時点でも男性では90歳、女性では95歳。**

ハナ　95歳……。私の場合は「佳人薄命」って言われるくらいだから関係ないですけどね。

老後博士　300年くらい生きそうな感じだけどね。
ハナ　妖怪ですか！
老後博士　しかも、これは僕らが老後生活を送るようになるころはさらに延びる。もう一度表を見て。国立社会保障・人口問題研究所が将来推計を発表していて、**今から35年後、2050年時点での生存確率は、4人に1人が生きている年齢は男性が93歳、女性が98歳になる。**
ハナ　98歳ですって？　さすがに私の美貌もそのころは……。
老後博士　ちなみに2050年は女性の場合は100歳まで18%、つまり5人に1人が生きる。
ハナ　「私の美貌も」ってギャグ、流しましたね。
老後博士　僕自身、2050年に「4人に1人が生存」の年齢がこれほど高くなるっていうのは、この統計を見て意外だった。僕みたいに「太く短く」っていう男の美学を持つ人間には、違和感がある数字だよ。
ハナ　どちらかと言うと、細々と長く生きていきそうなタイプに見えますけど。
老後博士　……とにかく、せめて4人に1人が生き残る年齢まで老後資金を準備しようとすると、夫婦合わせて95歳くらいまでは考えておかないといけないわけ。
ハナ　気が遠くなりますね。でも国の年金があるから安心なのでは。

年金は将来、実質2割減も

老後博士　もちろん国の年金は大きな、そして重要な支え。でも年金財政は悪化している。**受給開始年齢の後倒しや、物価上昇ほどには受給額が上がらないなど、年金は実質的な減額を覚悟しておいたほうがいい状況だよ。**

ハナ　どうして？

老後博士　国の年金は基本的には若い世代が高齢世帯を支える仕組み。1970年には、65歳以上の高齢者1人に対し、15～64歳の生産年齢人口の人が9・8人もいた。しかしこの比率は2015年には2・3人に急低下、2050年には1・3人になってしまう。これでは若い人だけに支えてもらうのは厳しいよね。

ハナ　1人が1人を支える、って肩車ですよね。長くやると疲れちゃう。

老後博士　わかるような、わからないようなたとえだね。とにかく2014年夏に発表された年金の財政検証では、現役労働者の手取りに対する年金の受給開始初年度の金額の割合（所得代替率）が、経済状態の前提や年齢によっても違うけど、現在より引き下げられる見通しが示されているよ。ハナちゃん、このグラフを見てどう思う？

図表1－2　年金は実質的に減額へ

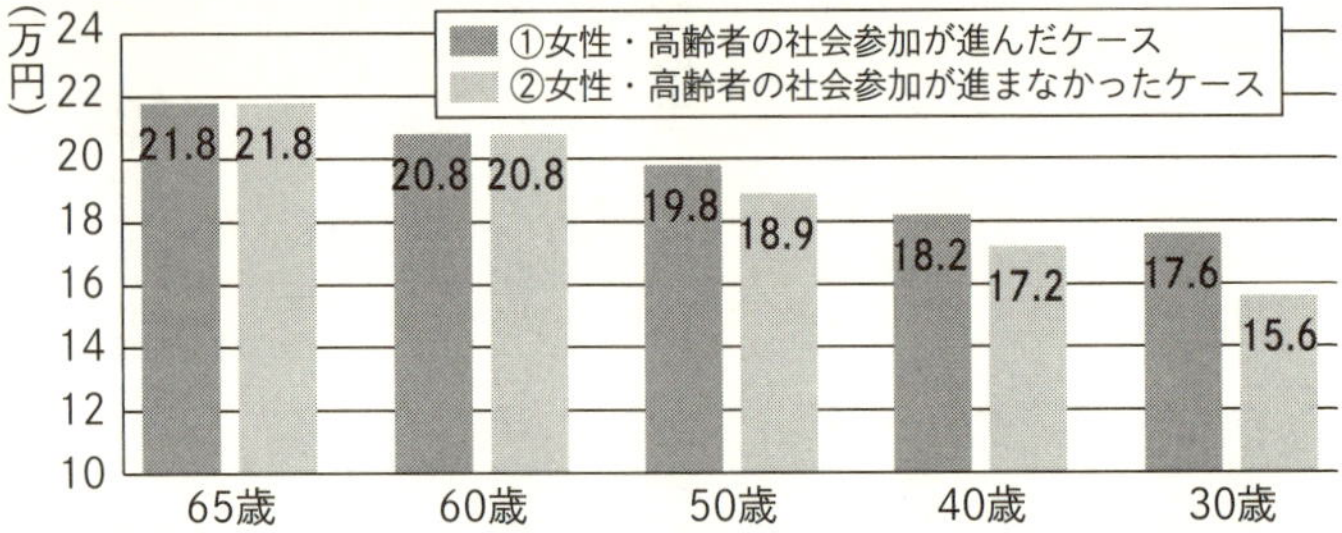

アライアンス・バーンスタインが2014年の公的年金財政検証結果から試算。現在の価値に直した金額。年齢は2014年現在。平均的な会社員と専業主婦の世帯。①は財政検証のケースE、②はケースG。平均賃金が現状と変わらない34.8万円とした前提で、現在の年金額に所得代替率の低下を反映させた。厚労省の財政検証は平均賃金が急速に増加していく前提のため、この試算より年金額は高く表示されている。

ハナ　10本の柱が見えるわ……。

老後博士　見たままを言わないように。グラフは、資産形成の情報などを提供するアライアンス・バーンスタイン未来総研が厚労省の財政検証をもとに試算した将来の年金額。現在の年齢や、女性などの社会進出が進むかどうかなどで変わってくるけど、**おおむね現在より1～3割、金額にして2～6万円程度実質的に減る見通しなんだ。**

ハナ　結構きついっすね。

老後博士　こうした状況下では、国の年金とは別に、今の自分が計画的にお金を積み立て、老後までの長い時間を活かして運用で増やし、将来の自分を支えてあげることが大事だよ。

ハナ　怖くなったので、老後のことは考えないようにします。

老後博士　いや、だからこそ考えないと（笑）。具体的に、95歳まで生きるとして預貯金が65歳の退職時期までにいくらあればいいのか考えよう。総務省の家計調査によると、高齢夫婦無職世帯の収入は平均で、月に約21万5000円。この9割超が年金などだ。一方で消費は27万2000円。毎月6万円弱を取り崩すことになる。

ハナ　年金だけじゃ暮らせていないんですね。老後いくらあればいいのかな。

老後博士　日銀が「家計の金融行動に関する世論調査」というのをまとめていて、2014年版をみると、回答者は平均で年金受給開始時に2100万円必要となっている。多くの人はこの金額を、退職時の必要額と考えているということだよね。

ハナ　そんなに？

老後博士　金額だけを見ると多く感じるんだけど、これで足りるかはかなり疑問。今後の取り崩し額はもっと大きくなりそうだから。

ハナ　さっき言われたように、今後は年金減額が見込まれるから？

老後博士　うん。アライアンスの試算では40年きちんと払ったモデル世帯が前提なので現在の年金額は21万8000円だけど、実際には満額納めていない時期もある人が多いので、家計調査の実際の年金収入の平均は月20万円。仮に2割減額と考えると、月に約4万円が減る。しかも年金から引き落とされる介護保険料も、介護財政のひっ迫で今後かなり上昇する可能性が大きい。さらに予備費として、将来の介護費なども考えておきたい。いろいろ足しこむと、現在が6万円弱の不足額とすると、今後はやや厳しめに毎月10万円程度の取り崩しは考えておいたほうがいいん

図表1－3　老後資金は何歳までもつ？

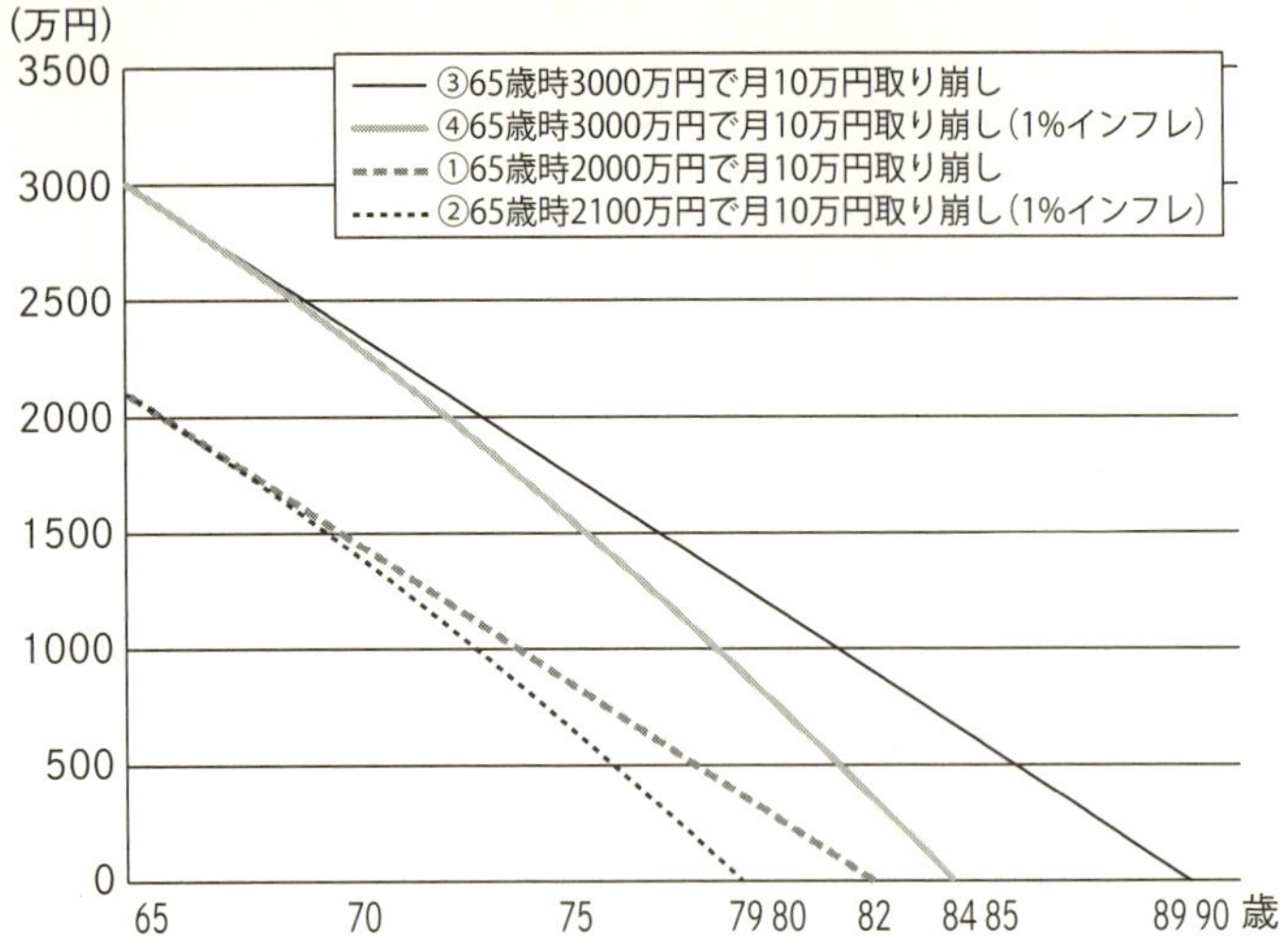

じゃないかな。その前提で試算したのが図表1－3だ。

ハナ　65歳時点で2100万円あっても、毎月10万円取り崩せば82歳で枯渇してしまいますね。

老後博士　図表1－1で2050年時点のほうを見てもらうと、82歳だとまだ男性の64％、女性は82％も生きているので、備えとしては心もとないよね。多くの人が考えている「退職時2100万円」という老後資金では、老後貧乏に陥る可能性がかなり高いというわけ。

ハナ　暗くなってきたわ……。いったいいくらあれば……。図表1－3を見ると、3000万円でも、ぎりぎり90歳くらいまでしかもちませんね。

老後博士　いや、**実は3000万円では84歳くらいまでしかもたない**かもしれないよ。84歳というと、2050年時点では男性の約6割、女性にいたっては8割がまだ生きている年齢だ。

ハナ　えっ？　なんで90歳でなくて84歳なの？

インフレで、貯めたお金が傷んでいく時代に突入

老後博士　それは、日本が長いデフレ期を脱し、インフレの時代に入り始めた可能性があるから。

ハナ　確かに黒田日銀の超緩和で物価が上がっているけれど、しばらくしたら再びデフレに戻るという懸念もまだありますよね。

老後博士　脱デフレが成功したと、今の段階で断定はできないよね。しかし、デフレからインフレへと向かう構造変化が起きていることにも要注意なんだ。**1つの要因は働き手の減少**。さきほどの国立社会保障・人口問題研究所の推計では、15歳から64歳までの生産年齢人口は2015年の約7700万人から、2050年には約5000万人へと35％も縮小してしまう。

ハナ　それとインフレと何の関係が？

老後博士　インフレ率に大きな影響を与えるのが賃金なんだ。日本のデフレが鮮明になったのは1990年代後半からだけど、ちょうどその同じ時期から日本では賃金が下がり始めていた。しかしここ数年で団塊世代が大量に65歳に達するなど生産年齢人口の縮小が鮮明になり、働き手が

不足し始めている。最近の賃金上昇にはそうした背景があり、賃金上昇が続くなら、デフレからインフレへの転換が起きても不思議ではない。

もちろん脱デフレは歓迎すべきことかもしれない。でもインフレが起きると老後、支出がその分大きくなってしまう。もう一度図表1－3の「④3000万円で1%インフレ」のところを見て。**65歳時に3000万円あっても、毎年1%ずつインフレが起きれば、モノが高くなっていくので預貯金が減るスピードが速くなり、84歳くらいでなくなってしまう。**

ハナ　でも、インフレになったら年金の額も上がっていくんでしょ？

老後博士　確かに年金は過去、インフレに連動していた。しかし2004年の改正で、ざっくり言うと、インフレ率から1%弱少ない伸び率でしか上がらないことにされた。つまりインフレ率が2%のとき、年金は1%強しか上がらない。やはり長期的には図表1－3の②と④の線のように、インフレで預貯金減少の速度が速まるリスクを想定しておいたほうがいいんじゃないかな。

ハナ　ダメじゃん、公的年金。

老後博士　いや、それでも、**インフレに連動してある程度は増えていくってこと自体、公的年金のとても優れた仕組みなんだ。**公的年金はやばいと思って民間の年金保険に入っている人もいるけど、民間の年金保険は、というより年金保険に限らず**民間の保険は、仕組み上、インフレに対応できない。**

ハナ　それってやばいこと？

図表1－4　インフレで現預金の30年後の実質価値は？

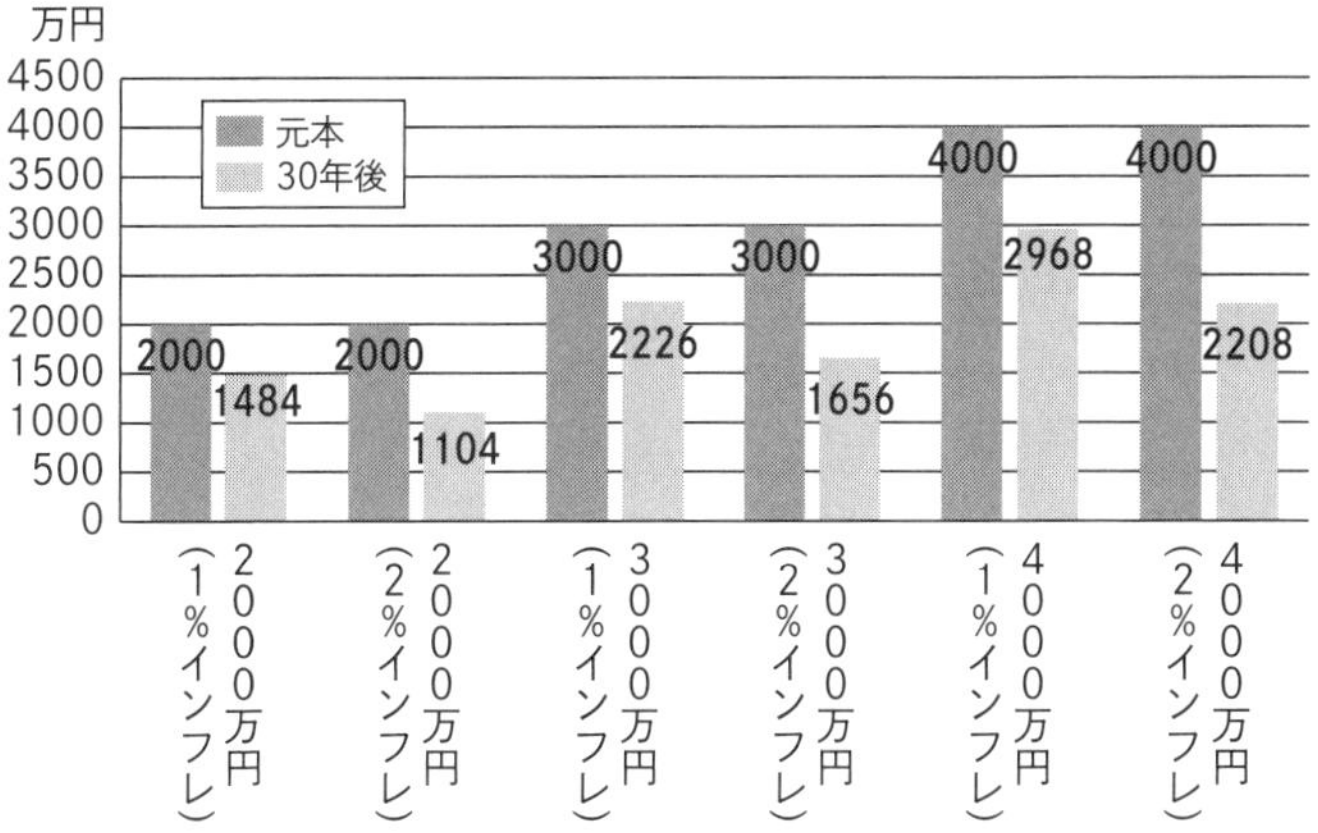

老後博士　図表1－4では、インフレが起きた場合の資産の実質価値が30年後にどう変化するかを見てみた。現在の3000万円は、1％インフレが続くと買えるものの価値が減っていき、30年後は2226万円の実質価値になる。2％インフレなら1656万円へと、半分近くに減ってしまう。例えば民間の保険で将来3000万円くれる場合も、インフレには対応できないので、**実質価値はそれだけ減るってこと。**

ハナ　デフレっていけないことだと思っていたけど、インフレだって怖いんですね。

老後博士　それでも、ある程度はインフレにも連動するという意味から、**公的年金こそが将来の自分を支えてくれる最大のよりどころであることは変わらない。**

ハナ　一見頼りなくても意外にしっかりしてる、って意味では、公的年金と先輩って似てますね。

老後博士　僕、見かけ、頼りない？

ハナ　ちょっと貧相っていうか…。

老後博士　……帰っていい？

ハナ　冗談ですって。割と打たれ弱いですね。

老後博士　……インフレに関してもうひとつ、考えてほしいことがある。ハナちゃんはそのうち家を買う？

ハナ　まだわからないけど、賃貸のほうが自由に引っ越しできて便利そう。

老後博士　確かに賃貸生活には自由さもあるけど、老後の住居費のことも考えておかないと。さきの家計調査では、実は生活費のうち住居費はわずか1万6000円。なぜかっていうと、家計調査の回答者の9割超が持家だから。もし老後も賃貸生活をずっと続けていくなら、家賃が10万円としたら、家計調査の住居費との差額は8万円強。**賃貸派は65歳から95歳までの30年間、この差額分の約8万円を別途上乗せで負担しなければならず、これだけで約2800万円にもなる。**

ハナ　2800万円が別途必要ですって？

老後博士　賃貸派はローン負担がない分、若い時期から老後の住居費の確保のためにお金を別途用意しておく必要があるんだけど、実行している人はあまり見かけない。**賃貸派は老後貧乏に陥るリスクがそれだけ高い**とも言えるわけだ。

ハナ　先輩は、家、買えてないから、老後貧乏予備軍ですね。

老後博士　……持ち家と賃貸とどちらが得かは、マネープランを考えるうえで長い間様々に議論されてきた。しかし、インフレになるなら家賃も上がっていく可能性がある。長生きリスクも考えると、「自分はローン負担のない若い時期から、きちんと老後の住居費も貯めていく自信がある」と考える人以外は、持ち家を用意するのも大事な選択肢かもしれないよ。

ハナ　でも、人口が減ると住宅需要も減りますよね。

老後博士　そこが難しい。例えば東京の都心部のように今後も人口増で地価が堅調さを保つ地域と、今までと同じように地価が下げ続ける地域と、二極化が激しくなる可能性は大きい。住宅についてはあと（197ページ）で話すけど、家を買う場合も値上がり期待を見込むのではなく、自分で将来的にいくら返済できるかというマネープランをしっかり立てることが大事だよ。

金利の「抑圧」で預貯金は実質目減りへ

ハナ　希望を見つけたわ。

老後博士　アラブの若き石油王との結婚？

ハナ　そう。新居はドバイのタワーで……、違いますって。金利の話。インフレの時代には、預貯金の金利だって上がるはずです。だからお金が目減りするなんてありえないんじゃない？

老後博士　この点については「アベノミクスで何が構造的に変わったか」という重要な点の理解につながるので、少し長く話すけどいい？

ハナ　長いのは嫌かも。

老後博士　……そう言わずに聞いて。

インフレになると預貯金金利も上がるというのは、確かに過去はそうだった。一般的には長期では預貯金金利はインフレに勝てないと思われてるけど、これは間違い。あまり知られていないけど、実は少なくとも過去は、１９７０年代前半の石油危機の高インフレ期など一部を除いて、**大半の時期で預貯金金利はインフレ率を上回っていた。**70年代前半に金利が物価上昇に大きく負けた影響で、単純に長期で伸び率を計算すると預貯金金利がインフレ率に負ける結果になるのだけど、期間の長さでいえば、預貯金金利がインフレ率を上回っていた時期が大半なんだ。

ハナ　ほら、やっぱり大丈夫じゃないですか。

老後博士　残念ながら、そういう状況は変わったかもしれない。預貯金金利に大きな影響を与えるのが、国が発行する国債の金利。「黒田バズーカ」という言葉で表されるように、日本銀行は大量の国債買い取りを続け、金利を非常に低い水準に抑え込んでいる。いわゆる長期金利というのは期間が10年の国債の金利を指すんだけど、これが２０１5年2月には一時０・２％を切った。これって、人類の歴史上、最低の金利なんだ。

ハナ　……。

老後博士　ここでひとつ重要な言葉を覚えて。「実質金利」という言葉。**実質金利は金利から予想物価上昇率を差し引いた数字。**例えば、物価が下がっていたデフレ時代は、日本は名目金利は低かったけど、この実質金利が高止まりしていた。金利が1％でも物価がマイナス2％なら、「1％－（－2％）＝3％」となるよね。そして金利というのは、名目より実質が大事。……ハナちゃん？　寝るな！

ハナ　あ、ごめんなさい。難しくなると瞬間的に眠気が……

老後博士　なぜ実質金利が大事か。

ひとつには、実質金利が低くなるとビジネスがやりやすくなるから。さっき見たように金利が1％で予想物価上昇率がマイナス2％、つまり実質金利が3％と高い状況の時に、例えば銀行からお金を借りて自動車を仕入れて、1年後に販売するビジネスをしたらどうなるか。まず金利分で1％の損。さらに、1年後には自動車の販売価格は2％下がっているので、価格差で2％の損。合わせて3％の損だ。こういう状況が見通せるなら、見かけ上の金利が1％と低くても誰も事業をやりたがらない。

同じく名目金利1％でも、逆にインフレになり、物価が2％上がるなら、実質金利は「1％－2％＝－1％」で1％のマイナス。金利で1％の損は変わらないけど、今度は1年後に自動車を2％高く売れるので価格差で2％の得。金利の損を差し引いても1％の得だ。つまり名目上の金利は1％でも、物価上昇率が高くて実質金利がマイナスなら、みんながお金を借りてビジネスをしようと考えるんだ。……ハナちゃん、起きて！

ハナ　はっ！　ごめんなさい。

図表1－5　実質金利のマイナスは円安・株高につながりやすいが
預金は実質目減りする

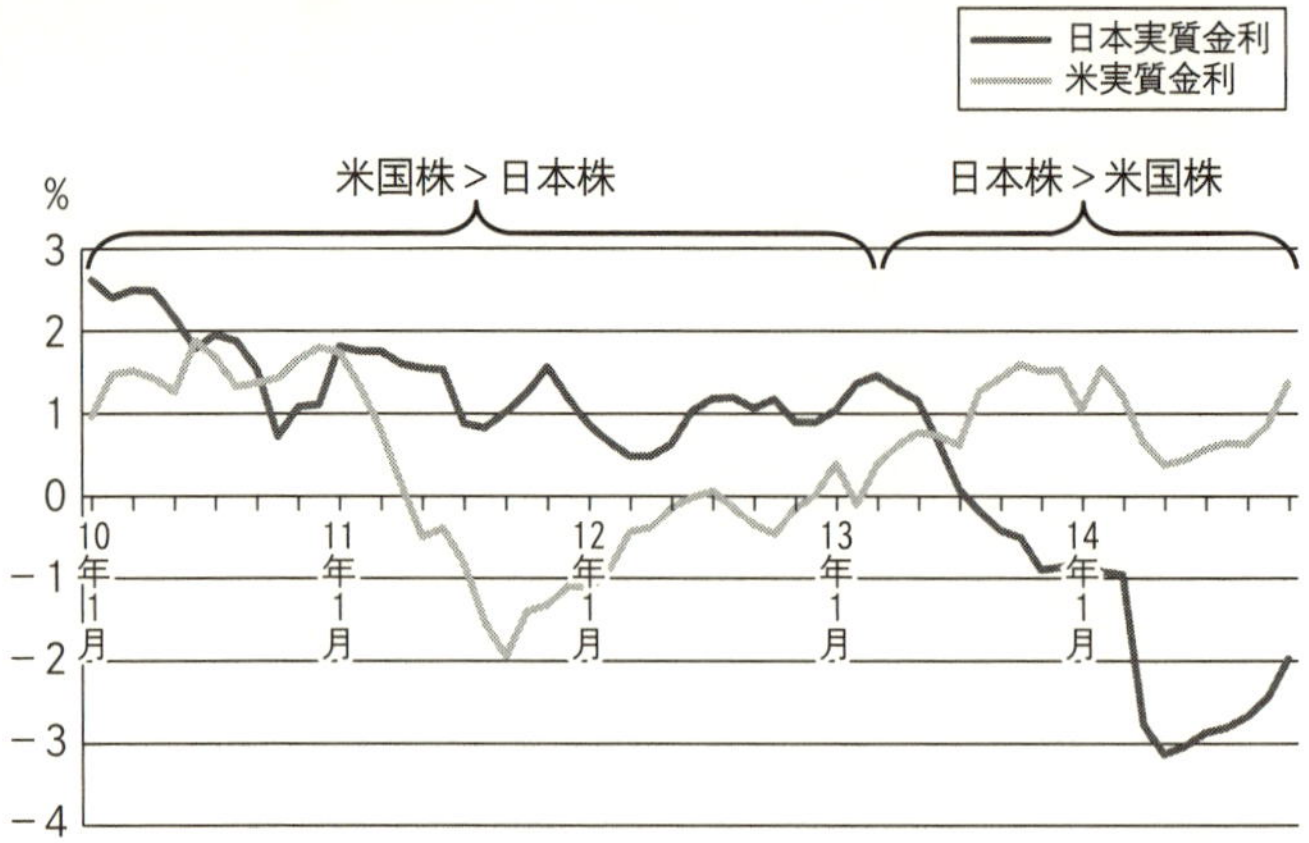

実質金利は「長期金利（10年物国債利回り）－消費者物価指数（総合）前年比上昇率」で計算

老後博士　**実質金利の低下はビジネスを活発にすることにつながるので、株価が上がりやすくなる。もうひとつ重要な影響は、通貨が下がりやすくなること。**

実質金利が低い通貨は、預貯金などお金の運用という面から見ると魅力がないので売られやすくなる。つまり円安が進みやすくなる。図表1－5を見て。２０１２年までは日本の実質金利は米国よりずっと高かったのだけど、13年以降、急低下した。

ハナ　名目の金利は低かったのに、実質では高かったなんて知らなかったわ。

老後博士　この実質金利がアベノミクスの開始以降、急低下した。計算式でわかるように、名目金利低下と、物価上昇はともに実質金利の低下要因になるから、実質金利低下がもたらした効果は大きい。

例えば日本の実質金利が高く株安円高が進んだ2010年から12年までと異なり、13年以降の日本株の毎月の前年同月比騰落率の平均はプラス30％で米国株（同18％）を上回っている。低い実質金利は資金の国外シフトを促すので円安も進んだ。実質金利が低いときは不動産価格も上がりやすいことが知られている。**アベノミクスで起きた多くの変化はこの「実質金利の低下」でかなり説明できる**という声も多いよ。黒田東彦日銀総裁が繰り返し「重要なのは実質金利を下げること」と発言しているのはそういうわけ。

ハナ　ところで私の質問の「インフレになれば預貯金金利も上がるの？」はどこに行ったんですか？

老後博士　あ、忘れてた。国債の金利はアベノミクス開始以来、力づくで押し下げられ、実質金利が下がっているというのは今まで説明してきたよね。

ハナ　そうだっけ。

老後博士　……ちゃんと聞くように。

ハナ　でも、いずれは国債の金利も上がって、預貯金金利も上がるのでは？

老後博士　金利は多少上がるかもしれないけど、物価上昇率より低くし続けなければならない状況に日本はある。財政が極度に悪化していて、金利が物価上昇率より高くなると、財政破たんにつながりかねないから。

ハナ　どういうこと？

**図表1－6　長期金利が2％でインフレ率が3％のときに
やっと債務比率（対GDP比、％、年度）は横ばい**

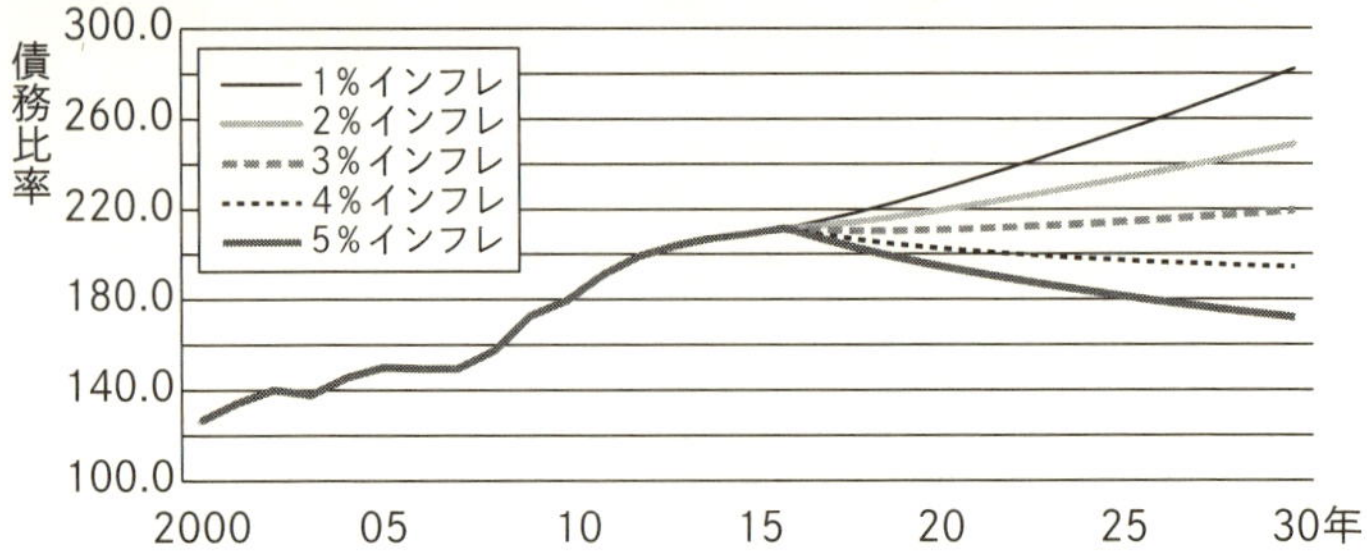

河野龍太郎氏作成

老後博士　税収は物価が上がると増える。企業の売上や利益、僕らの給与は物価が上がるとその分大きくなりやすいから。一方で、金利が上がると国債の利払いが増えてしまう。**財政が極度に悪化した日本は、「物価を上げて税収を増やす＋金利を抑えて利払いを増やさない」という手段が必要になっているんだ。**

ハナ　なんか都合のいい話ですね。

老後博士　図表1－6はBNPパリバ証券の河野龍太郎さんの試算。今後いずれ長期金利が2％になったとして、物価上昇率も2％のままでは、国内総生産（GDP）に占める債務の比率は拡大し続けてしまう。長期金利が2％でインフレ率が3％、つまり物価上昇率が金利を上回っていてはじめて、債務の膨張を止められるわけ。

ハナ　金利が物価上昇に追いつかない状況が続くかもしれないわけね。

老後博士　そう。最近になって何人かの日本債券のアナリストが、日銀幹部から**「今のように金利を物価上昇率より低く**

し続けることを続けざるを得ない」という言葉を実際に聞いている。インフレによる税収増と低金利で国の財政を改善させるということ。でも、これは言葉を換えれば「インフレ税」。所得を国民から政府に移転することにほかならない。

ハナ　実際に金利を抑え込み続けることができるのかしら。

老後博士　それはやってみないとわからない点もある。財政への懸念が高まって金利が急騰する可能性も捨てきれない。しかし少なくとも国は「金利＜物価上昇」の状態を続けたいと意図しているのは確か。こうした政策は、国際的に「金融抑圧」と呼ばれるんだ。

ハナ　……金融抑圧。なんだか怖い言葉ですね。

老後博士　河野さんは「日本で明確な金融抑圧が始まった」と話している。**金融抑圧が始まったなかでは、今後預貯金金利が上がっても、物価上昇に追いつかない程度にしか上がらないかもしれない、という状況を想定しておく必要がある。**つまり、せっせと貯めた老後資金がインフレで「傷んでいく」状況だ。

ハナ　なるほど。

老後博士　ここまであげた4つのリスクには、可能性に濃淡もある。「さらなる長寿化」はほぼ確実だし、「年金実質減額」もかなりの確率でそうなるだろう。「インフレ」と「金利の抑圧」はそうならない可能性も残ってはいるけど、やはり起きる確率のほうが高いんじゃないかな。長い老後を考える場合は、慎重に、つまりこうしたリスクが現実化しても困らないように備えることが大事だと思うよ。

ハナ　では具体的にどうすればいいの？

老後博士　**「インフレに負けずに堅実に増やしていく資産運用」「年金を自分で増やす工夫や、奥さんが働くなどの収入増」「公的医療保険など社会保障を知り徹底活用する」「保険や住宅ローンなど支出の見直し」という4つの対策を、総合的に実施していくことしかないと思うよ。**

ハナ　具体的に話して。

老後博士　……あの、さすがに疲れたんで、また今度でいい？　ところで卒論づくりには役立ちそう？

ハナ　はい。第1章は「迫る老後貧乏」にするつもり。

老後博士　なんか、話したこと、そのまま書きそうな……。

コラム

GPIFに見る「脱デフレ型新資産配分」の期待と不安

脱デフレが構造的なものなら、長期での資産配分も変わってきます。その大きな象徴が2014年秋、基本ポートフォリオ（資産配分）の変更を発表した年金積立金管理運用独立行政法人（GPIF）。図表1－7にあるように、国内外の株の比率を旧配分の計24％から50％へ、外貨建て資産の比率を計23％から40％へ大きく変えました。背景にあるのが株が上がりにくいデ

図表1－7　GPIFの資産構成（％）

	旧資産配分	新資産配分
国内債券	60	35
国内株式	12	25
外国債券	11	15
外国株式	12	25
短期資産	5	0

フレ時代から、株が上がりやすいインフレ時代への転換です。

そして、脱デフレは為替にも影響を与えます。インフレの国の通貨は買えるものが少なくなり長期で下がりやすく、逆にデフレの国は高くなりやすい（為替編117ページ参照）からです。長期の円高要因のひとつだったデフレが解消して他の先進国と同レベルになるなら、再び円高基調に戻ることを防ぎやすくなり、外貨建て資産が収益を上げやすくなります。

要するにGPIFは、「デフレ型資産構成」を「インフレ型資産構成」に変えてきたということです。インフレ型への変化の必要性は、個人もぜひ頭に入れておきたいと思います。

新資産配分は中長期で「賃金上昇率プラス1・7％」の収益率を目標にしています。そしてインフレ率は、長期では賃金上昇率より低いとされます。つまり（GPIFの計算が正しいなら）個人もこうした資産構成を参考にすれば物価上昇に勝てる運用をできることになります。

とはいえ、それは長期での話。株式を一定程度組み入れた資産配分の値動きはかなり上下にぶれます。GPIFの新旧資産配分

図表1－8　過去、GPIFの資産配分通りに運用していたら……

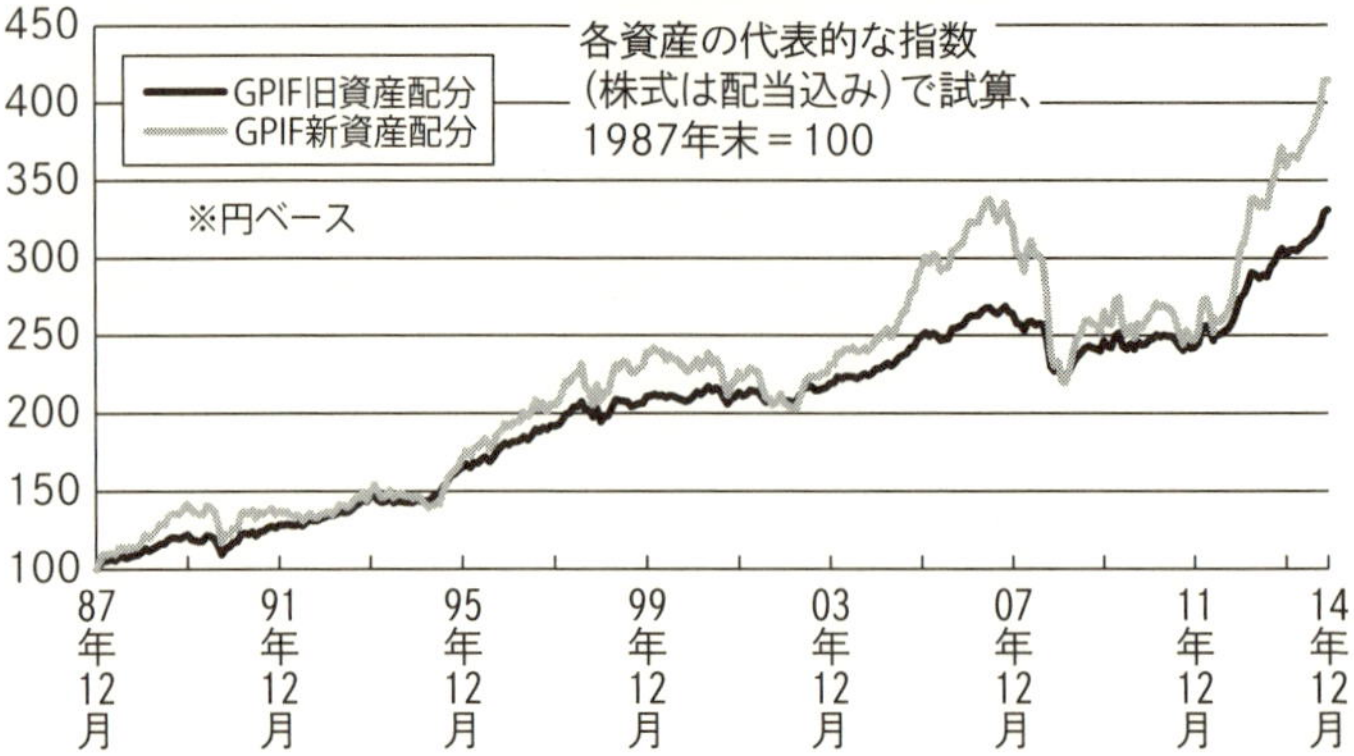

で運用していたら、過去どんな値動きになったか試算してみました（図表1－8）。過去のデータにあてはめて2007年の高値から09年の最安値までを通算すると、新資産配分では35％、資産130兆円として実に46兆円もの下落です。

それが悪いというのではなく、長期の運用においては、こうした一時的な下落があっても、最終的には株の比率を上げておいたほうが資産は増えやすいのです。実際、新資産配分のグラフでも、すでに高値を更新してきています。

最悪なのは、最大下落局面で怖くなって売ってしまうこと。個人がGPIFを参考に株式重視のポートフォリオを作った場合、とにかく下落局面でも売らず、むしろ下がった資産（通常は株式）を買い増すことが重要であることを覚えておきましょう。

不安になるのは「46兆円のマイナス」という事

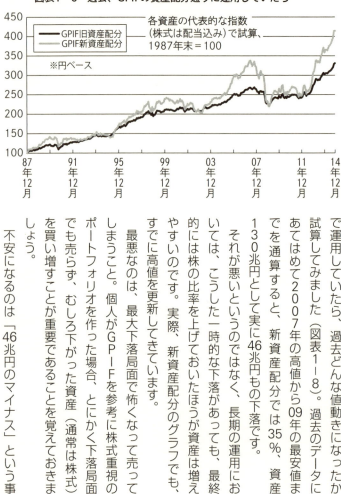

態が起きた時に、国の年金が耐えられるのかということです。おそらく、多くの政治家やメディアは「何をしている」と叩くでしょう。そうした安値の局面で「やはり株は売れ」ということになれば目も当てられません。

そうしたリスクまで総合的に考えれば、今回の資産配分の変更が公的年金として適切だったのか、一部で疑問も出ているのも納得できます。少なくとも、あらかじめ国民の多くが「GPIFは長期ではリターンも大きいが、かなり値動きも大きな運用に転換した」ということを十分に知っておく必要があるでしょう。

同時に「こんな値動きは怖い」と思う人、特に退職後の高齢者などは、値動きの少ない債券や預貯金の比率を高めた資産構成にしておくべきです（56ページに参考例）。

＊第1章から第3章の分散投資の様々なグラフに共通して使った指数は以下の通り。日本株＝配当込み東証株価指数、日本債券＝NOMURA－BPI総合、外国株＝MSCI　KOKUSAI（配当込み）、外国債券＝シティ世界国債インデックス。図表1－8の外国株のみ、GPIFが対象としているMSCI ACWI（配当込み）。

第２章

実は難しくない堅実な資産運用

運用するかどうかで老後資金は20年違ってくる

ハナ　先輩、またよろしくお願いします。ところで今日はいちだんと顔に精気がないですよ？

老後博士　仕事疲れと二日酔いで眠いなか、わざわざ出てきたのにその言われようは……

ハナ　でも先輩って、後輩の美女のために役立つくらいしか、人生で楽しいことがないでしょ？

老後博士　……帰ろうかな。

ハナ　そういう打たれ弱さが、ますます先輩の人生をはかないものに……。あっ、冗談です。お礼に先輩の好きなイチゴのババロア持ってきました！

老後博士　ＯＫ！　なんでも聞いて！

ハナ　子供ですか（笑）。ところで前回は話を聞いてちょっと将来悲観的になったんですけど。

老後博士　厳しい状況をきちんと知って、そのうえで早いうちから対策をとることを考えたほう

図表2－1　堅実な運用ができれば老後資金は長持ちする

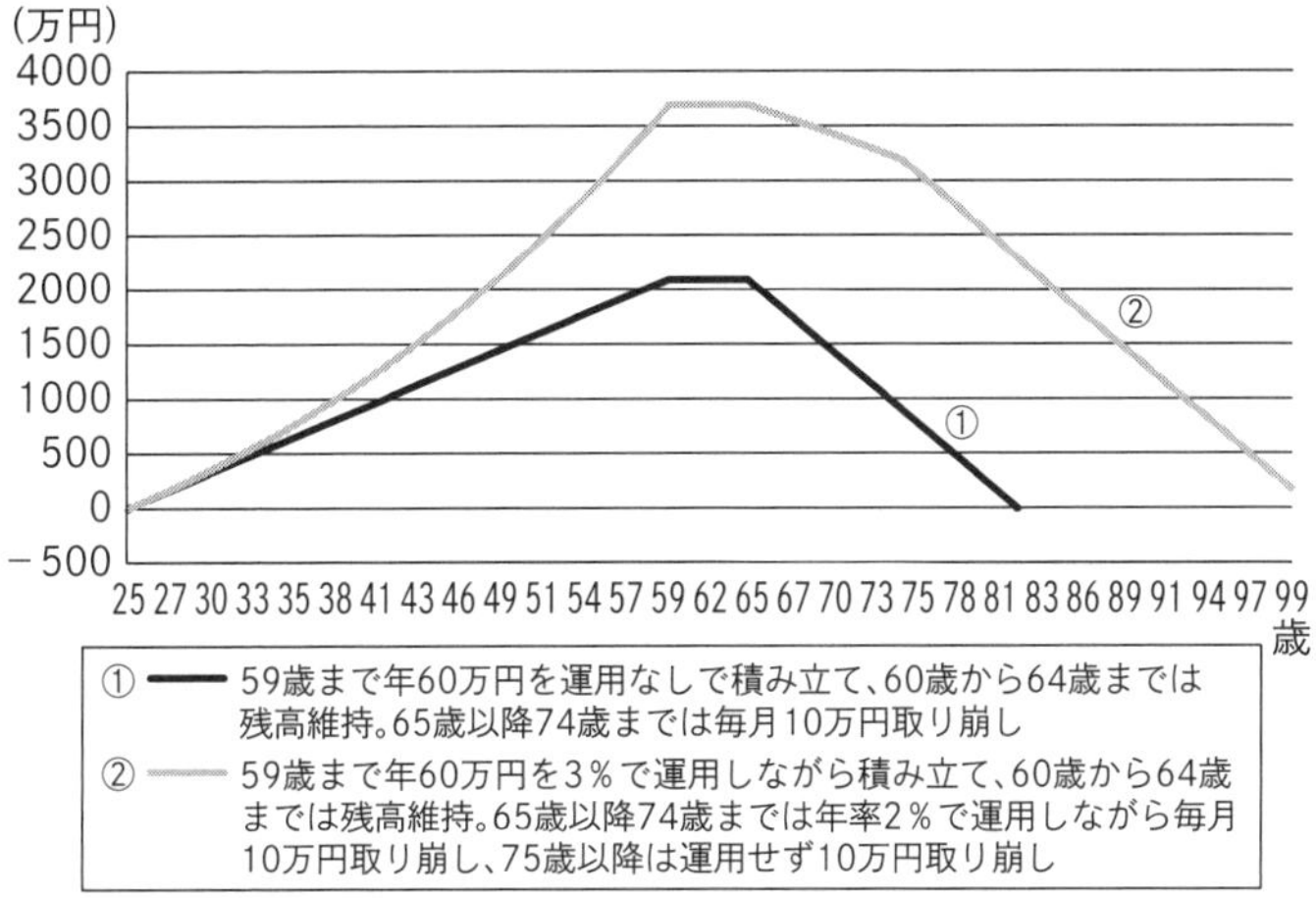

がいいんじゃないかな。まずは堅実な資産運用について考えてみるね。

ハナ　資産運用って聞いただけで何かアブナイ気が…。

老後博士　いや、第1章で見たように「長寿化×年金減額×インフレ×金利の抑圧＝老後貧乏」という状況のなかでは、むしろ、まったく資産運用を考えないほうが、リスクを負うことになる。このグラフ（図表2－1）、どう思う？

線の①は25歳からボーナス時も含めて毎年60万円積み立て、運用をしないケース。60歳時点で約2100万円になる。64歳まで働き続けて残高を維持しても、65歳以降月10万円取り崩すと、81歳で底をつく。

ハナ　この前に聞いた話と似たケースですね。改めて暗くなる。

老後博士　しかし線の②をみると、資金は101

歳まで維持できる。同じ年60万円でも年率3％で運用しながら積み立てる場合で、60歳時点で3600万円になっている。やはり64歳まで残高を維持し、65歳以降も74歳まで2％で運用をしながら10万円ずつ取り崩し、75歳以降は運用をやめてやはり月10万円ずつ取り崩すケース。運用によって老後資金が20年延びる計算だ。

ハナ　何か机上の空論、という気が……

発想の根本的な転換を！「当てる」のが投資ではない

老後博士　失敬な！　長期で3％というのは難しくないというデータを後で示すよ。でも確かに、アブナイ資産運用をすれば、逆にお金を減らしてしまう。

ハナ　私もやってみたいけど、要するに「何がいつ上がるか」を当てなきゃいけないんでしょ？　それってすごく勉強が必要で、大変そう。

老後博士　今から、もっとも大事なメッセージを言うから覚えて。君が書こうとしている卒論「超高齢化時代の老後資金の現状と課題」でも内容のカギになると思う。それは**普通の人は「何がいつ上がるか」など当てなくてもいい**ということ。

ハナ　いきなり捨て鉢になってませんか。今までの人生で努力が報われることがなかったの？

図表2－2　普通の人は「コツコツ型」でいい

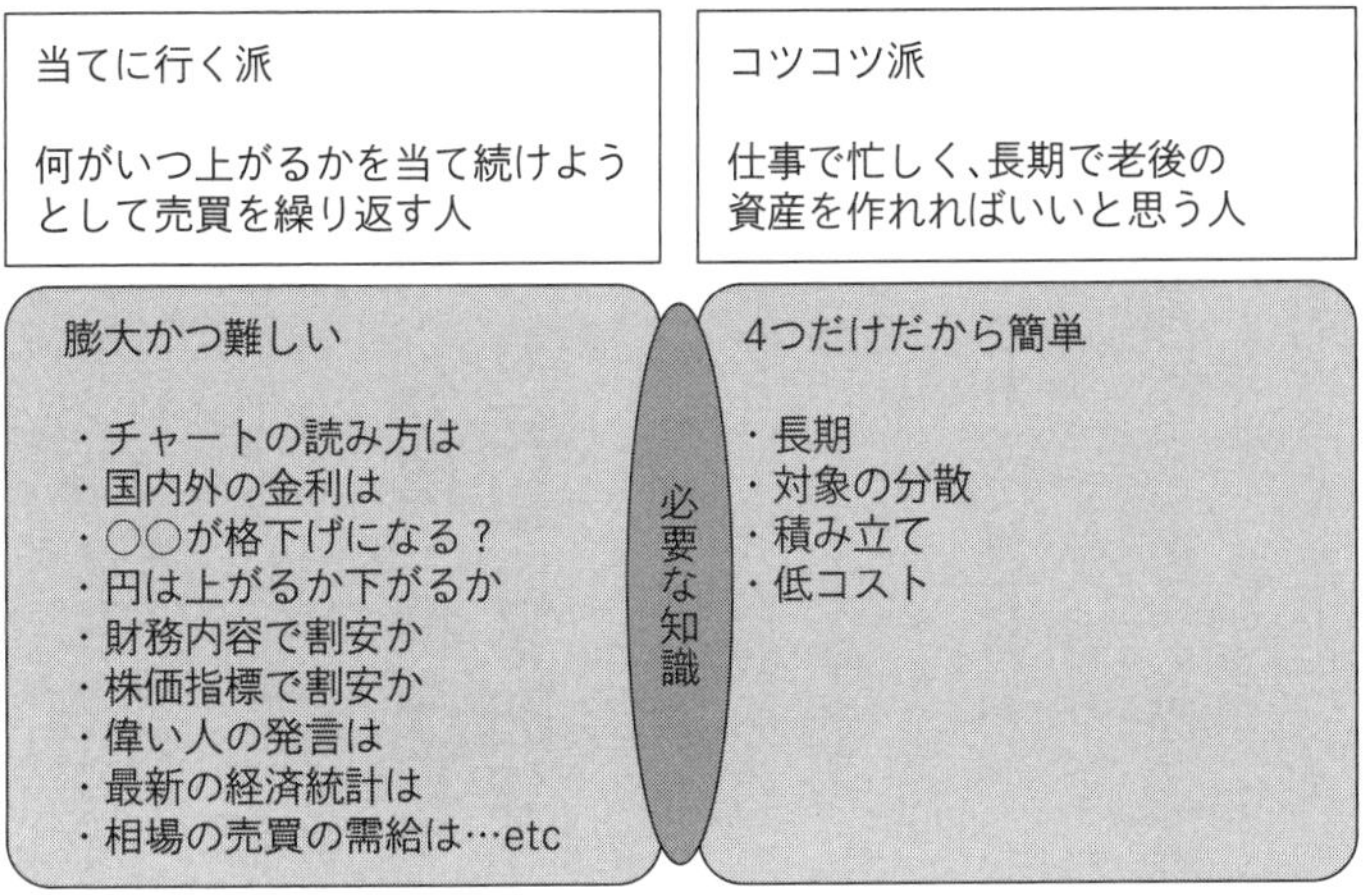
当てに行く派
何がいつ上がるかを当て続けようとして売買を繰り返す人
コツコツ派
仕事で忙しく、長期で老後の資産を作れればいいと思う人
膨大かつ難しい
・チャートの読み方は
・国内外の金利は
・○○が格下げになる？
・円は上がるか下がるか
・財務内容で割安か
・株価指標で割安か
・偉い人の発言は
・最新の経済統計は
・相場の売買の需給は…etc
必要な知識
4つだけだから簡単
・長期
・対象の分散
・積み立て
・低コスト

老後博士　そういう問題じゃなくて、これは実は、長期運用のプロの世界ではもう何十年も前から常識になってることなんだ。**一番大事なことは「長期」「対象の分散」「積み立て」「低コスト」という4つのルール。この4つのルールを知っておくだけでも、お金は増やせるよ。**

ハナ　なんだか新しい宗教みたい。

老後博士　違うって（笑）。これまで、投資というのは何がいつ上がるかを当て続けるものだと思われていた。そのためには膨大な勉強が必要になる。財務諸表の読み方、チャート分析、金利動向、為替の予測、格付けの知識。さらには、ユーロはどうなる、中国バブルは弾けるのか……きりがないくらい。

ハナ　自慢じゃないけどひとつもわからないわ！

老後博士　まぁ確かに自慢じゃないよな。でも普通の人は仕事や家事で忙しく、投資の勉強にそれほど時間はさけない。だから「自分に投資は無理」と思ってしまっている。でも前回話したように、これからは老後資金の確保のためには運用が大切になる時代だ。発想を切り替えて、「急には増えないけれど少しずつ堅実に増やしていく投資」に取り組んだほうがいいと思うよ。

ハナ　抽象論では人はついていてこないですよ。

「長期・分散・積み立て・低コスト」の威力！ 1980年以降の35年で年率リターンは5・8％

老後博士　わかった。データで見てみよう。図表2－3は、1980年から、日本株、日本債券、外国株、外国債券という代表的な4つの資産に25％ずつ、毎月3万円を積立投資していった結果を円換算したもの。2014年末まで35年積み立てると、累計投資額は約1260万円なのに、資産はその3・2倍、約4017万円になっている。**出した掛け金に対する利回りを計算すると、年率5・8％。これって外貨換算じゃなくて、この間の円高も反映した円ベースだよ。**

ハナ　すごい利回りですね。でもたまたまいい時期を選んだのでは？

老後博士　違うって。もちろん成績は時期により若干変わるけど、長期で見れば似たような高い利回りになる。もう少し厳しそうに見える時期を試すため、例えば日本株のバブルが崩壊した1990年から同じ方式で計算してみても、資産額は累積投資額の約2倍になっている。年率は

図表2－3　日本株、日本債券、外国株、外国債券の4資産に均等に月2万円ずつ積立投資していたら……

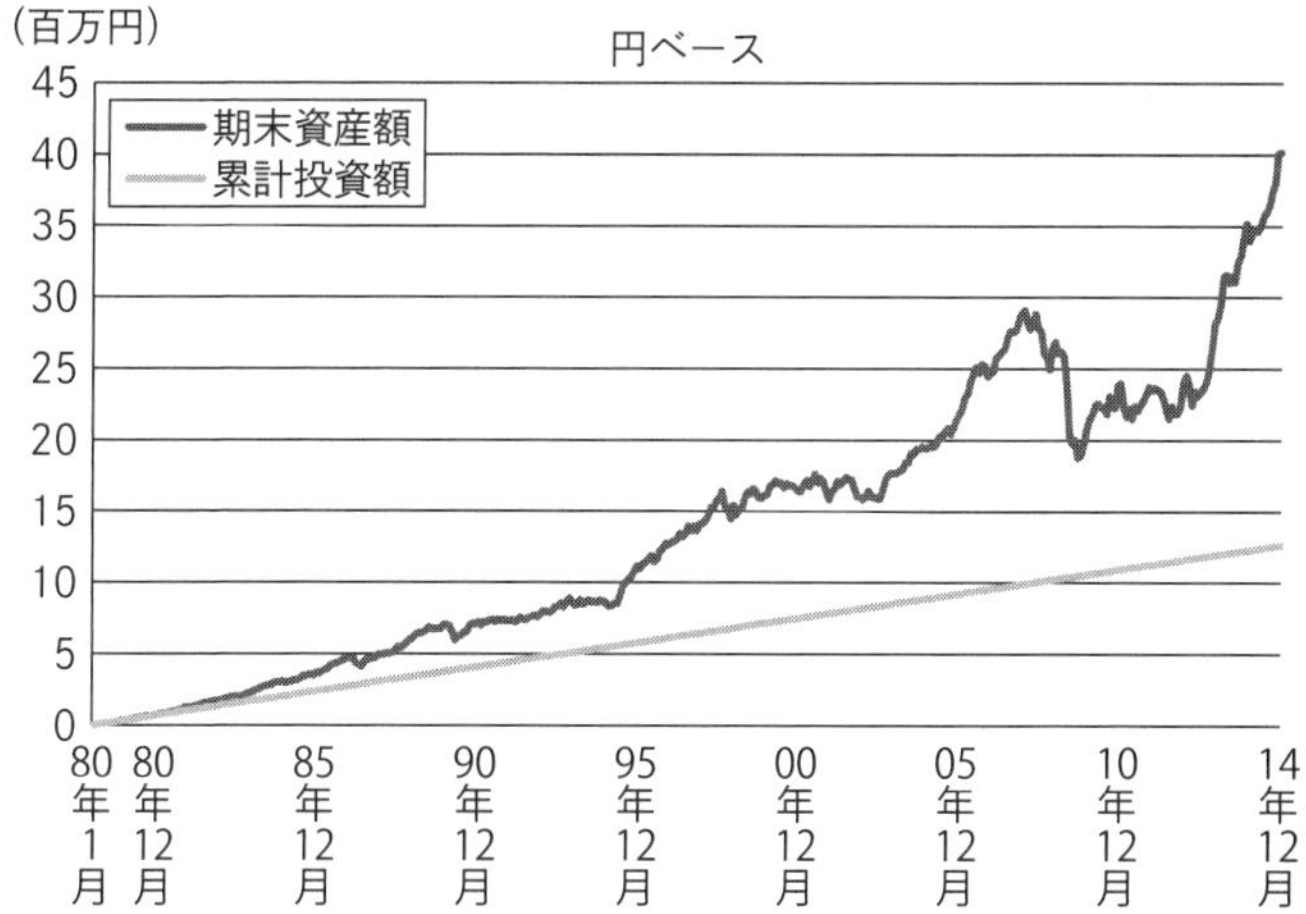

さっきより少し落ちるけど、5・4％。この期間というのは、日本株のバブル崩壊だけでなく、2000年の世界的IT（情報技術）バブル崩壊、07年以降の金融危機などがあったうえに、円高も進んだでしょ？　そうした時期ですら、対象と買う時期を分散して長期で運用すれば、資産を増やせてきたということをまず知っておこう。

ハナ　外国の株や債券になんて投資できないわ。

老後博士　あとで（82ページ）紹介するけど、いまや世界中の株や債券に分散投資できる投資信託がたくさんある。そういうものを1本買って長期で積み立てていけば、こういう成績が得られたってことでもあるんだ。ただし、この結果はコストを差し引く前の数字だから注意が必要。投信を使うとコストが発生するので、実際

図表2－4　株価は長期的には世界経済の拡大に連動

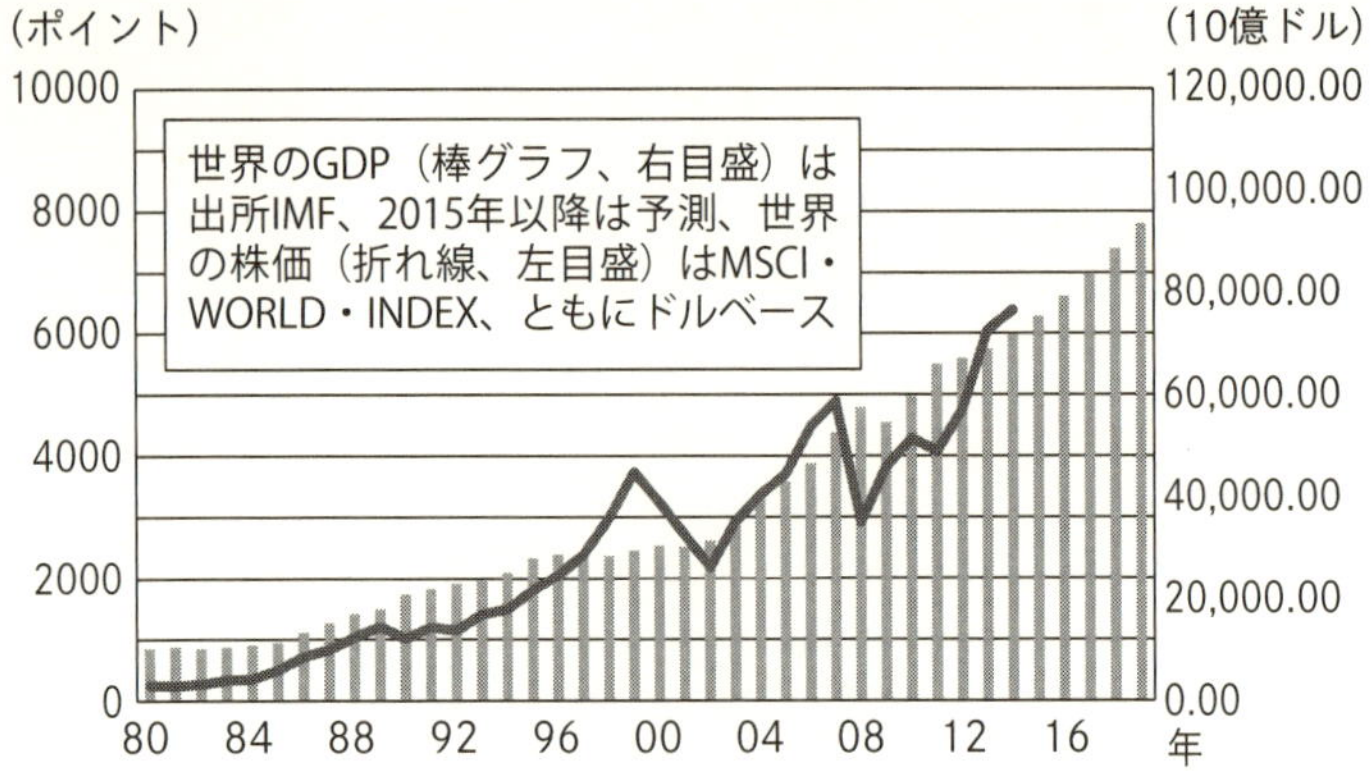

の成績はこれよりは少し落ちる。

ハナ　……そもそもどうして長期で持つと資産が増えるの？

老後博士　世界全体としては人口増や生活水準の向上で、経済は成長を続けていくからね。図表2－4を見て。縦棒は世界全体の国内総生産（GDP）の合計。つまり世界経済の規模だよね。**世界経済は過去もずっと成長してきたし、これからも成長を続けるんじゃないかな。**

ハナ　ジグザグの線は？

老後博士　世界全体の株価の動きを示す指数。ジグザグはあるけど、長期的には、世界経済の成長に合わせて世界の株価も上昇している。**資産運用は、何かを当てることではなくて、経済成長の大きな流れにお金を投じて、ゆったり乗っていくことが大事**だってこと。

ハナ　あの……。個別の株に投資していると、1年で2倍になったりすることもあるじゃないですか。長期分散投資だと、何十年もかかって2～3倍ですよね。なんか

ないですか？　まどろっこしい、っていうか。「あっという間に10倍にする方法！」とか、そういう派手なのは

老後博士　ハナちゃんって、どっちかというとせっかちだしね。

ハナ　先祖は江戸の火消しだったの！

老後博士　ほんとかよ。

そういう「当てにいく投資」って、ドンと上がることも多いけど、ドンと下がることも多くて、長期で振り返ると結局何も残ってない、ってことが起きがちなんだ。資金の一部でならもちろんそういう挑戦もいいけど、資金の中心部分は、「長期・分散・積み立て・低コスト」の4原則で堅実に増やすことを考えたほうがいい。大事な老後資金の形成が狙いなんだから。

ハナ　でも図表2－3でも4でも、ときどき値下がりしていますね。

老後博士　投資対象のひとつである株式は値動きの大きい資産。**いくら対象を分散しても、株の比率がある程度高ければ、下がるときは下がる。でも株式だけで投資していたのに比べると、分散していれば下がり方は緩やかなんだ。そして肝心なのは、そこで投資をやめないこと。**世界経済は長期では成長を続けるので、投資をやめずに続けていれば、いずれ資産の額はもとに戻り、さらに増えるということを繰り返してきた。毎月一定の金額を積立投資していれば、むしろ価格が下落したときは、長い目で見れば安く買えるチャンスだとも言えるんだ。

ハナ　でも高齢になってからどんと下がると、取り返す時間があまり残っていない……

老後博士 鋭い！

ハナ 小さいころから、「やればできる子」って言われてました！

老後博士 （笑）。高齢になった後は、あまり大きく値下がりしないような資産の配分比率にしておくのがひとつの選択肢。それについてはまたあとで説明するね（57ページ以降）。

自分が耐えられる下落率を考えて資産配分を

ハナ 長期で幅広い商品に積立投資することの大事さがわかってきた気がするわ。でも具体的にどんな商品を選んだらいいの？

老後博士 それを考えるために、代表的な4資産、つまり日本株、日本債券、外国株、外国債券が過去、どんな値動きをしてきたか、見ておこう。

ハナ ……あのう、株はわかるんだけど、債券っていう商品がよくわからないの。

老後博士 債券というのは、国や企業にお金を貸すかわりに利息を受け取れる商品。国が発行するのを国債、企業が発行するのを社債っていう。要するに企業が行う事業にお金を出して参加することが投資なんだけど、お金を出す代わりに株を持つやり方と、債券を持つやり方と2通りあるということ。

図表2－5　様々な資産の値動きは

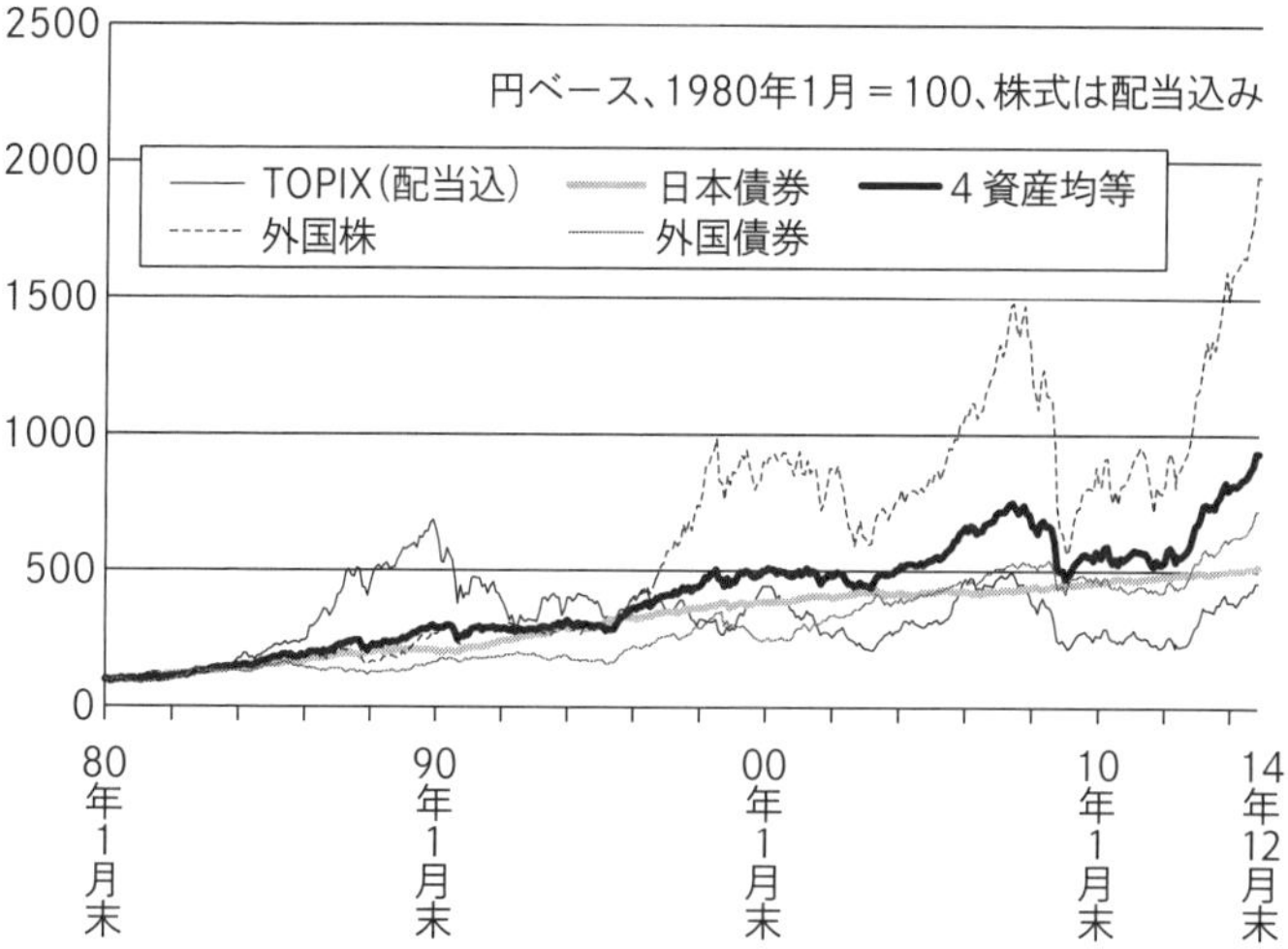

ハナ　どう違うの？

老後博士　債券は企業の業績がどうあろうが、破たんしない限り、最初に決めた利息をもらい続けるので安定性が高い。一方で、株は企業が大きく儲かればたくさんの配当や値上がりがあるかわりに、企業が損をすれば配当がゼロになったり株価が下がったりして大きく損をする。投資する場合も、こうした株と債券の特性の違いを知っておくのが大事だね。ただし、債券の価格も株ほどではないけど変動する。ポイントは、世の中の金利と債券価格が逆に動くということだけど、それを知りたい場合は次の「今さら聞けないお金の話」を読んでね。

Q 債券って何？ どうして株価と動きが違うの？

債券は自由に売買でき、満期にそれを持っている人に国や企業はお金を返します。**そして国債に限らず債券というのは、一部の特殊なものを除いて、毎年いくら利息を払うかあらかじめ決まっていて、それは満期まで変わりません。**

例えば世の中の金利が2％だったときに、額面に対して毎年2％の利息を払うA債券が発行されたとします。その後、世の中の金利が1％に下落すればどうでしょう。

国債などは基本的に毎月、そのときどきの金利を反映する利息で新しいものが発行され続けています。金利が1％になったときは、額面に対して毎年1％の利息を払うB債券が新たに発行されるわけです。

そのときには2％の利息がつくA債券と、1％の利息がつくB債券がどちらも選べる状態になります。もしA債券とB債券の価格が同じなら、誰でも利息が大きいA債券を買おうとしますから、A債券は人気が出て価格が上がっていきます。逆にA債券の発行後、世の中の金利が3％に上がって、新たに3％の利息がつくC債券が発行された場合、利息2％のA債券は不利なので売られ、人気がなくなって価格が下がります。

つまり最初に発行されたA債券の価格は、その後世の中の金利が下落すれば上昇するし、金利が上がれば下落します。それが、金利と債券の価格は逆に動くという意味なのです。

図表2－6　金利と債券の価格はシーソーのように動く

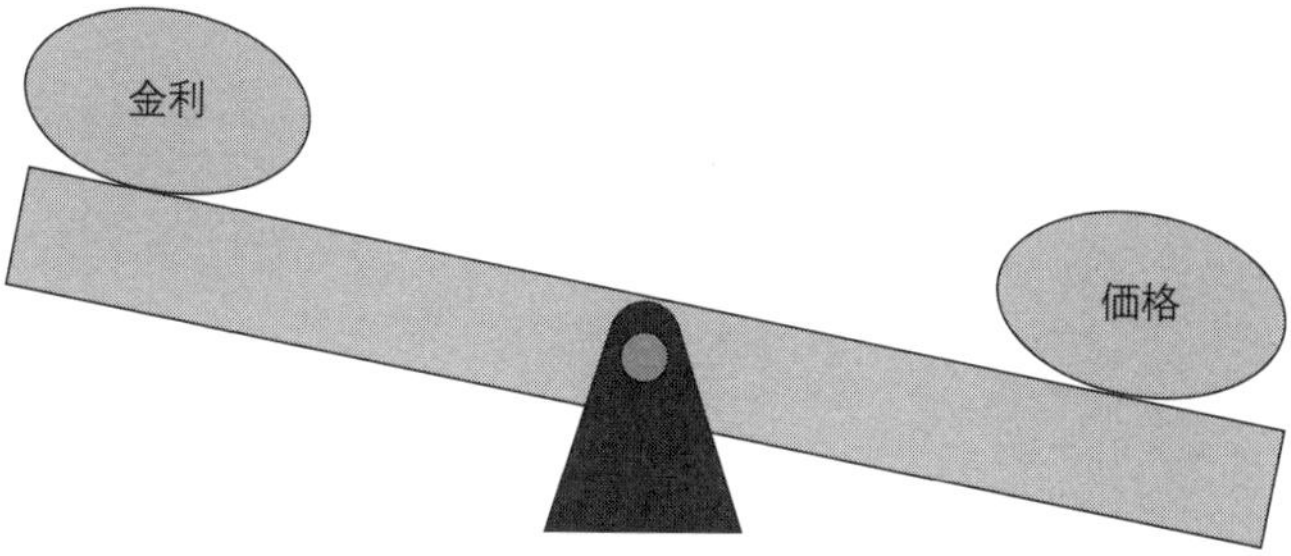

さて、世の中の金利が下がるときというのは景気が悪化しているときが多く、株価は下がりがちです。しかし、今説明したように、金利が下がれば債券の価格は上がっていますから、株の下落のマイナスを和らげてくれることが多いのです。株と債券を一緒に持つことの分散効果はここにあります。

ちょっとわかりづらいな、という人には、もっとシンプルな説明も可能です。つまり株価の下げ局面では、株を持っていた人が不安になって株を売り、安全資産と言われる債券に逃避するので、買いたい人が増えて債券の価格が上がります。もともとその債券を持っていた人は、価格の上昇で得をすることになります。

ハナ　債券についてはなんとなくわかった気がする。

老後博士　じゃあ資産ごとの値動きの話に戻るね。

グラフ（図表2－5）でわかるように、1990年以降、もっとも成績が振るわなかったのが日本株。これは配当を含めた成績なのでよく目にする日経平均株価（配当を含まない指数）より は少しいいのだけど、それでも89年末のバブルの時期よりまだ大幅に低い水準。もちろん個別の銘柄では上がっているものも多いけど、それを事前に見つけて当て続けるのは簡単じゃない。

ハナ　やっぱり投資って難しいのね。

老後博士　そうでもないよ。だからこそ、さっきから話をしているような、何か1つの株、あるいは何か1つの資産だけを持つのではなくて、世界全体をまとめて持てばいいんだ。例えば日本株、日本債券、外国株、外国債券を4分の1ずつ持つやり方だね。もちろん4分の1ずつである必要はなく、年齢が若くてリスクをとりやすい人は株式の比率をより高くしてもいいし、高齢になって大きく下がると不安だという人は債券の比率を高くするなど、自分に合った資産配分を考えたほうがベターだけど。その際大事なのは、収益率よりも、むしろ自分がどれくらいの値動きのブレ（リスク）に耐えられるかってことかもね。

ハナ　私は別に少しくらい下がってもいいわ。投資する以上、そんなことでくよくよしない。

老後博士　みんながハナちゃんみたいに強いわけじゃないし、その「少しくらい」がどれくらいかにもよる。ここでリーマン・ショック後の値動き（図表2－7）を見ておこう。例えば外国株

図表2－7　リーマン・ショック後の各資産の値動き

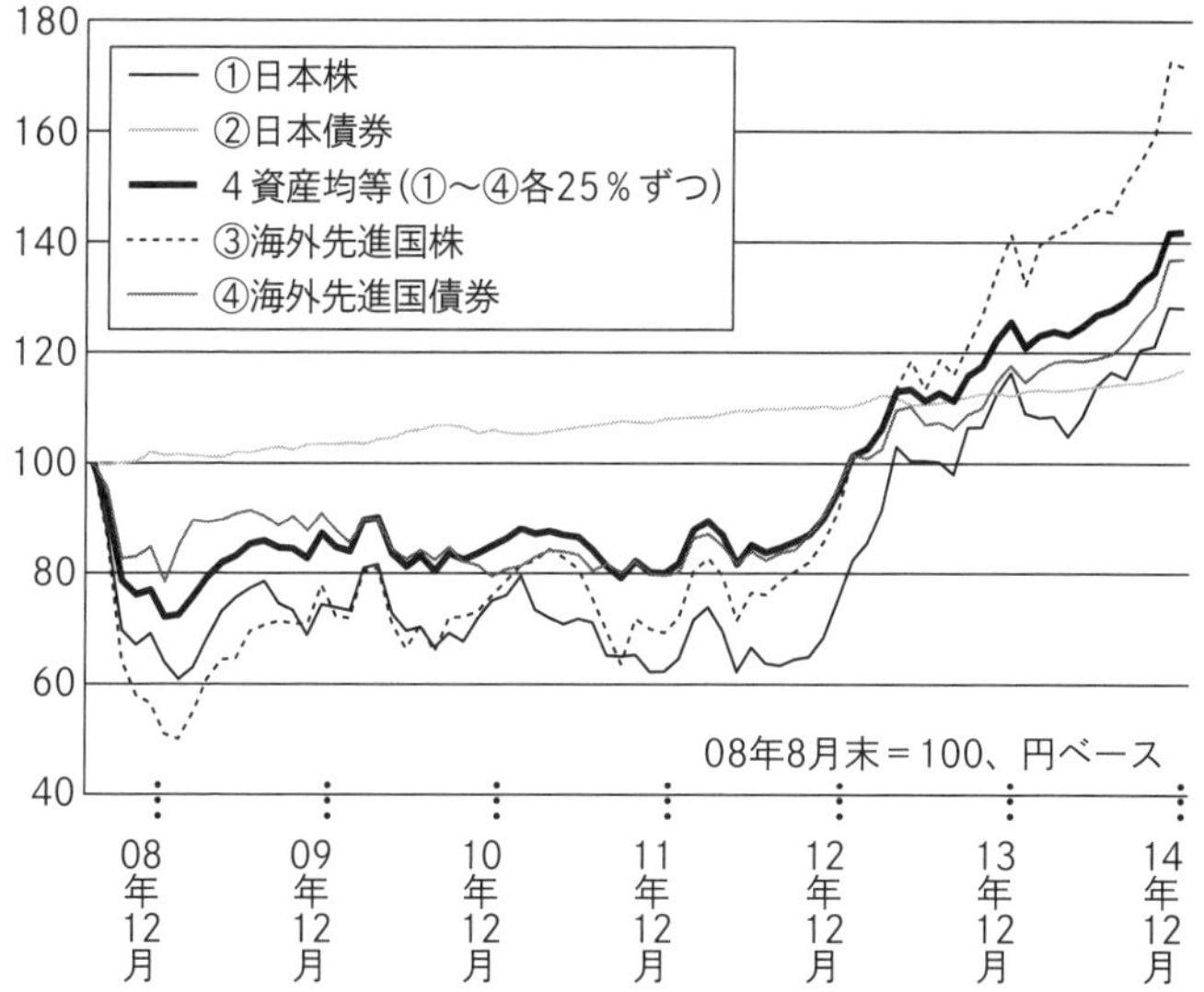

だけを持っていたら、円ベースで一時5割も下がってしまっている。ハナちゃんなら大丈夫？

ハナ　さっきの発言取り消します。絶対に嫌!!

老後博士　リーマン直前に退職金をもらった人のなかには、金融機関に勧められてその大半で新興国株の投信を買ってしまった人がかなりいた。そういう人たちの多くは、リーマン・ショック後に資産が半分になってしまって、怖くなって売ってしまった。「何十年も働いてやっともらえた退職金が、根こそぎやられてしまった」と今も悔やんでいる人は多い。

ハナ　退職金のほとんどを新興国の投信って、勇気ありますね～。

老後博士　勇気というより、普通の人たちに、退職金の大半でリスクの大きな投信を買わせてしまう金融機関のモラルが問われるべきだと思うけど。でもリーマン・ショックの後でも、例えば4資産分散であれば、下落率は3割にとどまり、なんとかがまんして持ち続けれられた人も多いんじゃないかな。

ハナ　売らないことは大事なの？

老後博士　グラフを見たらわかるように、リーマン・ショックの後、5～6年で多くの資産はもとに戻っている。金融危機で負けたのは、安値の時期に「バスから降りてしまった（投資をやめた）人」であり、続けた人は回復しているんだ。**続けるためにも、自分ががまんできる程度の下落にとどまるような資産構成にしておくことは大事だよ。**

4資産で10年持ち続けると損が出た時期はなかった

ハナ　それでも、少しでも下がるのは嫌です。

老後博士　……あの、最初のときと言うことが違ってるけど。……損をしない方法もあるよ。

ハナ　何？

老後博士　下がらない方法は、分散と長期投資を組み合わせること。図表2－8は4資産分散で投資して、それぞれの時点まで10年間持ち続けた場合の1年あたりに直したリターン。分散して

図表2－8　4資産均等で10年持つとマイナスの時期はなし

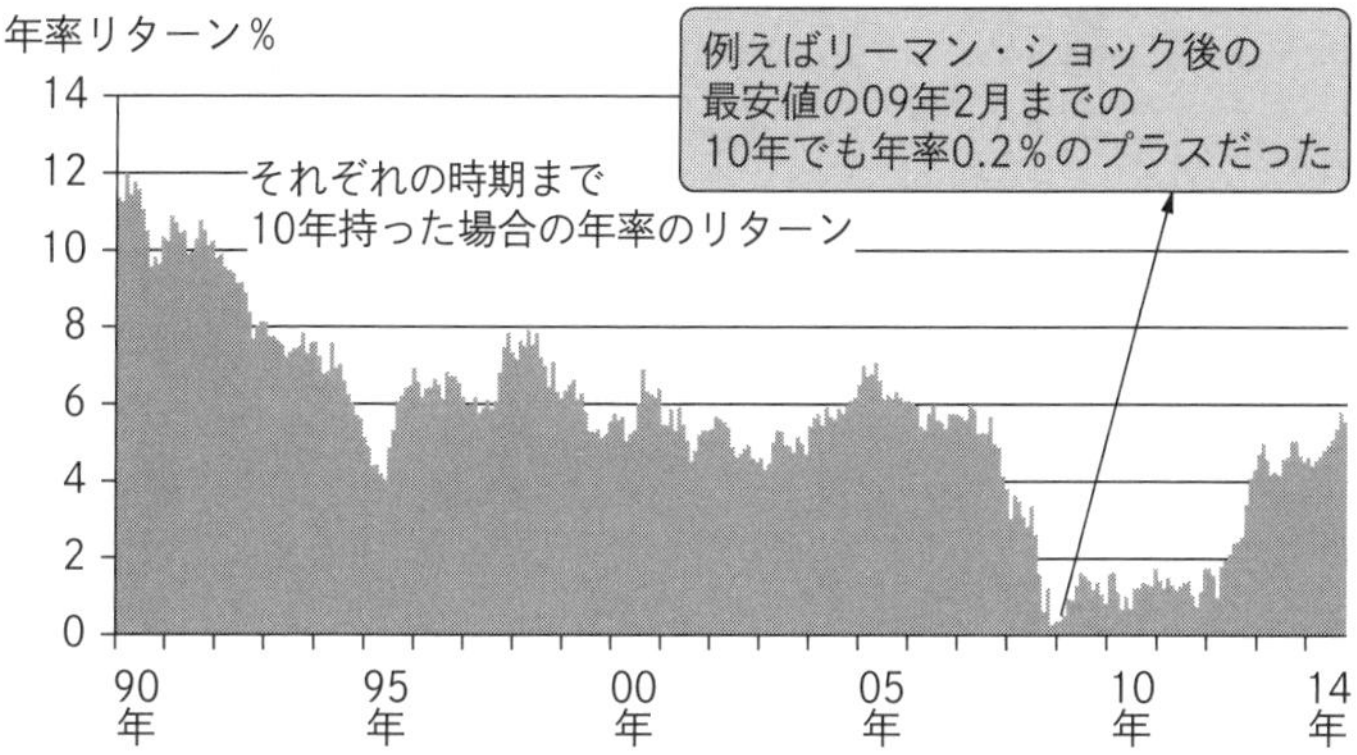

10年持っていれば、「100年に1度」と言われたリーマン・ショック後の最安値だった2009年2月までの10年間ですら、年率リターンはプラス0・2％と、プラスを維持できていた。**分散投資でも短期で見れば価格は変動するけど、分散と長期を組み合わせることでかなり安定するんだ。**

ハナ　でも、年に0・2％じゃ寂しいな。

老後博士　投資がそこで終わるわけじゃないでしょ？　そのまま持ち続けていたら、再び年率リターンはその後、例えば14年末までの10年間なら6％近くまで回復している。

ハナ　長期と分散を組み合わせれば、何がいつ上がるか当てて続けなくても、マイナスになるリスクをかなり減らせるし、長期で資産は増やせるのか。

GPIFの新中期計画で考える「お得」な資産配分は？

老後博士　もちろん資産配分は4資産均等でなくてもいい。自分が耐えられるリスク（値動き）の範囲で、自分に向いた配分を考えればいいんだ。

ハナ　自分に向いた配分なんてわからないわ。

老後博士　1章の最後のコラムで年金積立金管理運用独立行政法人（GPIF）の資産配分の変化で成績がどう変わるかを示したよね。GPIFは2014年の秋に新資産配分の発表と同時に、資産ごとに期待できるリターンやリスクのほか、資産の組み合せが値動きに与える影響の数値の改訂版も新たに公表している。この数値をもとに「お得な資産配分」を考えていこう。

ハナ　あの……、たびたびすみませんけど、さっきからときどき出てくるリスクという言葉が、なんだかわかったような、わからないような。

老後博士　リスクというのは日常では「危険」という意味で使われるけど、金融の世界では「値動きのブレの大きさ」のこと。想定しているリターンから下にブレるだけでなく、上にブレるのもリスクという。標準偏差という単位が使われて、「％」で表示される。リスクについて詳しく知りたい場合は、次の「今さら聞けないお金の話」を読んでね。

Q 「リスク」は「危険」じゃないって、どういうこと？

ＧＰＩＦは２０１４年10月末に、それぞれの資産の期待リターンとリスクの数値を示しました。期待リターンというのは、この先、平均的に年間どれくらいの利回りが見込めるかという数字です。

わかりづらいのがリスクです。**日本語では「危険」というイメージですが、金融の世界では「変動」、つまりブレの大きさという意味で使われます。**それを表す単位が「標準偏差」で、「σ（シグマ）」という記号で表わされることもあります。これは統計学の定義で、以下のことを示します（図表２－10　日本株の値動きのイメージ図参照）。

１σ（標準偏差）…68・３％の確率で値動きがその範囲に収まる
２σ（標準偏差）…95・５％の確率で値動きがその範囲に収まる
３σ（標準偏差）…99・７％の確率で値動きがその範囲に収まる

要するに、期待リターンを中心として、その前後にどれくらいの幅でブレそうかということが、リターンとリスクの数値で表わされています。

ここからは日本株の値動きのイメージ図を見ながら読んでください。リスク（σ＝標準偏差）は、普通１σの数値を使います。**つまりＧＰＩＦは、日本株は期待リターン６・０％を中心にして、上下にリスクの値である25・１％（つまりプラス31・１％からマイナ**

図表2－9　公的年金（GPIF）が想定する各資産のリターンとリスクは（％）

	国内債券	国内株式	外国債券	外国株式
期待リターン	2.6	6.0	3.7	6.4
リスク	4.7	25.1	12.6	27.3

図表2－10　日本株の値動きのイメージ（GPIFの前提に基づく）

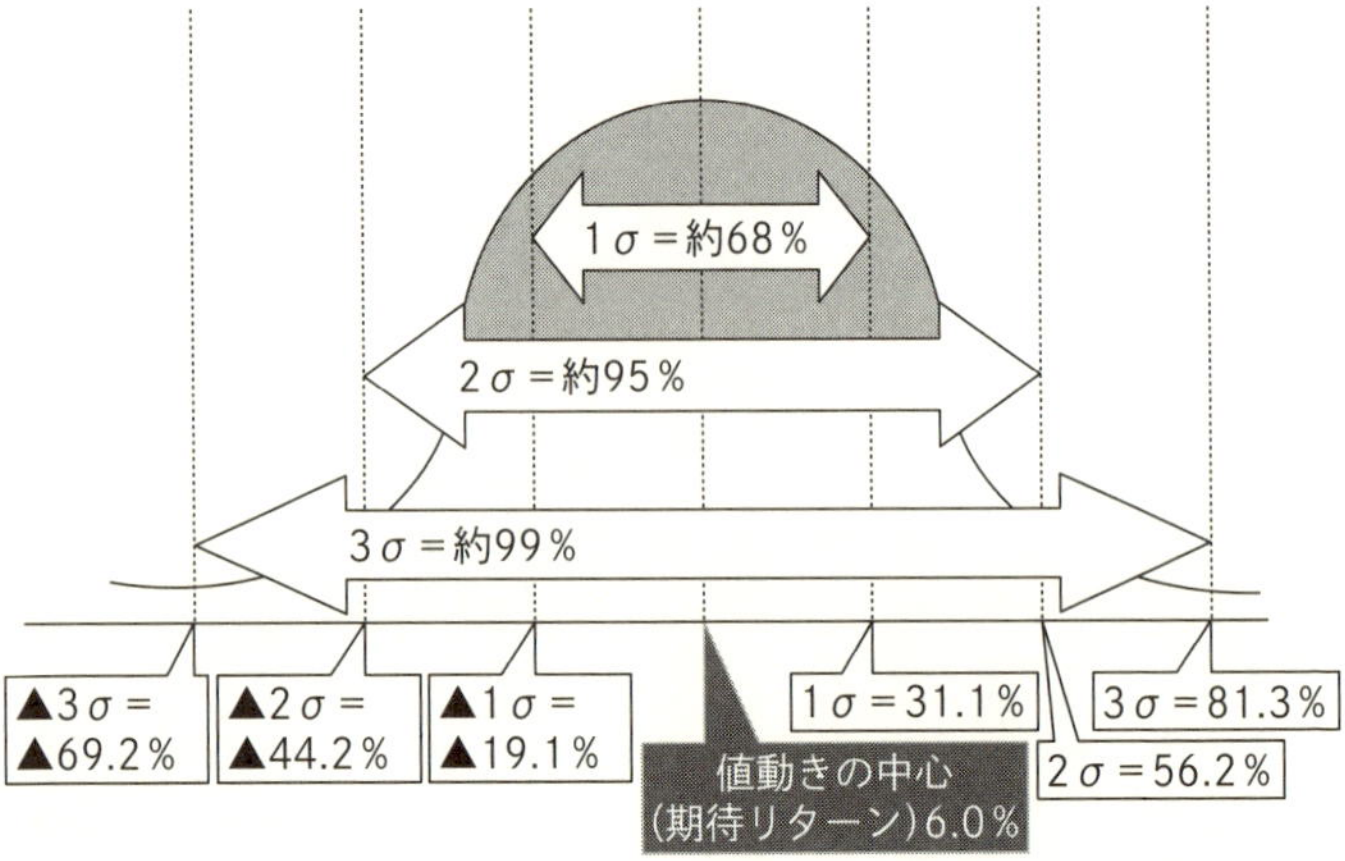

ス19・1％の範囲）の間で動く確率が約68％（だいたい3分の2と考えましょう）と考えているということです。

逆に言うと、マイナス19・1％より大きく下がったり31・1％より大きく上がったりする確率は32％。そのうちマイナス19・1％より大きく下がるほうだけを考えると32％の半分で約16％とわかります。

100÷16＝約6

ですから、6年に1回はこういうことが起きるということですね。

次に2σを考えます。1σ

の倍の範囲でのブレを表し、この範囲で動く確率が約95・4％。残りは4・5％ですから、マイナス2σを超えて下落するのはその半分の2％強です。

100÷2＝50

ですから、50年に1度あるかないかです。

日本株の場合、マイナス2σにあたるのはマイナス44・2％（6・0－25・1×2）。2008年の金融危機時の下落率は一時50％に達しましたから、マイナス2σを超えた、つまり50年に1度を超えたわけで、あながち100年に1度の危機という言葉は間違っていなかったということになるのです。

このリターンとリスクという概念がわかっていると、いろいろ応用が利きます。例えば投信を選ぶ際にも、様々なサイトでその投信の期待リターンとリスクが表示されているので、「ああ、この投信はかなり値動きが激しいのだな」などと判断するときの参考になります。慎重に見るときは2σの数値を目安にするといいと思います。

ハナ　うーん、あんまりわからないけど、とりあえず先に進んで。

老後博士　とにかく、GPIFが資産ごとに示しているリスクリターンなどの数値をもとに、4資産に関して6800通りくらいの違う配分比率を考えて、散布図にしたのが図表2－11。点の

図表2－11　リスクを抑えたお得な資産配分は？

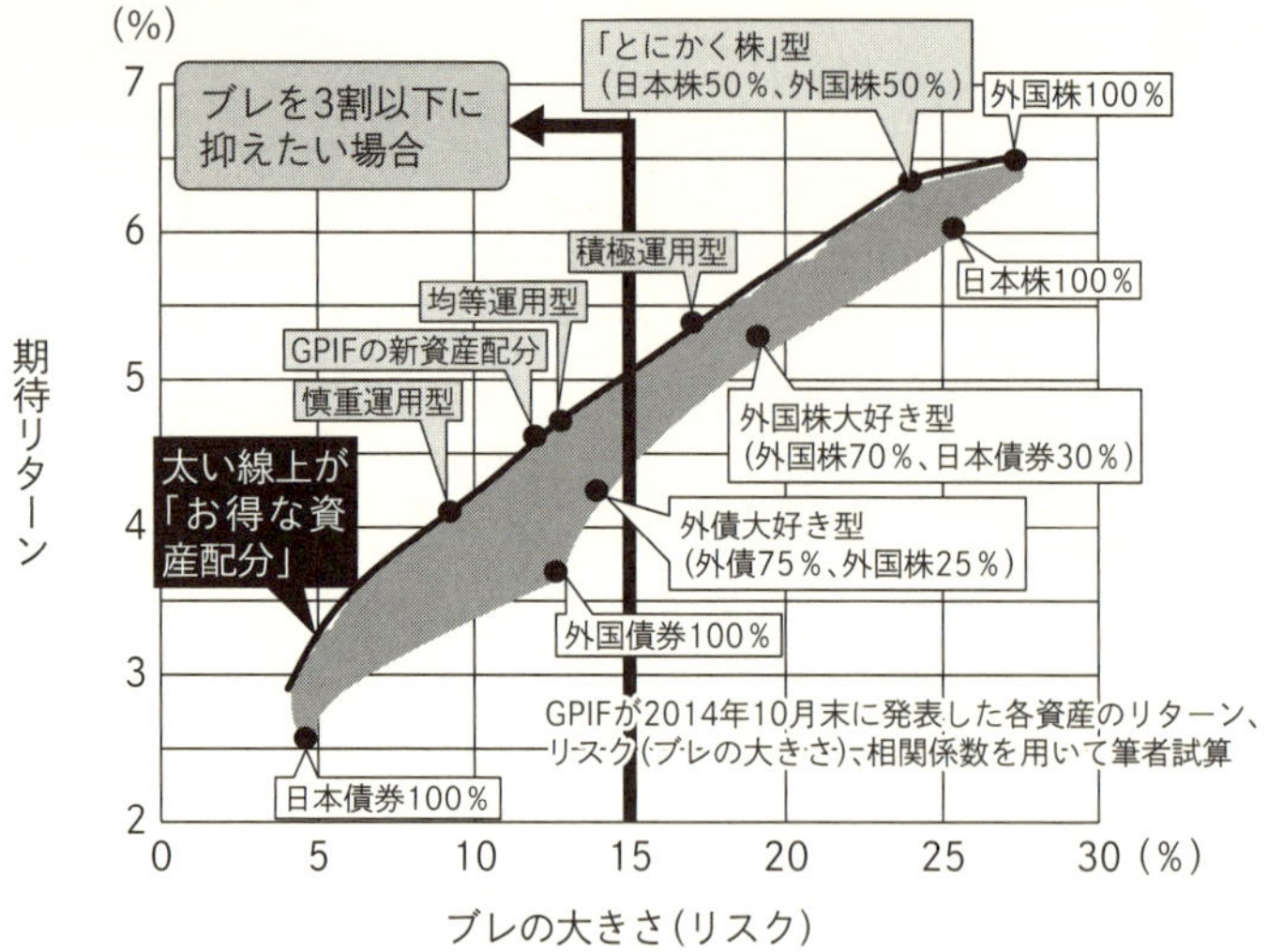

数が多すぎて、散布図というよりもほとんど扇形の塗り絵みたいになちゃったけど……。横軸がリスクで、右にいけばいくほどリスクが大きくなる。例えば金融危機のときに大きく下げるってこと。縦軸はリターンで、上にいくほど高い。それぞれの位置は、4資産の配分を小刻みにいろいろと変えた結果、リスクリターンがどう変わるかを示している。

ハナ　お得な配分と、お得でない配分があるの？

老後博士　例えば、真ん中より少し下に「外国債券100％」ってのがあるでしょ？　GPIFは図表2－9でわかるように、この場合は期待リターンが3・7％、リスクが12・6％と想定している。つまり、3・7％を中心にプラスマイナス12・6％の範囲で動く確率が約3分の2ってことだよね（この意味は「今さ

図表2－12　3つの運用型のパターン

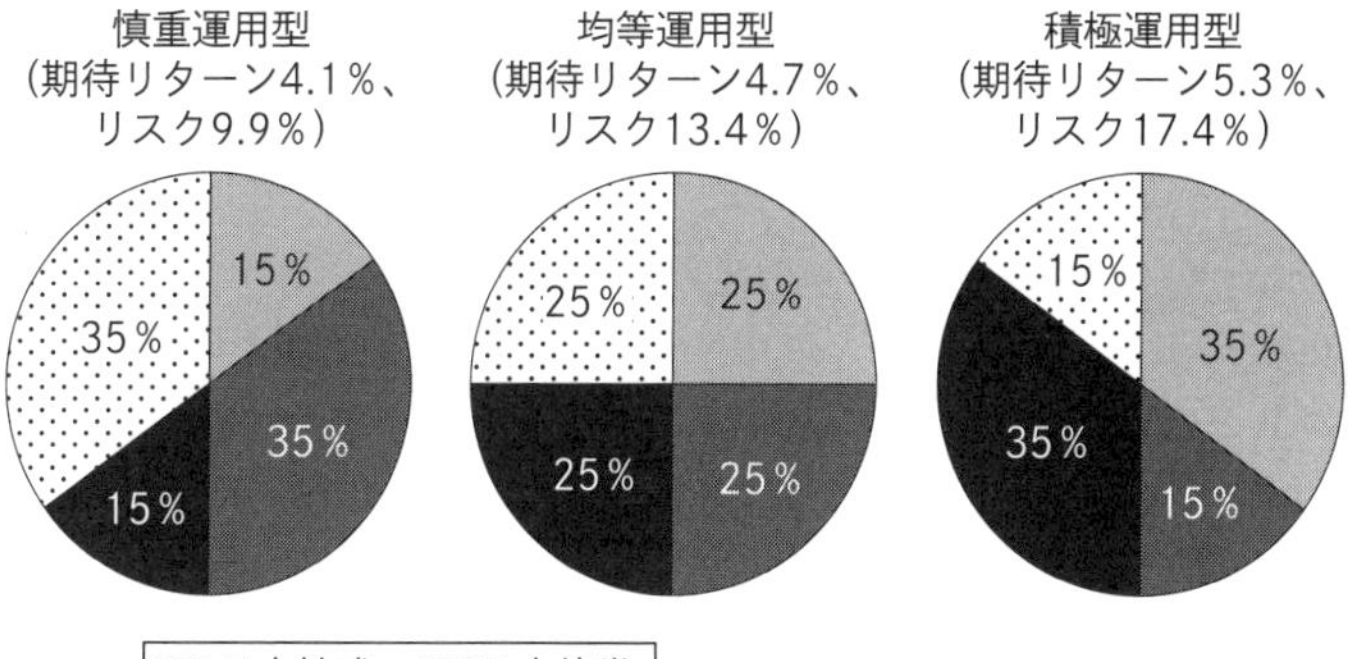

リターン、リスクはGPIF公表の相関係数を反映させて筆者試算

ら聞けないお金の話」参照）。

ハナ　それが何か。

老後博士　慎重運用型であれば期待リターンは4・1％で外債だけより高いし、一方で、リスクは9・9％で外債より低い。つまり慎重型の資産配分で持つほうが、外債だけで持つより高いリターンが期待できるのに、何か危機のときに下がる率は外債単独より低くなるってこと。お得でしょ？

ハナ　不思議。なんでそうなるの？

老後博士　それぞれ値動きが違う4つの資産を持つことで値動きが打ち消しあい、全体で見れば値動きがなだらかになる、つまりリスクが減るってこと。

ハナ　ほかには？

老後博士　この図（図表2－11）を見るポイントは、同じリスクであればよりリターンが高くなる配分のほうがお得だし、同じリターンであればよりリスクが低くなる配分がお得ということ。

例えば「外国株大好き型」（外国株70％、日本債券30％）と「積極運用型」（国内株と外国株それぞれ35％、国内債券と外国債券それぞれ15％）を比べると、リターンはほぼ同じ水準なのにリスクは積極運用型のほうが低い。このように、**同じリターンならリスクが最も低くなる。あるいは同じリスクの場合にリターンがもっとも大きくなるのが「お得な配分」で、金融の世界では「効率的フロンティア」と呼ぶ。****老後博士**　グラフのなかでは太い線で表している。……ハナちゃん？

ハナ　……一瞬爆睡したわ。難しい話が長いんですもん。早く結論言ってくださいよ。

老後博士　**「慎重運用型」「均等運用型」「積極運用型」は、たまたまなのだけど、この「お得な資産配分」の線上にほぼ位置している。**自分でポートフォリオを考える場合には参考になると思うよ。このほか**「とにかく株派（日本株50％、外国株50％）」もリスクは高いけど「お得な資産配分」だ。GPIFの新資産配分も、もちろんこの「お得線上」にくるように作られている。**

ハナ　リスクが15％のところに線が入っているけど、これは何？

老後博士　値動きについてどれだけのブレが耐えられるかを考える場合、慎重に見るならリスクの値の2倍を考えておいたほうがいい。統計学的には95％の確率で、この2倍の範囲に収まるから（「今さら聞けないお金の話」参照）。例えば、ドンと下がるときでも30％くらいまでの下落で収まるような資産配分を考えるのなら、2倍が30％になる値、つまりリスク15％までの範囲で配分を考えることになる。

ハナ　「慎重運用型」「GPIFの新資産配分」「均等運用型」はこの15％未満に収まっています

ね。

老後博士　もちろんどこまで耐えられるかはその人次第。例えば退職後などで「自分は20％の下落が限界」と思う場合は、2倍がリスク20％になる、つまりリスク10％に収まるような配分を考えることになる。「慎重運用型」などが候補になるってこと。逆に若くてもっとリスクをとれるなら、やはり「お得な配分」上にある「とにかく株派（日本株50％、外国株50％）」でもいい。

新興国やREITも含めたお得な資産配分は

ハナ　最近新聞などで不動産投信（REIT）の話もよく目にするわ。新興国の株や債券、REITも含めて投資するなら、どんな配分で持てばいいのかしら。また計算してくれません？

老後博士　無理。長期のデータそのものがなかなか手に入らないし、能力の範囲外なので、金融コンサルティング会社のイボットソン・アソシエイツ・ジャパンの最高投資責任者、小松原宰明さんにおすすめ資産配分を教えてもらおう。それぞれの資産構成にした場合に期待できるリターンとリスクの水準別の3パターン（図表2－13）。ちなみに小松原さんは日本における分散投資のエキスパートなんだ。

それぞれの資産配分共に、さっき説明した、「同じリスクならより高いリターンになる」「同じ

図表2－13　新興国やREITも加えた「お得な配分」は？

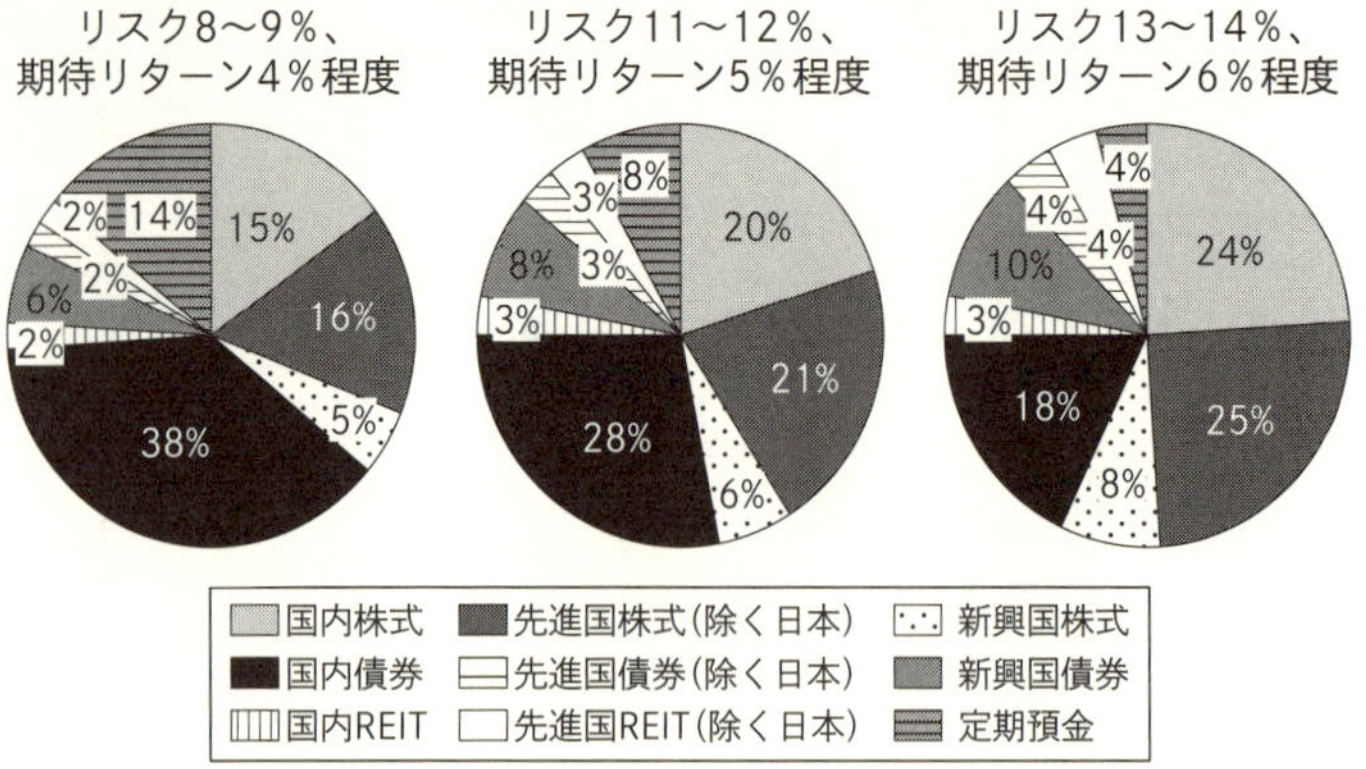

（出所）イボットソン・アソシエイツ・ジャパン

リターンならより低いリスクで済む」という「お得な配分」（効率的フロンティア）になるように計算してくれているよ。いろいろな投信を組み合わせて、自分でこうしたおすすめ資産配分を作ってみるのも楽しいかもね。

ハナ　基本的には、若くてリスクをとれるうちは株式の比率を高くしてより大きな儲けを狙い、年齢が上がるにつれて債券や預貯金の比率を高くして、資産の変動を抑える、っていう考え方でいいんですよね。

老後博士　セオリー的にはね。**米国では株を持つ比率として「100マイナス自分の年齢」というモノサシがよく語られる。**例えば30歳なら7割くらいが株でもいいし、70歳なら逆に株の比率は30％という感じ。

ハナ　70歳で株が30％って、高すぎません？

老後博士　昔は高齢になったらリスクを抑えるために投資から撤退すべきだというのが一般的な考え方だった。でも、米国でも長寿化で、ある程度の年齢まで運用しないと老後資金がもたないと考える人が増えて、運用を続ける年齢が伸びているらしいよ。

ハナ　日本だけの問題じゃないのか。

老後博士　でも、運用に失敗すると、それこそ逆に老後貧乏になる。だからこそ高齢になれば株の比率を抑えて、リスクを小さくする運用がとても大事だってこと。

ハナ　「100－自分の年齢」か。覚えておこうっと。

老後博士　あくまでも目安だけどね。若くても子供の教育費などがかさんでリスクをとれない人は慎重にすべきだし、高齢でも資産が多い人はリスクをとり続けられるかもしれない。

ハナ　実際のそれぞれの資産への投資は、投資信託を使うの？

老後博士　自分で外国の個別の株や債券を買うのはたいへんなので、投信が現実的だね。ただし、大事なのはどんな投信を使うかということ。具体的な投信についてはまたあとで話すね。

「国破れて企業あり」の時代、生き延びるのに不可欠になった株式投資

ハナ　あの、ちょっと話がそれてもいい？　卒論なんですけど、教授に単に老後資金についてのみ書くのではなく、企業の在り方とか、社会全体の変化も大づかみに踏まえた視点も入れなさいって言われてるんです。

老後博士　けっこうハードル高いね。……資産運用、特に株への投資が大事になっているってのは、単に老後が長くなっているからだけじゃなく、日本と企業の大きな流れの変化も背景にあるんだ。

ハナ　おっ、いい感じっすね。

老後博士　……端的に言うと、企業の稼ぐ付加価値の配分の比率が、①国内から海外へ、②従業員から株主へ――というふうに変わってきている。例えば経済産業省の海外事業活動基本調査によると、海外生産比率は製造業で２００８年度の30・４％から12年度は33・７％へ上昇、非製造業も同期間で17・０％から20・３％へ急速に上がっている。同時にパナソニックやファーストリテイリングで見られるように、従業員の採用も外国人の比率がどんどん高まっている。

ハナ　**企業が日本国内で使うお金が減り、日本人従業員に払うお金の比率も減っていってるってことですね。**

老後博士　だからこそ２０１３年以降の急激な円安にもかかわらず輸出が思ったほどは伸びない。このため国内生産が上向かず、景気回復が鈍い。一方で上場企業は輸出型が多いので、円安によって海外で稼いだお金が円換算で大きく増えて利益が高まっている。そもそも経常利益率は海外のほうが国内より高い状態が続いているしね。いわば「国破れて企業あり」の時代だ。

ハナ　利益を国内の従業員にもどんどん還元してくれればいいのに。

老後博士　もちろんある程度は賃上げもしているけど、もうひとつ見逃せないのは、企業の稼いだ付加価値の配分の比率が、従業員から株主へシフトしていること。新興国の人の安い賃金と競争するために従業員の給料はあまり上げられない一方、外国人株主の影響力の高まりで配当などの株主還元を強化せざるを得なくなっている。

ハナ　配当は増えてるの？

老後博士　利益に占める配当の比率を配当性向っていうんだけど、生命保険協会の調査だと、配当性向は２００３年の19％から12年には30％へ上昇、同年の米国（34％）にかなり接近してきた。

ハナ　……ということは？

老後博士　昔のように、従業員として一生懸命働くだけでは、あるいは商売の場合は企業向けに国内で営業しているだけでは、企業の付加価値の配分は得られにくくなっているってこと。でも株主になっておけば、企業が円安で海外で利益を増やしていることによる株高や配当増の恩恵も受けられる。**企業の付加価値の配分を受けるルートを、株主になることで新しく増やしておくべきなんだ。**

ハナ　なるほど。企業のグローバル化や、株主重視の流れが止まらないなかでは、株主になっておくことが、もはや生き残りに不可欠の時代になりつつある。それが結果的に、自分の老後を守ることにもつながるってことですね。なんかそれっぽいです。卒論に使えそう。

老後博士　……なんかそのまま書きそうな気がするんだけど。

ハナ　テヘ。

日経平均はバブル崩壊後の半値なのに、積み立てならすでに利益

老後博士　本題っていうか、資産運用の具体論に戻るね。

積立投資の威力を考えるためにまず、この3本の線を見て（図表2－14）。①は毎年じりじり値上がりしていった場合で、②は途中まで約6割上げた後、結局元の値段に戻ったケース。③ははじめのころに約8割下げ、その後じりじり回復したけれど、最終的には元の値段より3割くらい低い価格にとどまったケース。ハナちゃんが投資をするとき、どの結果になったほうがいい？

ハナ　①に決まってるじゃないですか！

老後博士　確かに最初の時点で一度に投資した場合は、①がいい結果になる。でも毎月一定額ずつ積立投資した場合は違ってくる。例えば毎月1万円ずつ積立投資すると、累計投資額は20年間で2000万円。①は資産は積立期間の終わりに2430万円に増えているけど、実は③のグラフでは3387万円へと、さらに大きく増えているんだ。

ハナ　えっ、信じられない！

老後博士　なぜこんなことが起きるかと言うと、**一定金額での積立なので価格が高いときは少ししか買えない一方で、価格が低いときはたくさん買うことになるから。**③では価格が低い時期に

図表2－14　積立投資では初期の下落はむしろメリットに

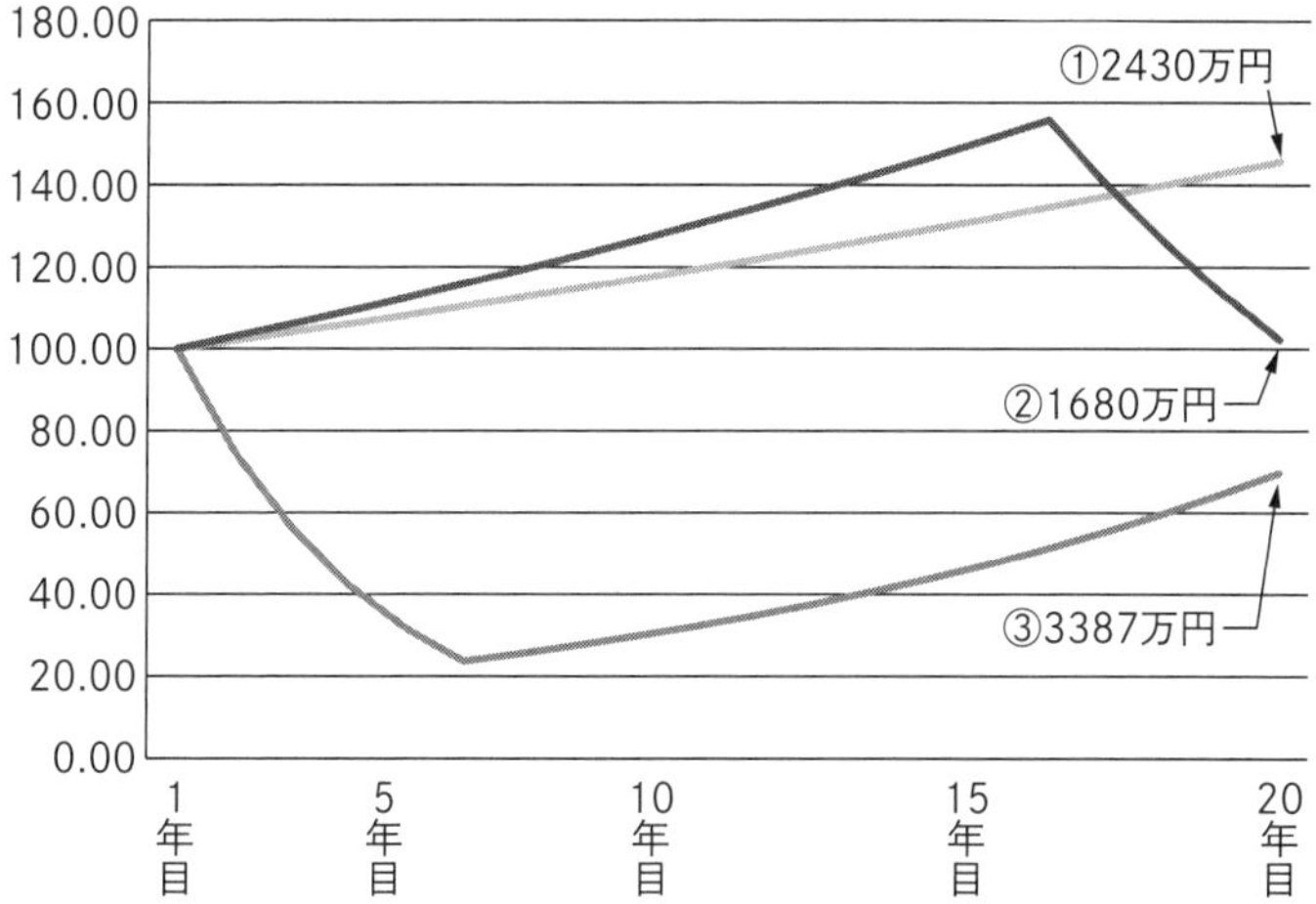

＊毎年100万円ずつ20年間、計2000万円投資した場合の20年後の資産

たくさん買えているので、累計の購入株数が①より多くなる。その後に価格が上がるとぐんと利益が大きくなる。つまり、積立の最初のころはむしろ価格が下がってくれたほうが、最終的に価格が上がるなら儲かりやすい。

ハナ　そうすると、**株価が大きく下がっても悔しくならず、むしろうれしい気持ちになれますね。**

老後博士　それが積立投資の大きな魅力。でも積立投資に関しては誤解もある。それは、最初に一括投資するよりいつも有利であるかのような誤解。

ハナ　違うんですか？

老後博士　②のグラフを見て。最初のうち上がって、最後に元の価格に戻った場合、一括投資ならもちろん損益はトントン。でも積立投資でこんな値動きになると、最終的な資産は

1608万円、つまり損をしてしまっているでしょ？

ハナ　なぜ？

老後博士　最初に上昇した局面でも買い続けていたので、購入コストが高くなっているから。それなのに最後の局面で価格が下がると、損をすることになる。つまり、**積立投資は一括投資より有利でも不利でもなく、値動き次第だということ。**

ハナ　なのになぜ積立投資をすすめるの？

老後博士　3つある。ひとつは一括投資だと、それが後で振り返って高値だった場合は、一度に高値づかみしてしまったことになる。**時期を分散することで、まとめて高値で買うリスクを減らせる。**逆に言えば、後で振り返ってそれが最安値だった場合は、もちろん一括投資がよかったことになるけど、普通の人はなかなか最安値を当て続けられない。分散して買うことで高値摑みをさけるのは、いわば保険だよ。

ハナ　私ならうまく底値を当て続けられる気が。曽祖父は明治期の伝説の相場師と言われた人だったの。

老後博士　先祖は江戸の火消しで、曽祖父は伝説の相場師か……。ドラマチックな家系だね。

ハナ　妄想ですけどね。

老後博士　さっきは積立投資は値動きしだいと言ったけど、ではどんな値動きのときに効果的かというと、ジグザグしながらも最終的には高くなっていく場合。**株や債券の長期投資は、幅広く**

分散して保有すると、値動きがジグザグしながら長期では価値が増えていく性質の資産。そういうものを対象にする場合は、積立投資が大きな役割を果たすことが多いよ。

ハナ　そうじゃない資産もあるの？

老後博士　株や債券への長期投資のように、投資対象の価値が上昇する結果、全員がプラスのリターンを期待できる資産を「プラスサム」（サムは合計のこと）の資産という。一方、為替取引やコモディティの取引などは、長期で対象の価値が増大するとは限らなくて、価格しだいで誰かが儲けたら誰かが損する「ゼロサム」の資産。こうした資産、つまりＦＸ**（外貨証拠金取引）などを対象に長期で積立投資しても、儲かるかどうかはわからない。**このあたりは、為替の話をした後、改めて「投資と投機はどう違う？」（１４５ページ）で改めて考えるね。………ハナちゃん？

ハナ　はっ！　起きました。

老後博士　ただし、株式や債券の投資でも、個別の銘柄あるいは日本株だけのような個別の資産では危険。個別の株式ではずっと株価が下がりっぱなしのものもあるし、あるいは個別の国でも、例えば日本株は１９９０年のバブル崩壊後25年たっても株価は約６割も下げた水準。

ハナ　長い時間がたっても報われないなんて、私の婚活みたい。

老後博士　アラブの石油王なんか狙うからだよ。そもそもどこで知り合うんだ。

ハナ　たまたま近くのファミレスに来たりしないかな。

図表2－15　バブル崩壊後毎月2万円ずつ積立投資していれば……

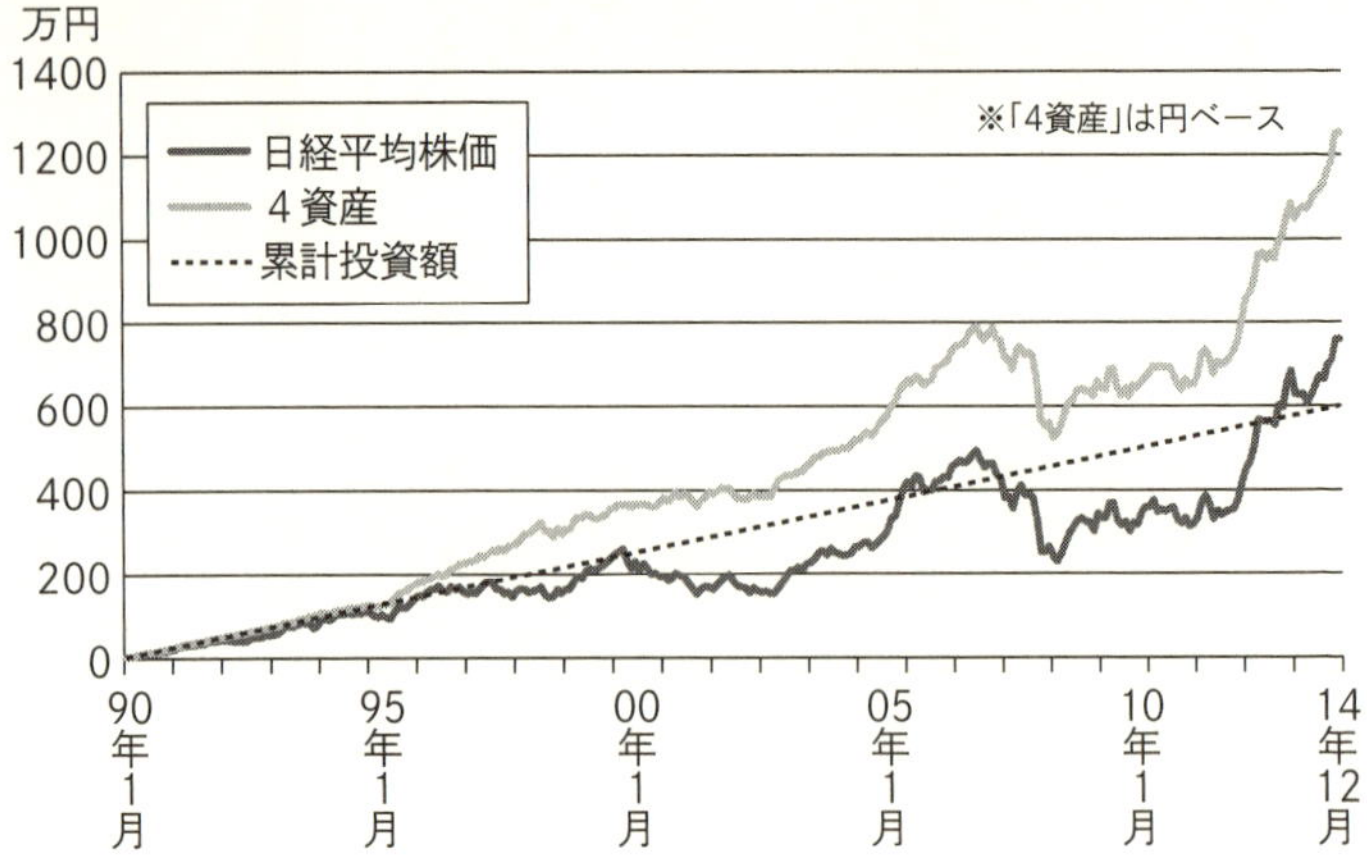

老後博士　来るわけないだろ。ところでさ、図表2－15で見ると、**実はそんな日経平均株価を対象に1990年以降に定額積立をした場合も、2014年末の資産は累計投資額より増えているんだ。**積立投資の威力がわかるでしょ？

ハナ　えっ、半値なのに利益なの？　さすが積立。私もがんばって長期で婚活するわ。

老後博士　何の話だよ。ただし利益が出ればいいってものでもない。同じグラフの世界全体に4資産分散で積立投資した場合に比べて、かなり小さい結果になっている。

ハナ　ということは…

老後博士　日本株のように、たまたま価格下落の時期にあったものを運悪く選んでしまうリスクを避けるためにも、**定額積立をするときには、例えば世界全体の株や債券に投資できる投資信託のようなものを選んだほうが安全だよ。**

ハナ　積立投資の2つ目のメリット、説明が長かったですね。もっと簡潔に。

老後博士　……。

ハナ　3つ目は?

老後博士　心理的なもの。投資は本来、安くなったときこそたくさん買うべきなんだけど、実際はリーマン・ショック後のような時期は怖くてなかなか買えない。せっかくのチャンスを逃してしまうわけ。一方で株価が上がって割高になったときに、たくさん買ってしまったりする。金融機関で自動的に定額で積立投資する契約をしておくと、こうした失敗がなくなる。リーマン後のような最悪期でも買い続けて平均購入単価を安くできるし、一方で高値のときは定額なので自動的に買う量を少なくできる。つまり「心理の罠」に陥らないという効果もあるんだ。

ドルコスト平均法に勝つ「最強積立術」とは

ハナ　ドルコスト平均法、やってみようかな。

老後博士　積み立てに興味を持ったのなら、より効果が高く「最強積立術」とも呼ばれる方法のことも知っておこう。図表2−16を見て。バリュー平均法と呼ばれる積立術があるんだ。まず効果から先に見てみよう。図表2−17は、1990年以降、日経平均株価に連動する投信に、ドル

図表2－16　積立投資の手法の違いは?

	ドルコスト平均法	バリュー平均法
手法	毎期、定額を買付け	「1か月ごとに株式の資産を1万円ずつ増やす」など目標を設定。毎月目標との過不足を計算し、足りなければ不足分を購入、目標を超えているときは売却
メリット	・かんたん ・毎期の投資額が一定で資金計画を立てやすい	・ドルコスト平均法より購入単価が下がることが多い ・毎月過不足を調整するので資産の目標額を計画的に実現しやすい
デメリット	・値動き次第で将来資産額が大きく変動	・手間がかかる ・下落時の買付額が大きくなり一時的な負担が増えることも

コスト平均法とバリュー平均法で投資をしてみた結果。株価が平均購入単価を上回っている時期は利益が出ていることを示す。90年以降、株価は半値弱だけど、ドルコスト平均法でも実はすでに利益が出ている。株価が安いときにも買い続けていて、平均購入単価が下がっているためだよね。

ハナ　さっきの図表2－15の日本平均株価の例を、違う方法で示したものですね。

老後博士　そう。でもさらに購入単価が低いのがバリュー平均法。ドルコスト平均法よりも購入単価がより大きく下がっている。**ドルコスト平均法の場合、90年以降、利益が出ている期間は全体の2割弱しかないけど、バリュー平均法では3割の期間で利益**だ。

ハナ　へえ。ドルコスト平均法より効果があるなんて。バリュー平均法って何ですか？

老後博士　米ハーバード大教授や米モルガン・スタ

図表2－17　日経平均株価を対象に積立投資してきたら……

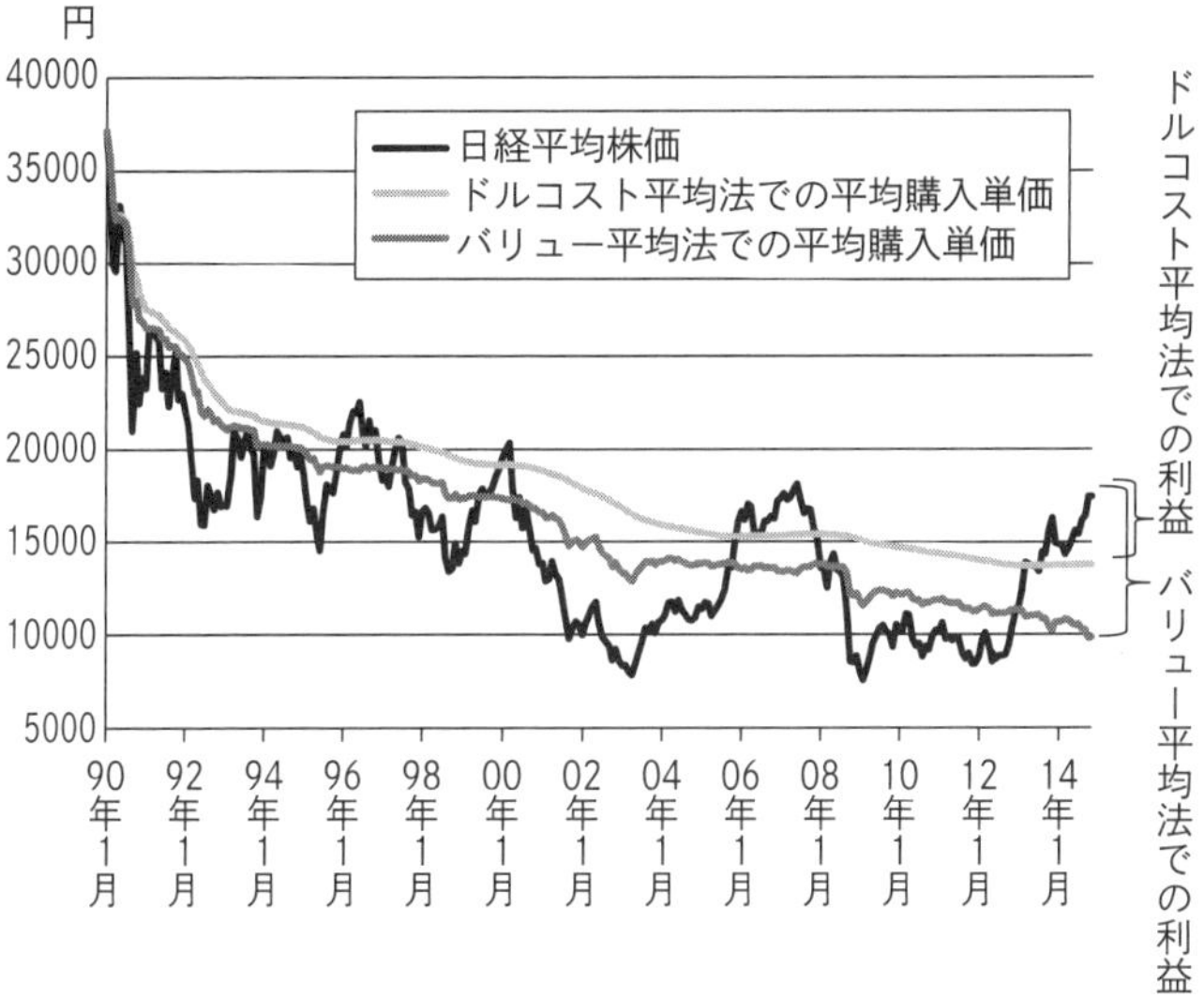

ンレー証券の役員などを歴任したマイケル・エデルソン博士が1990年代に発表した比較的新しい手法。元外資系年金運用会社社長で投資教育家の岡本和久さんが著書などで紹介して、日本でも知られ始めた。

ハナ　具体的には？

老後博士　ちょっと難しいけど、説明するね。やり方は図表2－18。簡単に言うと、まずは投資対象資産を増やしていく目標を決める。「例えば1月から日本株の資産を毎月1万円ずつ増やして25年後に3000万円にする」みたいに。達成できているか月末の株価で計算し、足りなければ追加で買い付け、上回っていれば売却する。

ハナ　あ～あ……この時点で私はアウト。めんどうくさい。

老後博士　1月末、株価が1000円とする

図表2－18　バリュー平均法の具体的な手法は?
（1月から資産を毎月末に1万円ずつ増やす目標の場合）

毎月の購入（売却）決定の流れ

STEP1
購入（売却）前の保有資産額を計算

→

STEP2
目標資産額と保有資産額の差を購入（売却）額として決定

→

STEP3
購入（売却）株数を決定

	1月	2月	3月
月末株価	1000円	800円	1250円
目標資産額	1万円	2万円	3万円
購入（売却）前の保有資産額	0	〈STEP1〉1月末の保有株数10株×2月末株価800円＝8000円	2月末の保有株数25株×3月末株価1250円＝3万1250円
購入（売却）額	1万円	〈STEP2〉目標資産2万円－資産8000円＝1万2000円購入	目標資産3万円－3万1250円＝－1250円（売却）
買付（売却）株数	10株	〈STEP3〉購入額1万2000円÷2月末の株価800円＝15株	株売却額1250円÷3月末株価1250円＝1株
累計投資額	1万円	2万2000円	2万750円
保有株数	10株	25株	24株

と、まず目標の1万円を達成するために10株を買う。少しややこしいのは翌月から。まず2月末の株価で時価を計算する。1月末に10株買っていて、株価が800円に下がっているから時価は8000円。2月末の目標は2万円なので1万2000円の追加投資が必要。株価800円なので15株買い、累積株数は25株になる。3月末の株価が1250円に上がっている場合、期初の時価は3万1250円。目標

を上回った1250円分を売却する。……ハナちゃん、寝るな！

ハナ　はっ！

老後博士　こうしたことをずっと続けていく。その結果、**必ずとは言えないけど、ほとんどの場合で、バリュー平均法のほうがドルコスト平均法より購入単価が小さくなる。**不足しているときにドルコスト平均法より多く投資するし、上回っている場合に高値で一部売却するということは、安く買って高く売るという手法のくり返しになるから。

ハナ　確かに図表2－17で日経平均の場合、そうなってますね。

老後博士　ただし、ドルコスト平均法と同じく、日経平均のように長期で下げ続けた資産では、利益も大したことはない。積み立ては、最後のほうに上向かなければ意味がないので、個別の銘柄、あるいは、日本株のような1つの資産でやるのはリスクが大きい。やはり世界全体の株や債券など、長期では上向く可能性が高い資産を対象にやるのが安全だよ。

　というわけで、さっきと同じように、4資産分散の指数を対象に、ドルコスト平均法とバリュー平均法の効果を比べたのが図表2－19。4資産分散の場合、値動きそのものが上昇基調なので積立投資の利益も大きくなっている。そのなかでも、やはりバリュー平均法は購入単価がより低く、利益もより大きい。**ドルコスト平均法では資産に対して平均購入単価が150、つまり投資額に対して資産は倍になっているけど、バリュー平均法の場合、資産300に対して平均購入単価は100、つまり投資額に対して資産は3倍になっている。**最終局面で単価が大きく下げてい

図表2－19　4資産（国内外の株と債券）に分散で積立投資したら……

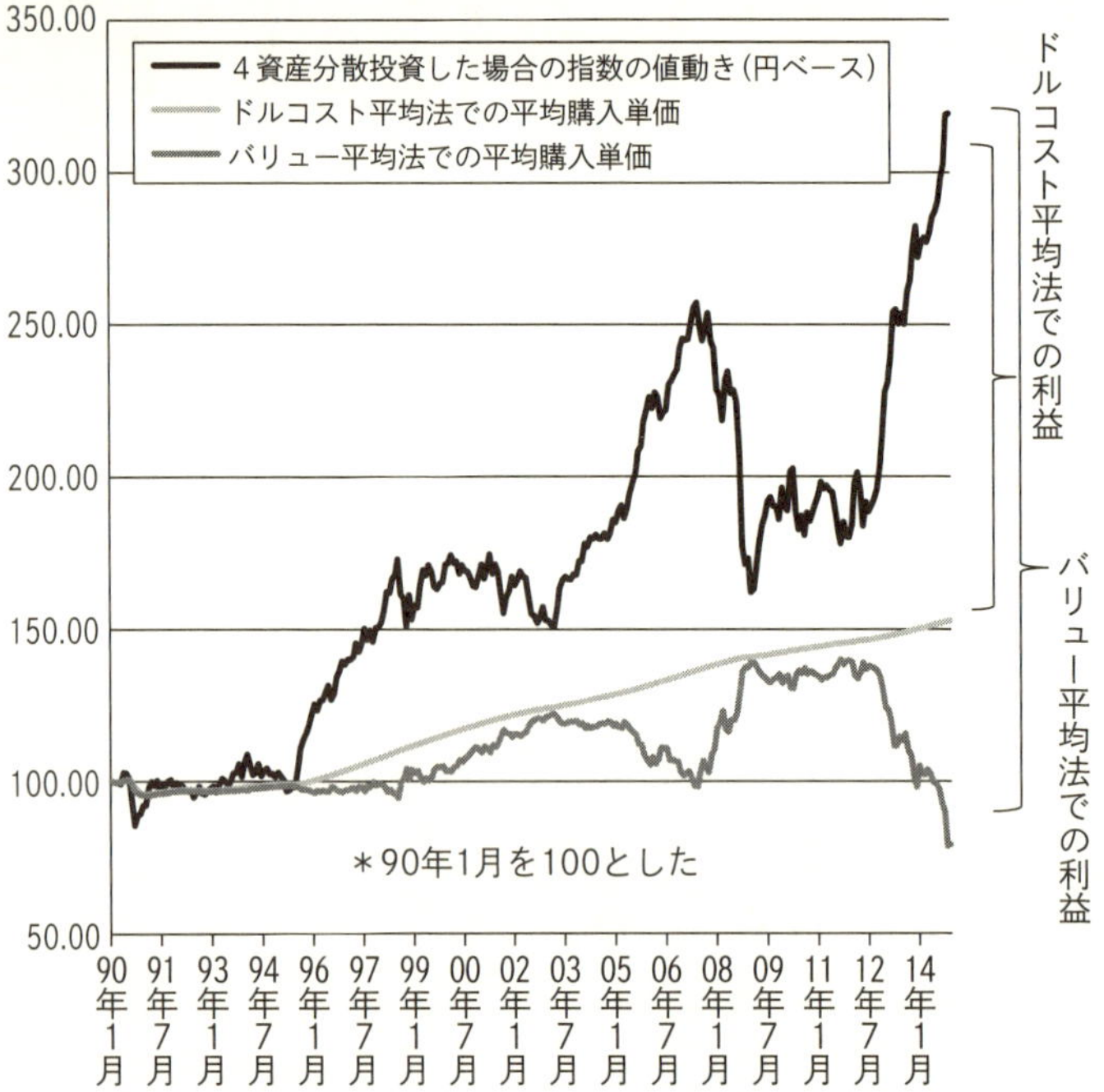

るのは、目標を上回って売却が続いた要因が大きいから。

ハナ　結構強烈ですね。欠点はないんですか？

老後博士　ある。

ハナ　ガクッ……。

老後博士　**バリュー平均法の欠点は、下げが続くと大きな追加投資額が必要になりかねないこと。**追加投資ができなくなるのを防ぐため、その時点の資産額の2割くらいを、待機資金として常に準備しておく必要がある。その意味で、資金にあまり余裕がない場合は向いていない。

ハナ　私はダメだ…。

老後博士　追加資金を十分準備できない場合でも、例えば「月に5万円を上限」というふうに決めておく選択もあるよ。実際に検証してみたところ、上限を決めた場合でもあまり効果が落ちなかったことが多い。一度に大きく追加しない分、その後は上限金額を追加し続けることになり、埋め合わせられることが多いみたい。とはいえ、下落局面で多めの資金がいることを考えると、相場上昇時に売却した資金をそのまま「待機資金」として置いておくなどの工夫が必要だね。

ハナ　ほかにはデメリットはないんですか？

老後博士　あるよ。売却に伴い税負担が発生すること。通常は、税負担を含めても、購入単価が下がるメリットのほうが大きいと思うけどね。ただし、税負担を避けるには、売買が非課税の確定拠出年金での運用に特に向いていると言えるんじゃないかな。ともあれ、ドルコスト平均法にもバリュー平均法にも一長一短がある。初心者の場合、まずは簡単なドルコスト平均法から始めて、次のステップで資金の一部でバリュー平均法に挑戦してみるのもいいかもしれない。

投信のコスト差で老後資金の増え方は3倍変わる

ハナ　長期で、対象も分散し、積み立てで投資することの重要性はよくわかったわ。でも39ページで話した「4つのルール」ではもう1つ、「低コスト」というルールも指摘していましたね。

老後博士　まず、図表2－20で投資信託の種類とコストについてまとめておこう。老後に向けた資産形成では、時間が長いだけに、選んだ商品のコストが成績に大きな影響を及ぼす。投信は持っている期間中、実は毎日一定の手数料を差し引かれていて、これを信託報酬（運用管理費用）という。例えば、普通に銀行や証券会社で株の投信を買った場合、運用担当者の腕で平均的な成績を上回ることを目指す、アクティブ（積極運用）型と呼ばれる投信の場合、信託報酬が年に2％近いものもあるよ。

ハナ　2％でも0・5％でも大した差ではないような……

老後博士　確かに一見、小さな数字に見える。けれども図表2－21を見て。**毎年3％で35年間運用できたとして、毎月2万円積み立て投資すると累計投資額は842万円なのに、35年後には1483万円にもなる。これはコスト差し引き前の数字。でも信託報酬が2％かかると、差し引き1％でしか運用できなかったのと同じ結果になり、この場合だと35年後にも1005万円と、20％増にとどまる。**

ハナ　あちゃ〜。

老後博士　でもインデックス型という、市場の平均となる指数、例えば日本株なら東証株価指数、米国株ならS&P500種株価指数などだけど、こうした指数に連動するタイプなら、信託報酬が0・5％程度ですむものもたくさんある。アクティブ型と違って、運用者がいろいろ会社のことを調べたりしなくすむのでコストが低いんだ。0・5％の信託報酬なら、さっきと同じ前提の

図表2－20　投信の種類と○…メリット、×…デメリット、△…どちらとも言えない部分とは（日本株に関する一般的なケース）

	アクティブ（積極運用）型	インデックス（指数連動）運用型	
		通常のインデックス投信	ETF
運用の狙い	○…市場平均を上回ることを目指す（×…ただし実際は下回る投信のほうが多い）	△市場平均（指数）に連動	
上場の有無	非上場		上場
販売手数料（購入時に一度だけかかる）	0－3％	0％が多い	株式と同じ（ネット証券なら多くが0.1％程度）
信託報酬（運用期間中毎日かかる）	×…平均で1.5％程度	0.4％程度	○…0.1－0.2％程度
買える場所	×…その投信を扱っている金融機関		○…ほぼ全部の証券会社
最低購入単位	○…1万円程度と少額から		×…TOPIX型なら指数の10倍、日経平均型なら指数の1倍からが多い
購入価格と注文手法	×…注文した日か翌日の終値で決まる基準価格。指値注文や信用取引はできない。○…投信によっては自動積み立てが可能		○…株と同じように場中で変化。指値注文や信用取引も可能。×…自動積み立ては基本的にできない、分配金は自動的には再投資できない

場合、35年間の運用で1340万円と60％増。コスト2％のときと比べて、老後資金の増え方は3倍も違ってくる。

ハナ そんなに違うんだ。ところで図表2－20にあるETFって何？

老後博士 インデックス型投信の一種で、上場していて株と同じように時々刻々取引できる。指値での注文や信用取引も可能だよ。そして最大の特徴は信託報酬の低さ。日本株のアクティブファンドが平均で年約1・5％、日本株のインデックスファンドが0・4％程度なのに対し、日本株ETFは年0・1～0・2％程度。販売手数料は無料ではないけど、買う数量によってはネット証券なら購入額の0・1％以下になることが多く、信託報酬の安さというメリットの大きさがはるかに上回る。ただし、ETFはドルコスト平均法で自動的に月々積み立てられる仕組みになっていないほか（大手証券では「るいとう」の仕組みでできるが、コストが高い）、分配金の再投資も自動的にはできないのがやや不便な点かな。

ハナ インデックス型はコストが低いのか。でもアクティブ型は運用担当者が平均を上回る成績を出してくれるんでしょ？

老後博士 それを目指すけど、プロ同士の戦いなので長期で勝ち続けるのは難しいというのが国内外の様々な調査の結果なんだ。**十年単位の長期保有で比べた場合、市場平均を上回れるアクティブ投信は、全体の3～4割程度しかない。**「自分は良いアクティブ投信を選ぶ目がある」という強い自信がある場合を除いて、コストの安いインデックス型投信を選ぶほうが成功率は高くな

図表2－21　もともと年率3％の運用でも……

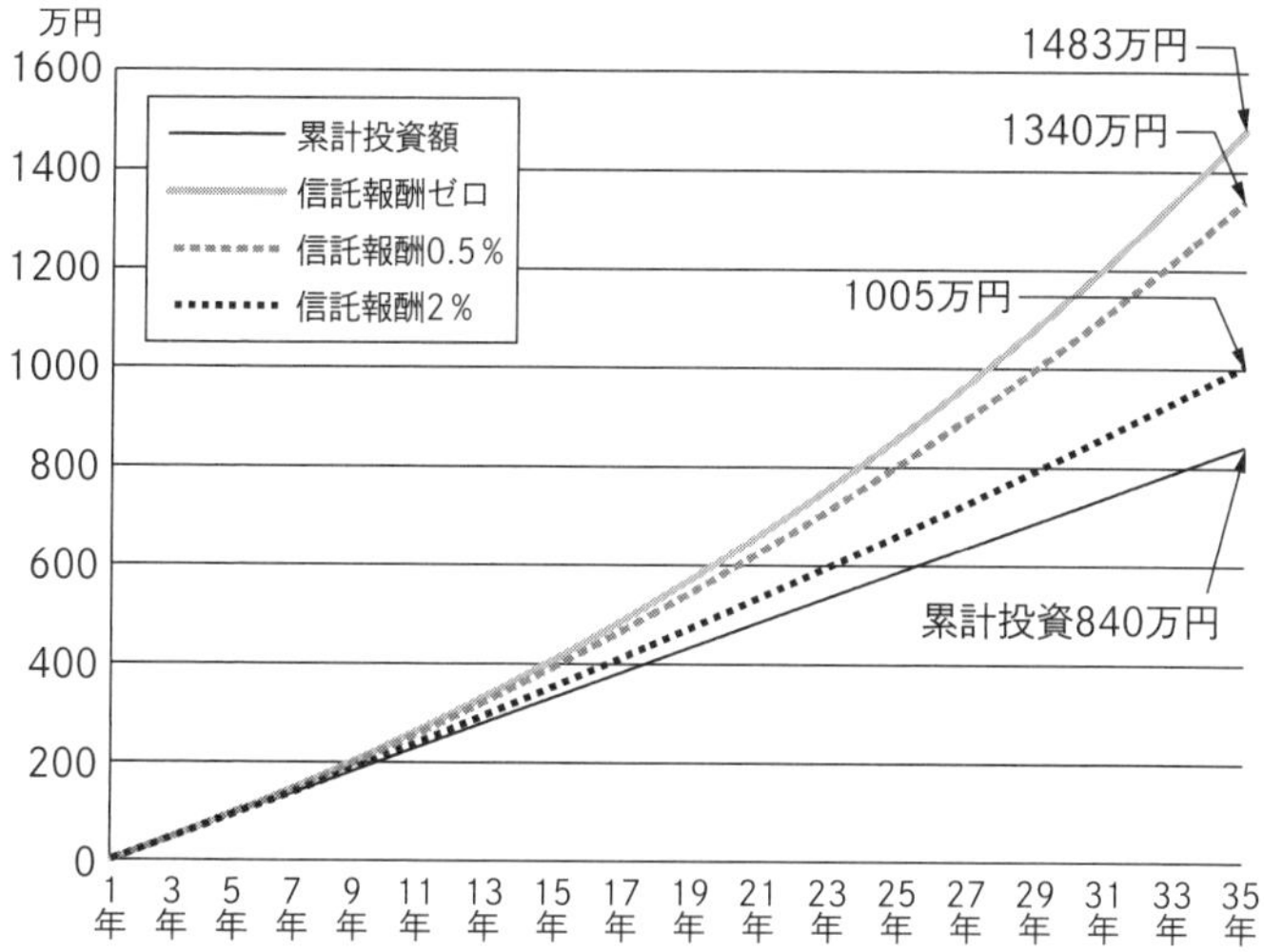

りがちということだね。

ハナ　ところで、図2－21を見ると、右肩上がりにゆるくカーブしているのはなぜ？

老後博士　複利効果っていうもの。例えば1万円を3％の運用ができたら1年後には1万300円になっているよね。この300円のもうけを引き出さずに、2年目は1万300円をスタート台にしてまた3％でまわると、今度は1万609円になる。このように、儲けを引き出さずに運用を続けると、どんどんスタート台が大きくなっていくので、雪だるまが膨らむように資産が増えていきやすい。

　長期の投資では、この複利効果を最大限に発揮できるように、長期で上向くような投資対象を選んで、儲けを引き出さずに運用を続けることが大事なんだ。一方で、毎月分配型投信のようにいちいち儲けを吐き出してしまうやり方だと、長期では増えるスピードが落ちてしまう。

ハナ　コストの話とどう関係が？

老後博士　コストも同じさ。低コストのほうが元手がたまりやすく、長期で見れば資産が大きく右肩上がりで増えやすい。

ハナ　ところで、図表2－21って、あくまで試算でしょ？　ちょっと空理空論ぽいっていうか。

老後博士　失敬な！　では実際の過去のデータで、コストの影響を見てみよう。図表2－22はさっき見た図表2－15をより長期で1980年から見たもの。80年以降、4資産分散で毎月2万円を積み立てると、2678万円にもなった。でもこれは、コスト差引前の数字。信託報酬が2％かかると、費用負担が積み重なって1717万円にとどまり、増え方が大幅に減ってしまう。でもコストが0・5％で抑えられれば、資産は2388万円と、かなり大きな額に育っていたはずだよ。投信のコスト差で、老後資金に670万円の差がついたことになる。

ハナ　具体的に低コストの投信を教えて。

老後博士　信託報酬の低いインデックス投信の一覧を図表2－23でまとめてみた。大半のインデックス投信は、SBI証券、マネックス証券、楽天証券などネット証券で買え、販売手数料は無料。例えば57ページで紹介したおすすめポートフォリオを作る際に、こうしたなかから選んで組み合わせていけば、全体として0・4～0・5％程度の低コストでポートフォリオを作れるはず。

そして毎月自動積立にしよう。でも、時間がたつと上がった資産や下がった資産もあって、全

図表2－22　過去の4資産分散の積立投資（月2万円）とコスト

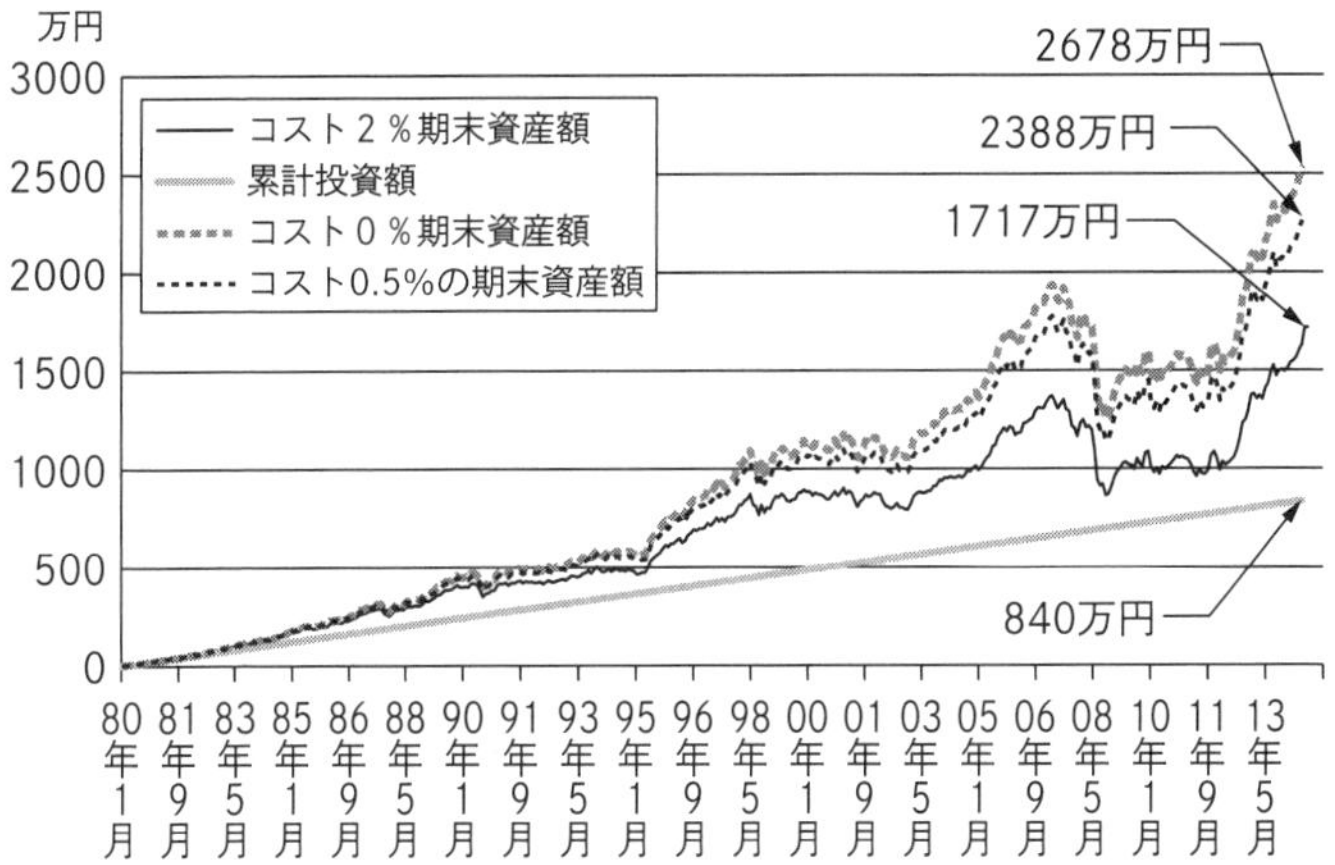

体の構成比が最初に自分で決めた資産構成からずれてくる。年に1度くらい見直して、構成比が少なくなった資産を重点的に買い増して、もとの構成比に近づけよう。これをリバランスっていうんだ。

ハナ　なんかメンドーくさい。

老後博士　**……個々に選ぶのが面倒な人は、図表2－23の「世界全体の株や債券」の欄で上げた、1本で世界全体の株や債券に分散投資できるファンドを選んで、自動積立にすればいい。**でも、自分に適した資産配分にするため、ハナちゃんみたいな若い人は、追加で国内外の株のファンドを別途上積みするくらいの手間はかけたほうがいい。

ハナ　それもメンドーくさい。

老後博士　……世界経済インデックスファンドは基本的に株と債券の比率が半々だけど、国内外の株を75％にした「株式シフト型」（信託報酬0・55％）と、国内外の債券の比率を75％にした「債券シフト

図表2－23　主な低コストのインデックス投信

	ファンド名（一部省略）	信託報酬（年率％、税抜き）
世界全体の株や債券	世界経済インデックスファンド	0.5
	SMTインデックスバランス・オープン	0.5
	eMAXISバランス（8資産均等型）	0.5
	セゾン・バンガード・グローバルバランスファンド	0.70
世界の株式全体	＊バンガード・トータル・ワールド・ストックETF	0.17
日本株式	日本株式インデックスe	0.37
	SMT TOPIXインデックス・オープン	0.37
	ニッセイ日経225インデックスファンド	0.25
	野村インデックスファンド・TOPIX	0.4
	＊TOPIX連動型上場投資信託	0.11
国内債券	ニッセイ国内債券インデックスファンド	0.31
	SMT国内債券インデックスオープン	0.37
先進国株式	ニッセイ外国株式インデックスファンド	0.39
	SMTグローバル株式インデックス・オープン	0.5
	EXE－i先進国株式ファンド	0.34
	＊上場MSCIコクサイ株	0.25
先進国債券	ニッセイ外国債券インデックスファンド	0.38
	外国債券インデックスe	0.5
	EXE-i先進国債券ファンド	0.44
	＊上場インデックスファンド海外債券	0.25
新興国株式	SMT新興国株式インデックス・オープン	0.6
	野村インデックスファンド・新興国株式	0.6
	EXE－i新興国株式ファンド	0.41
	＊バンガード・エマージング・マーケットETF	0.15
新興国債券	野村インデックスファンド・新興国債券	0.6
	eMAXIS新興国債券インデックス	0.6
国内REIT	ニッセイJリートインデックスファンド	0.34
	野村インデックスファンド・J-REIT	0.4
海外REIT	ニッセイグローバルリートインデックスファンド	0.45
	EXE-iグローバルREITファンド	0.4

＊はETF

型」（同0・45％）もあるので、若い人は前者を、高齢になると後者を選ぶこともできるよ。**リバランスを自分でやらなくていいので楽かもしれない。**

ハナ　それならできるかな。

老後博士　表の中の＊印は77ページの「投信の種類」で示したＥＴＦ（上場投信）。他のインデックス型投信よりさらに信託報酬が安いけど、自動積立が原則できないんだったよね。インデックス投信で積立投資し、資産が増えてきたら、まとめてＥＴＦに切り替えると、その後の保有コストはさらに低くなる。「リレー投資」とも呼ばれる方法なんだ。

コラム　大人気のラップ口座はコストが高すぎて……

「この人は、自分自身でも本当にこの商品に投資したいと思っているのだろうか」——ある金融機関が記者向けに開いた「ラップ口座」に関する説明の会見で、説明者に対してついそんなことを思ってしまいました。

ラップ口座という商品が急拡大しています。個人が証券会社や銀行と投資一任契約を結んで、運用から管理を任せるサービスです。「ラップ（wrap）」は英語で「包み込む」という意味。かつては富裕層向けでしたが、最近は投資信託を組み合わせるファンド・ラップという形で、

300万～500万円から受け付ける金融機関が増えています。顧客は金融機関と相談しながら運用方針を考えるのですが、参考として投資先の配分を示されます。例えば「積極運用」なら国内外の株式の割合が高く、「保守的」なら債券の比率が高くなります。

その金融機関が「中間的」と示している配分は、国内外の株や債券やREITに分散投資するもので、長期的な年率のリターンを3％、リスクを8％程度と表示していました。

53ページの「今さら聞けないお金の話」で示したように、リスクは値動きのブレ幅を示し、統計上約68％（約3分の2）の確率で値動きが収まる範囲のことでした。つまり、この配分での運用は「年3％を中心に、前後8％の間で運用できる確率が約3分の2」ということになります。値動きを試算してグラフ化してみたのが図表2－24の上側です。上下の線の間で動く確率が約3分の2なので、長期的には資産は増やせそうです。

ただ、これはコストを無視した場合の話。**ラップ口座そのものの手数料は年に1～2％。そのうえに投信の運用管理費用（信託報酬）も乗るので、総コストは年に2～3％にも達します。**仮にコストが年2・5％とすると、この運用の実質リターンは、3％引く2・5％で、差引0・5％まで低下します。実際は「年0・5％を中心にその前後8％（つまり、8・5％からマイナス7・5％）で推移する確率が約3分の2」となってしまいます。

これをグラフにしたのが図表2－24の下側です。収益率が大きく下がり、元本割れの可能性も増えています。**期待リターンが0・5％しかないのに、リスクが8％もあるのは、ものすごく不**

図表2－24　「期待収益率3%、リスク8%の投資対象」と「コスト年2.5%のファンドラップ」

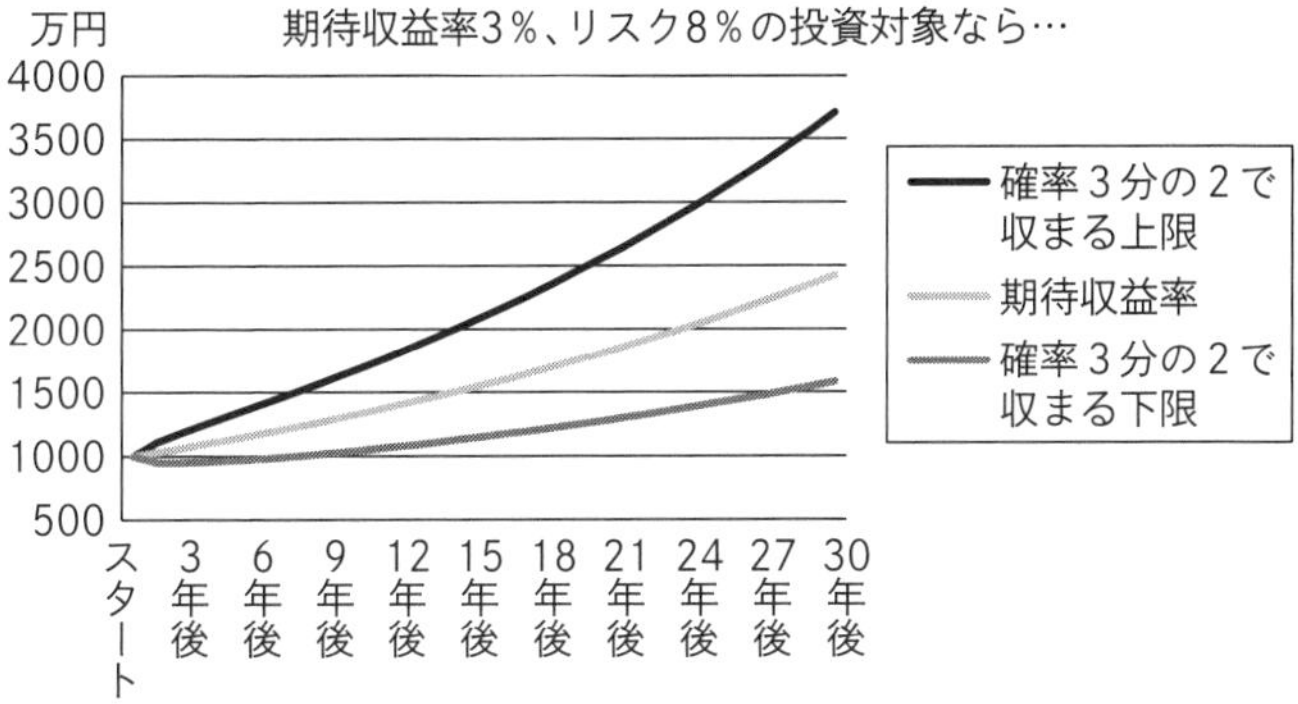

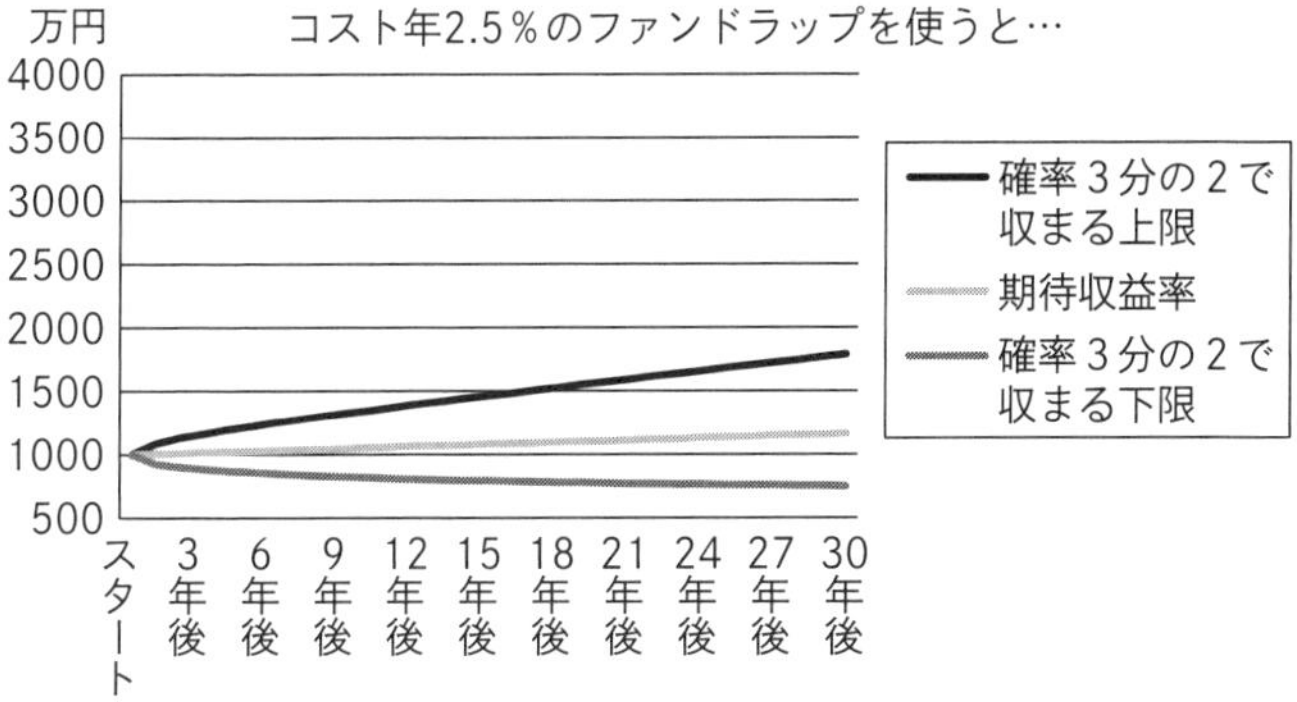

**図表2－25　家電・自動車なら「人気の商品」はおすすめ。
でも金融の分野では「人気の商品」は危険!!**

●家電や自動車など、使えばわかる商品なら…
①売れている商品＝いい商品
②新しい商品＝いい商品

●売り手と買い手の情報格差が大きい金融商品では…
①売れている商品＝手数料が高いなど、売り手が売りたい商品
②新しい「旬のテーマ」の商品＝今がその「テーマ」の相場のピーク。
運用の腕もわからない

●それを踏まえて記事を読むと…これらは怖い情報かも…
Ex. **「ラップ口座の販売が好調」「ブラジルレアル建て通貨選択型投信が人気」「毎月分配型投信が、純資産残高上位のうち9割に」「公的年金不安から民間生保の個人年金や変額年金が人気」**…

利です。ちなみに公的年金（GPIF）は2014年秋に示した資料で、リスクが4・7%程度しかない日本国債ですら、長期の期待リターンを2・6%と見ています（最近は超低金利ですが、約25年間の長期での見通しです）。つまりこの会社のラップ口座は、国内債券よりリターンがずっと低く、リスクがずっと高い商品と化してしまっています。そしてこの傾向は多くのラップ口座に共通します。

ラップ口座をすすめられるとき、金融機関に「長期的な成果を決めるのは資産配分」「長期の国際分散投資が基本」「定期的な配分の見直しが必要」などと説明されることが多くあります。これらは歴史に裏打ちされた「投資の大原則」です。しかし、本来はこれに加えて「低コスト」

という原則も重要です。現在のラップ口座はこの点が完全に抜け落ちてしまっています。

この章で書いたように、最近は低コストのインデックス型投信が普及し、0・5%程度で国際分散投資も可能です。ラップ口座を使わず、コスト0・5%でリスク8%なら、ある程度の確率で資産を増やせるでしょう。82ページで示したような低コストのバランス型を自分で買うほうがよほど有利です。

実は投信運用会社の何人もの人から「自分たちだってこの商品のコストが高すぎて良くないということはわかっている。しかしビジネスのためにはやらざるを得ない」という〝嘆き〟を幾度も聞きました。

金融機関がラップ口座に力を入れるのは、過去に一部で見られた販売手数料を稼ぐための「回転売買」から脱却し、資産管理型営業へ転換する狙いもあります。これは投資家にとっても望ましいことですが、コストが高すぎては意味がないでしょう。手数料引き下げというサービス競争が進み、金融機関と投資家がともに利益を得る形になることを願いたいと思います。

同時に、**金融商品の分野では「売れている金融商品はいい商品」というイメージが、実際には多くの場合、間違っていることも覚えておきたい**と思います（図表2－25参照）。

「プロが運用するから好成績」は間違い

ハナ　あのぅ。ちょっと聞きたいことが。

老後博士　なんだよ改まって。

ハナ　これまで、インデックス型投信はコストが低いから有利、と聞いてきましたけど、成績自体は市場平均並みしかとれないんですよね。ファンドマネジャーが銘柄やタイミングを選ぶアクティブ型は、確かにコストは高いかもしれないけれど、いい銘柄をいいタイミングで買ってくれて成績そのものが市場平均よりもよくなるなら、アクティブ型でもいいんじゃないか、と？

老後博士　確かにその通り。でも**日本株のアクティブ型の半数以上が市場平均（東証株価指数）の騰落率を上回ったのは、図表2-26でわかるように過去15年でわずか3回だけ。しかもある年に上回った投信がその後も勝ち続けるかというとそうでもなく、長期で上回り続けた投信はゼロ。類似の統計は国内外にとてもたくさんある。10年くらいの長期で見ると、アクティブ型投信の6～7割が市場平均に負けてしまう、というのが、時期や国を問わず、ほぼ共通の結果なんだ。**

ハナ　あちゃ。プロなのに勝てないんですか？

老後博士　今やマーケットは膨大な情報と知識を持ったプロ同士の戦い。そのなかで勝ち続けることはとても難しいということ。あるときは勝ててもあるときは負け、成績そのものは長期でならせば市場平均並みになってしまうことが多い。

ハナ　強いもの同士の戦いなのね。

老後博士　一方で、アクティブ型は、運用担当者がいろいろな会社を調査する費用がかかるから、コストが高め。例えば、日本株型のアクティブ投信の運用管理費用（持っているだけで毎日差し引かれるコスト）は年率換算で約1・5％。30年運用を続けると、単純計算で運用管理費用の負担だけで投資額の45％分が失われてしまう。

ハナ　どひゃ。

老後博士　運用で市場平均を上回り続けるのが容易でない一方で、コストは高いことが、図表2－26のように、半数以上のアクティブ型投信が平均に負けてしまう理由。

ハナ　でもやっぱり、本当のプロなら勝てるんじゃ。

老後博士　個別で見てみよう。図表2－27は日本株と外国債券のそれぞれの分野での日本最大の投信。日本株は「フィデリティ・日本成長株・ファンド」で信託報酬は1・65％。外債型は「グローバル・ソブリン・オープン（グロソブ）」で同1・31％。

ハナ　この2本は純資産がトップってことは、いわば日本のアクティブ型投資信託の代表格ね。

老後博士　これを、運用履歴が長いインデックスファンドの「ＰＲＵ」シリーズ（信託報酬はともに0・7％）と比べてみた。**フィデリティ・日本成長株もグロソブも、ともにインデックスフ**

図表2－26　アクティブ型投信の実績は？

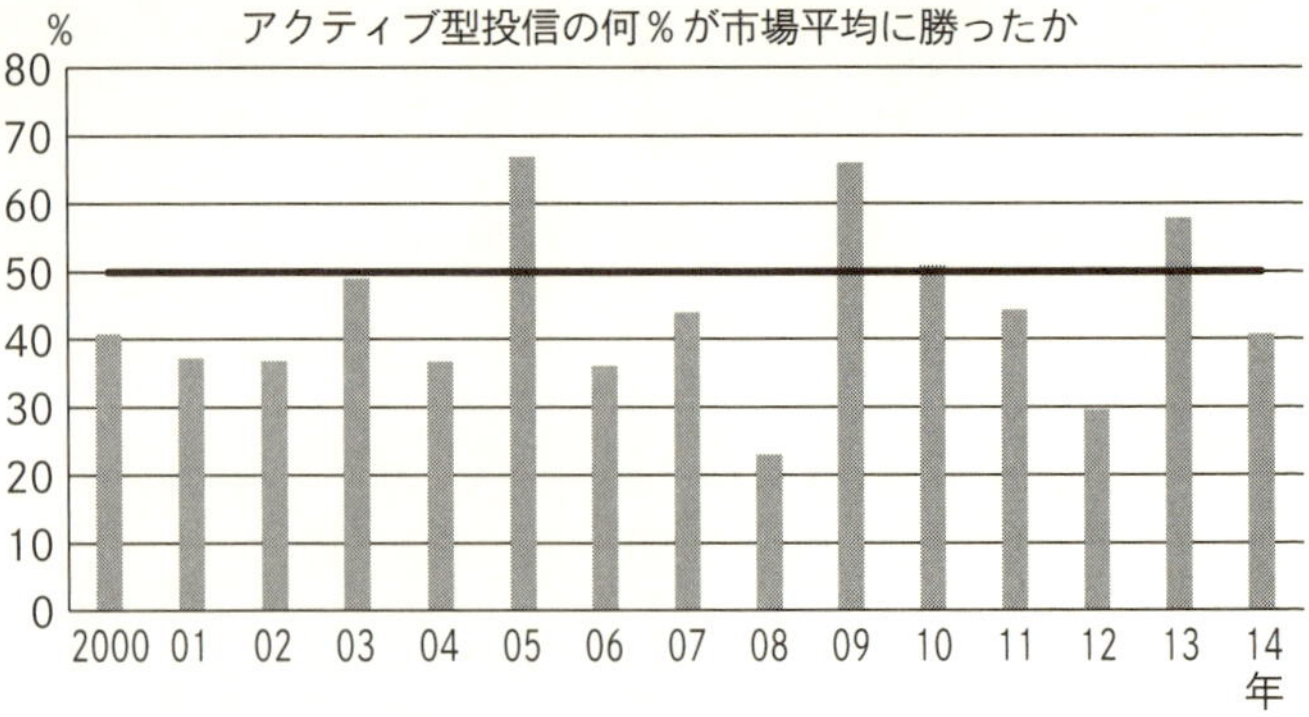

（出所）モーニングスター調べ、日本株の公募型アクティブ投信が対象、
比較対象は配当込み東証株価指数

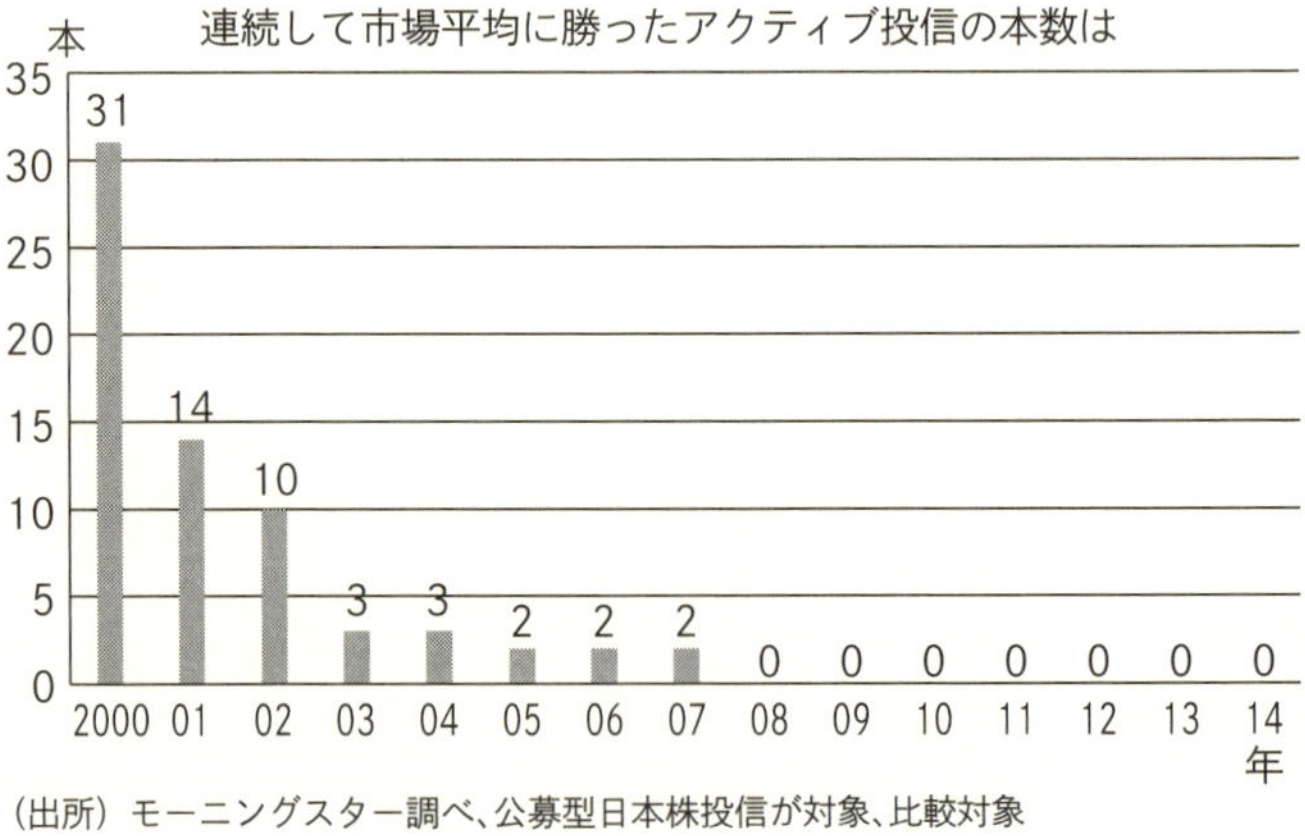

（出所）モーニングスター調べ、公募型日本株投信が対象、比較対象

アンドに負けている。インデックスファンドより高いコストが年々積み重なって、それを運用の腕では取り戻すことができなかったというわけ。グロソブに至っては、信託報酬の差の累積以上に大きく負けている。

ハナ　なかなか市場に勝つのは難しいのね。

老後博士　特に顕著なのは海外の数多くの不動産投資（ＲＥＩＴ）に分散投資する「海外ＲＥＩＴ投信」。図表２―27の下段でわかるように、**純資産が1兆円を超えるほどの大人気の「ラサール・グローバルＲＥＩＴ」などアクティブ型は、そろってインデックス型に負けている。特にＲＥＩＴは銘柄数が株式に比べて少なく、選別による効果を上げにくいことがインデックス型に負ける要因との指摘が多いよ。米国ではこの事実がかなり知られて、ＲＥＩＴの分野ではインデックス型に資金が急速にシフトしている**んだけど、日本では圧倒的にアクティブ型が売れ続けている。

ハナ　アクティブ型って全部だめなの？

老後博士　もちろん、特に株式の分野では10年くらいの期間で見て市場に勝ってるアクティブ投信もあるよ。だけど米国の統計では、ある10年間に勝ったアクティブ型投信が、次の10年にはボロボロの成績になることが多いという結果が出ている。アクティブ型は、過去よかったからといって今後もいいとは言えないところが難しいところだね。

図表2－27　アクティブ投信とインデックス投信

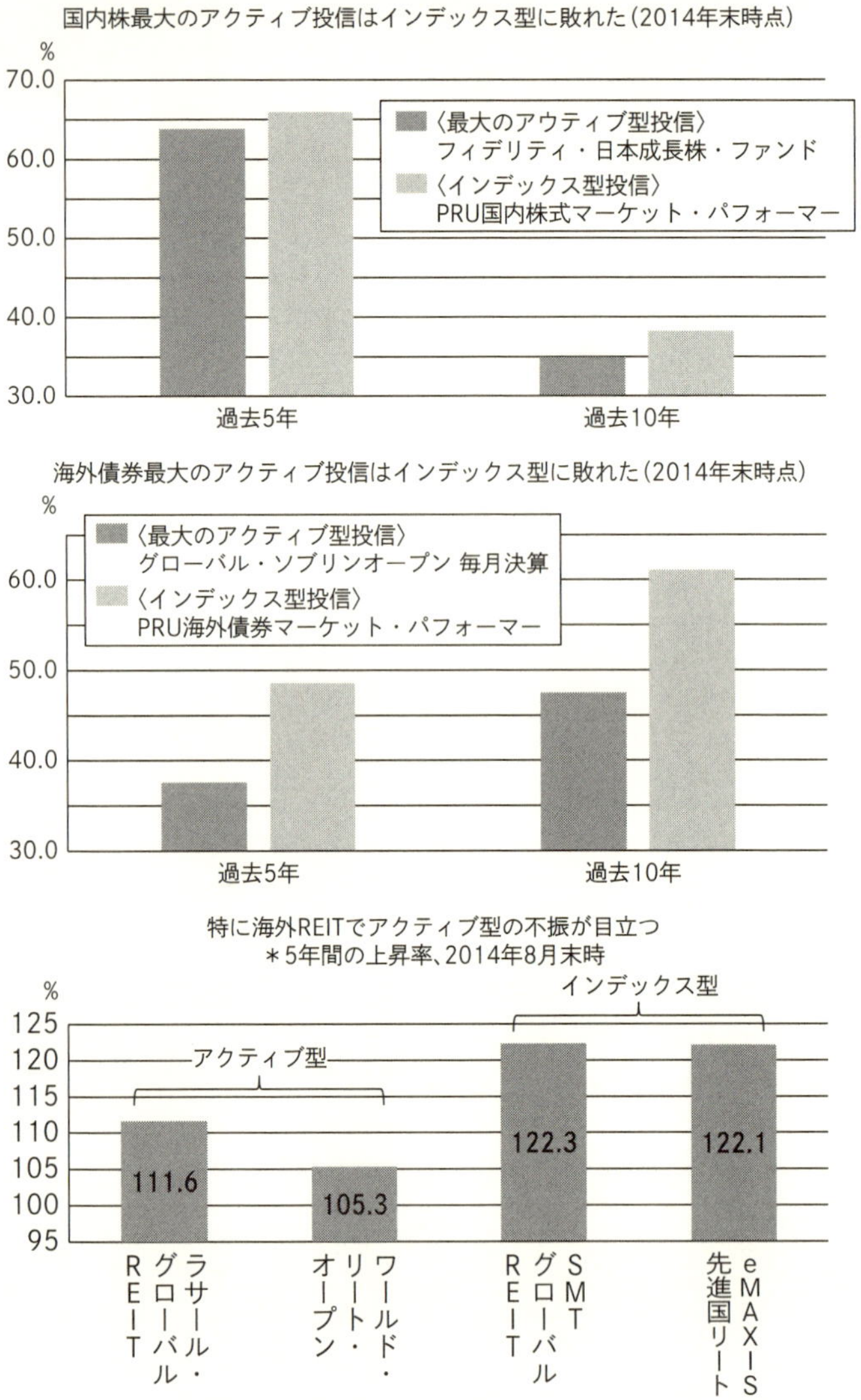

（出所）QUICK・QBRのデータを使用

銘柄選びの神様、バフェットの意外な言葉「普通の人はインデックス投信でいい」

ハナ　……そうなのか。でも、「あの人」がいるわ！

老後博士　あの人？

ハナ　米国の有名な投資家、ウォーレン・バフェット。コカ・コーラやＩＢＭなど、自分が割安だと見抜いた銘柄を長期保有して、長期では米国株の平均を大きく上回る成績を上げているって聞きました。

老後博士　詳しいね。

ハナ　実は私、ハーバード大学でファイナンスを学んだの。

老後博士　君、ずっと日本にいたじゃないか。とにかく、バフェットは「銘柄選びの神様」と呼ばれているよね。確かにバフェットのような能力があるなら、「当てにいく投資」で勝ち続けられるかもしれない。でも**バフェットは、何百万人の中の1人だからこそ尊敬を集めている。そして、あまり知られていないのだけど、実はバフェットは「普通の人はインデックス投資でいい」と言っているんだ。**

ハナ　えっ？　銘柄選びの神様が？

老後博士　そう。バフェットは毎年、自分の会社の株主に対する手紙を発表している。そのなかで何度も同じ趣旨の発言をしている。特に詳しく発言したのが、２０１４年春の「株主への手紙」だった。そのなかで**バフェットは、「誰もが自分のように企業の将来のキャッシュフローを予測できるとは思わないほうがいい。普通の人は、Ｓ＆Ｐ５００種株価指数（米国株の指数）に連動するインデックス投信を買っていれば、長期で資産を増やせる。私は、妻に残す私の遺産の９割は、Ｓ＆Ｐのインデックス投信で運用するように遺言している」**と書いている。

ハナ　遺言にまで書くってすごいですね。

老後博士　でしょ？　**銘柄選びの神様自らが、普通の人は自分のように銘柄を当て続けられるとは思うな、とアドバイスしているんだ。**これはインターネットで誰でも読める。

ハナ　バフェットがそう言うのなら私、インデックス型でいいわ。

老後博士　僕が言っても疑うクセに。

ハナ　だって先輩とバフェットって、スルメとフルコースくらいの大きな差がありますよ。

老後博士　わけのわからないたとえはやめてくれ。**もちろん、日本でも長期でいい成績を残している優秀なファンドマネジャーもいる。でもそれを事前に当てるのはかなり難しいし、過去10年成績がよかったファンドが、突然崩れることもよく見られる。**こう考えてくると、やはり資金の中心はコストの低いインデックス型投信での運用が基本になるんじゃないかな。

ハナ　ねー、ちょっと疑問があるんですけど。大学の金融論で、株式市場というものの役割について、**みんながいい銘柄、上がる銘柄を探そうとして努力する結果、いい会社の株が買われ、資金がそこに向かう。いい会社の株は高くなって、増資をすればたくさんお金が入る。その結果、世の中全体として、お金が効率的に使われることになる**って習ったわ。みんながインデックス投資すれば、そういう市場の機能が壊れてしまうんじゃない？

老後博士　ハナちゃんが言うのはその通り。でもそういう市場の効率化は、たくさんのスタッフ、情報、資金があって、企業分析の能力を持つ機関投資家こそが責任を負うべきだと思う。個人にその役割を期待するのは酷じゃないかな。それにそもそも、**みんながインデックス投資をするようになれば、いい会社が割安に放置される「市場の歪み」が出るので、まさにアクティブ投資の効率が高まり、機関投資家などがそういう会社の株を買う。**

ハナ　つまり、みんながインデックス投資になるってことはあり得ないってこと？

老後博士　そう。市場が死ぬっていう事態は、原理的に起こらないと思うよ。

新興国指数の2倍の成績、「賢い指数」の底力

ハナ　アクティブ型が頼りになるとは限らないってことはわかったけど、それでもやっぱり、「平均」には勝ちたいわ。

老後博士　君って高望み体質だもんね。でも最近、運用担当者の腕に頼らないで、低コストで、平均に勝てるかもしれない手法ってのが注目されている。

ハナ　あるの？

老後博士　まだひとつの可能性に過ぎないけど。「賢い指数（スマートベータ）」と呼ばれる考え方に基づく投資信託なんだ。まず図表2－28を見て。新興国の株式を対象にしたスマートベータという指数なんだけど、代表的な新興国株価の指数である「ＭＳＣＩ新興国指数」に比べて2倍超の上昇率になっている。ちなみにこの指数に連動する投信は、大和証券が販売しているよ。

ハナ　スマートベータって何？

老後博士　**スマートベータはここ数年、米国の運用業界を中心に広がっている新しいタイプの指数。**指数算出会社などが様々な戦略を考え、それを指数の形にしたうえで機関投資家向けに提案している。日本でも2014年春、ＧＰＩＦが株式投資の基準の1つとして採用して脚光を浴びているし、個人向けでもスマートベータに基づいて運用する投信が増えているよ。

ハナ　スマートベータ型投信は、これまでの投信と何が違うの？

老後博士　特定の指数やルールによって組入銘柄や比率を機械的に決める点では「インデックス型」に似ている。決定的に異なるのは、市場平均を上回る成績を目指すことにある。もうひとつ新しいのは、銘柄の組入に際して時価総額に縛られないようにした点。

ハナ　時価総額？

図表2－28　新興国株のスマートベータは約15年間で新興国株指数の2倍超の値動き

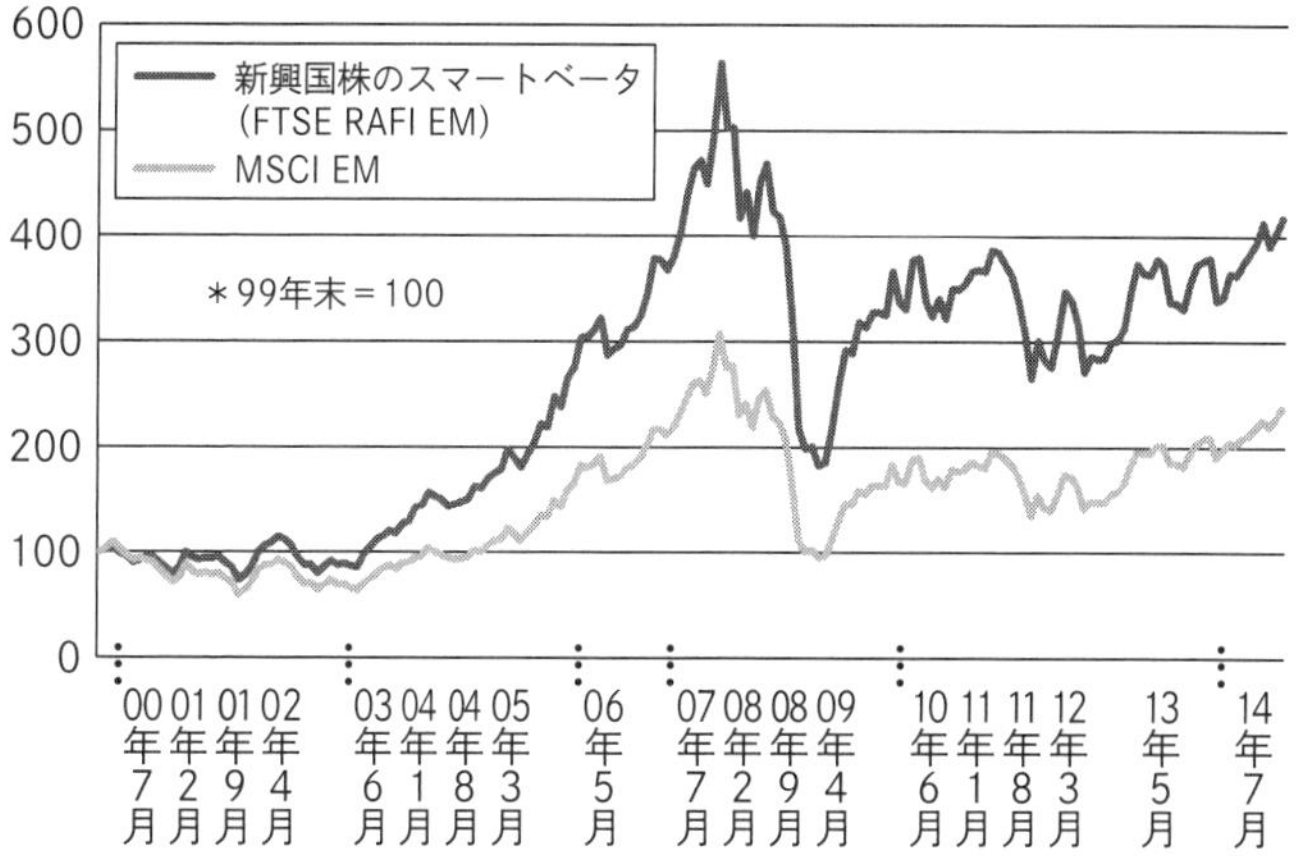

老後博士　そう。株価×株式数、が時価総額。1株1000円の株価で1億株の発行があれば時価総額は1000億円になる。これは、市場が評価するその企業の価値そのもの。東証株価指数（TOPIX）など様々な株価指数は、企業の時価総額の大きさの割合で構成比を決めているんだ。例えば東証株価指数は、時価総額が最大であるトヨタ自動車の株の構成割合が最大になるようにしている。トヨタのように時価総額の大きな企業の株価が変動すれば、TOPIXも大きく変動するけど、時価総額の小さな企業はTOPIXに占める構成割合も小さいので、株価が動いてもTOPIXにはあまり影響を与えないってことだね。

ハナ　それって合理的ですね。

老後博士　だけど問題も指摘されている。**様々なインデックス投信は通常、例えばTOPIXみた**

いな時価総額割合で作られている指数に連動するようになっている。その結果、株価上昇で時価総額が大きくなった銘柄を多く買うことになるし、その反対もある。

ハナ　結果的に、割高株を多く抱え、割安株を少ししか持たないことにもなりかねないわけか。

老後博士　そうなんだ。**そうした伝統的な指数運用から脱却し、より高い収益を目指そうというのがスマートベータ型投信。**運用担当者がリサーチなどに基づいて銘柄を選別する手間がかかるアクティブ型投信に比べると、運用コストが低めだという利点もある。図表２－29でわかるように、日本でもこういうスマートベータ型投信が増えているよ。

ハナ　いろいろあるのね。

老後博士　図表２－29に示したスマートベータ型投信は、それぞれ特定の戦略に基づいて運用している。企業の財務指標や経営効率などを重視して、銘柄や比率を決める商品が目立つよ。運用履歴が比較的長い「野村ＲＡＦＩ日本株投信」は株主資本や当期利益などから見た企業規模を重視する。時価総額の変動の影響を受けないため、割高株を買わない効果があるってわけ。運用成績を見ると、過去7年強で、ＴＯＰＩＸを1割弱上回っている。

　さっきグラフで見た新興国型のスマートベータが、同様の企業規模の戦略で新興国株に投資する「ダイワ・インデックスセレクト新興国株式」。連動対象の指数は、代表的な新興国株指数を２０００年以降で2倍超上回っている。この２つの投信の信託報酬（運用管理費用）はそれぞれ年約１・１％、０・65％で、アクティブ型投信の平均よりかなり低い。

図表2－29　日本で個人が買える主な「賢い指数」型投信

企業規模型

キャッシュフロー、利益、株主資本など業績・財務データから規模の大きな銘柄を組み入れる

野村RAFI日本株投信
★R／Nファンダメンタル・インデックスETF（対象は日本株）
ダイワ・インデックスセレクト新興国株式
＊パワーシェアーズ・FTSE RAFI 先進国市場ETF
＊パワーシェアーズ・FTSE RAFI アジア太平洋ETF

低リスク型

値動きが小さくなるような組み合わせで銘柄を組み入れる

新興国中小型株ファンド〈DIAM〉

クォリティ型

ROEなどの指標を基に株主価値を重視する銘柄を組み入れる

★上場JPX日経400〈日興〉
★JPX日経400ETF〈野村〉
eMAXIS JPX日経400インデックス〈三菱UFJ〉
SMTJPX日経インデックス400・オープン〈三井住友トラスト〉

高配当型

配当の高さや成長性、継続性などで優れた銘柄を組み入れる

＊iシェアーズ・コア米国高配当株ETF（ブラックロック）

高配当型＋等金額型

配当の高さや成長性、継続性などで優れた銘柄を組み入れる。等金額にすることで高くなりすぎた銘柄は自動的に売却する

★野村日本株高配当70ETF
三菱UFJ米国配当成長株ファンド

(注)★は国内ETF、＊は海外ETF、その他は公募投信、投信名や運用会社は一部略称

ハナ　素敵な感じ。

老後博士　戦略としては「低リスク型」もあるよ。伝統的な投資理論ではリスク（値動きのブレ）が高いほどリターンも大きいとされてきた。でも、運用の現場ではリスクを抑えたほうがリターンが高くなりがちという指摘も増えているんだ。**リスクが小さくなるよう銘柄を組み合わせ、ファンド全体の収益向上を目指すのが低リスク型戦略。**個人向けにＤＩＡＭが２０１１年に「新興国中小型株ファンド」を設定。逆風相場のなかで下振れが小さいことが寄与し、やはり新興国の株式指数を上回っているよ。

ハナ　ほかには？

老後博士　自己資本利益率（ＲＯＥ）が高い銘柄などで構成し公的年金が採用を決めたＪＰＸ日経インデックス４００も、スマートベータの一種と見ることが可能。

ハナ　どんどん新しい流れが出てきているのね。

老後博士　米国では企業の配当力で選ぶ指数も多くある。例えば25年以上続けて増配している企業で構成する「配当貴族指数」は、運用成績が長期で市場平均を上回ってきた。日本でも同指数に連動する「三菱ＵＦＪ米国配当成長株ファンド」が販売されている。

ハナ　表の中の「等金額投資」って何？

老後博士　**等金額投資はすべての銘柄を等しい金額で持つ戦略。株価が上がった銘柄は一部を売却することになり、割高株を持ち続けなくてすむ効果がある。**「野村日本株高配当70」は高配当

図表2－30　等金額投資戦略も長期で好成績

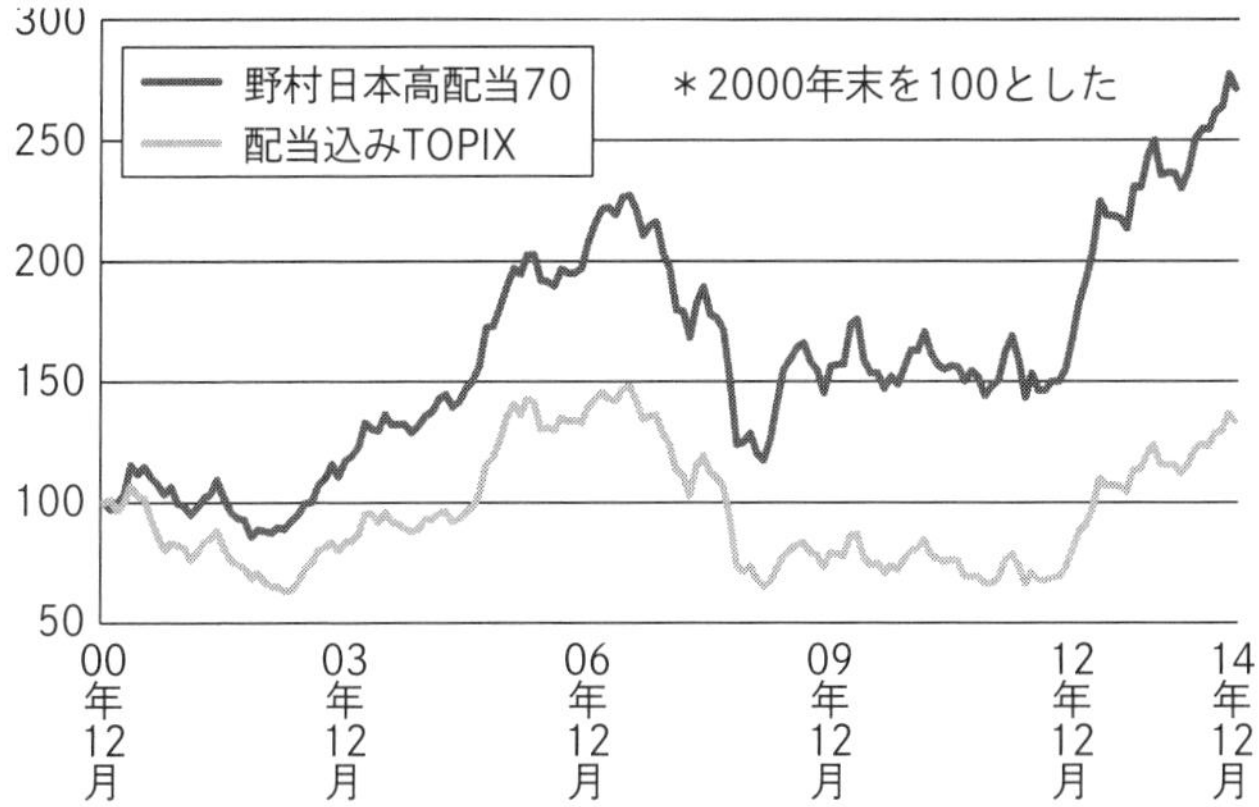

の銘柄を選んだうえで等金額で持つ。指数はやはりTOPIXを長期で大きく上回っているよ。

ハナ　ワンダホー！

老後博士　頭の悪そうな反応はやめてくれ。

ただし、スマートベータはまだ歴史が浅い手法で、これまでの効果が今後も続くかは未知数なんだ。それに、例えばみんなが「低リスク銘柄」に投資すれば割高になり、この戦略の効果は薄れるかもしれない。時期によっては時価総額型の指数に負けることもある。GPIFも、スマートベータ型投資を取り入れたとはいえ、運用対象のごく一部として採用しているに過ぎない。だけど新しい、魅力的な手法であることは事実。資金の一部で投資してみる選択肢もあると思うよ。

年金が採用している「コア・サテライト戦略」は個人もおすすめ

ハナ　低コストの投信を使って世界全体の株や債券に幅広く、積立投資をしていけば何十年かたつと資金がかなり大きくなっているわけですね。そして高齢になったら、リスクを減らすために株の比率をだんだんと下げていく。要するにこれが大事なんですね。

老後博士　その通り。

ハナ　簡単すぎてちょっと心配。何かこの方法に弱点はないんですか？

老後博士　ある。

ハナ　……あるのか。

老後博士　退屈ってこと。

ハナ　へ？

老後博士　だって幅広く分散して長期で持つだけって、なんとなくつまらないって思わないか？せっかく投資をしているのに、ドキドキ感がなくてつまらないという話を、ときどき耳にするよ。

ハナ　たしかに。

老後博士　これまで長々と話してきたのは、資金の中心（コア＝中核）部分の話。資金の中核部

図表2－31　コア・サテライト戦略

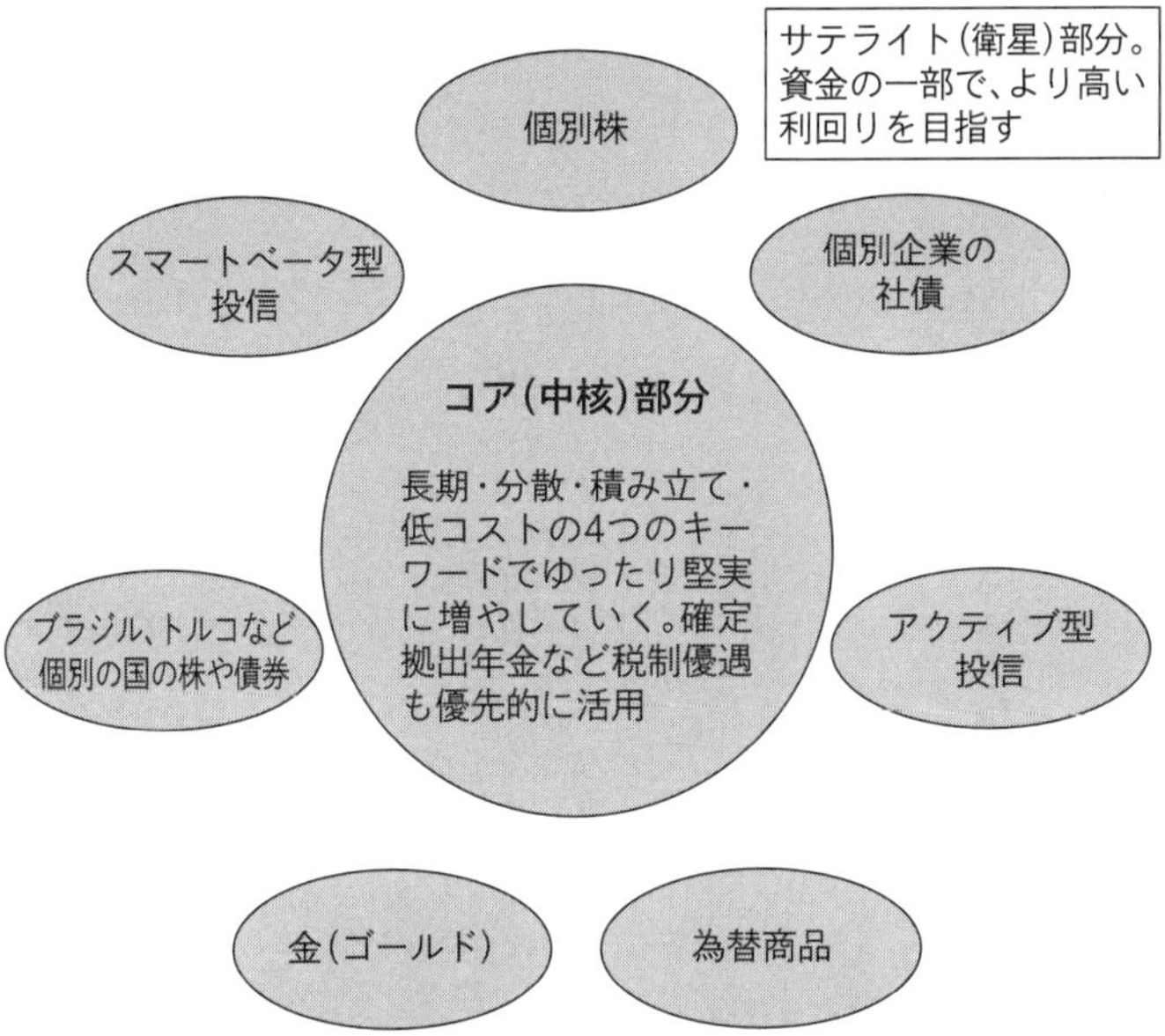

分は、いちかばちかではなく、堅実にゆっくりと増やしていくことが大事。でも資金の一部なら、例えば「自分はゲーム業界に詳しいからゲーム業界の個別株を買ってみよう」「このアクティブ投信は運用の考え方に共感できるから買ってみよう」というふうに、個別株やアクティブ投信を買ってみることもいいんじゃない？

ハナ　ドキドキ感を味わうため？

老後博士　それもあるけど、資金の一部（サテライト＝衛星部分）で自分の詳しい業界やこだわりのある銘柄や投信に投資することで、全体のリターンを高められる可能性もある。個別株などへの投資をすると、経済の動きに興味が出てより詳しく勉強する効果もあるかも。

実はこの「コア・サテライト戦略」というのは、長期の資金を運用する公的年金や企業年金において、スタンダードな戦略なんだ。でも多くの個人は、本来はサテライトであるべき個別株投資や個別の新興国への投資などが、投資の主体になってしまっているケースが多くて、逆になっちゃってる感じだけどね。

ハナ　たしかに投資の勉強っていうと、「何がいつ上がるかを当てられるようになろう」というものが主体ですもんね。

老後博士　それはそれで大事なんだけど、そうした情報は、本来はサテライトの分野での投資で必要なもの。**コアの部分の「長期・分散・積み立て・低コスト」というルールを理解して実行することのほうが100倍も大事で、そのうえで、さらに余裕があればサテライトでの「当てに行く」投資で努力すればいい。**それが、完全に逆転してしまっている。

ハナ　卒論の第2章は、「実は難しくない堅実な資産運用」にするわ。

老後博士　……話したまんまじゃん。

コラム

40年データで見たNISA必勝法とは

少額投資非課税制度（NISA）が始まって1年がたちました。**NISAとは、毎年元本100万円まで、株や投資信託に投資して得た売却益や配当に、税金がかからない制度です。**非課税期間は5年までですが、5年を過ぎてまた新しい口座に移管すれば、そのまま投資を続けられます。利用資格は20歳以上です。2016年からは、子供版ができたり、投資枠が120万円に増やされたりする方向です。

しかし本当に儲かるのか、自分が選んだ投資対象は正しいのか、迷いや不安を抱えている人は多いようです。過去40年のデータを使って、NISAの「必勝法」を探ります。**まず考えたいのは、結局、NISAでどれだけ儲けたいのか。3割か、5割か、倍にしたいのかということ。それによって投資対象も投資方法も変わります。**しかしその前に、そもそもNISAは本当に効果があるのか、まずは基礎データを眺めましょう。

NISAを使うと国内株では平均11万円もお得

図表2-32は、投資コンサルティング会社イボットソン・アソシエイツ・ジャパンの集計です。計12資産につき、100万円を5年間投資した結果の金額です。1970年以降、スタート時期を1年ずつずらしながら計40年(期間)を対象にまとめています。上段が2割課税された場合、下段がNISAと同じ非課税の場合です。

非課税メリットが最大になったのはもちろん利益が大きかったとき、新興国株式は最高で5年間で100万円が462万円と実に362万円も儲かったときがあり、2割課税と非課税では手取りが72万円も違いました。国内株式も335万円まで増えた5年間では非課税メリットが47万

図表2－32　100万円を投資したら5年後の手取りは?

	最高	最低	平均	損の割合（%）
国内株式	288	48	135	40
	335	48	146	
国内債券	160	103	127	0
	176	104	134	
外国株式	272	61	138	25
	316	61	149	
外国債券	159	79	116	25
	174	79	120	
外国債券（ヘッジ）	144	91	117	3
	155	91	122	
新興国株式	390	62	166	27
	462	62	184	
新興国債券	195	94	148	6
	219	94	160	
米国ハイ・イールド債券	238	81	136	13
	273	81	145	
国内REIT	250	55	130	63
	287	55	140	
外国REIT	245	52	147	30
	281	52	160	
コモディティ	176	58	123	32
	195	58	130	
4資産分散	169	74	128	10
	187	74	135	

＊1970年から2013年。スタートを1年ずつずらせて計40期間を集計。上段が2割課税、下段が非課税（NISAと同様の投資）、単位万円

＊対象は各資産の代表的な指数。データ取得の関係で開始時期が異なる（新興国株式は1988年、新興国債券は94年、米国ハイ・イールドは87年、国内REITは02年、外国REITは90年、コモディティは91年、その他は70年）

（出所）イボットソン・アソシエイツ・ジャパン

円もありました（ちなみに「平均」の数字は損失時も含むので課税と非課税の差が必ずしも2割になりません）。国内株の通算の平均では、NISAで非課税になるかどうかで11万円も違ってきています（146万円と135万円の差）。

NISAで好調な売れ行きが目立つのは、米国ハイ・イールド債や不動産投資信託（REIT）に投資する投資信託。図表を見ると米国ハイ・イールド債の非課税メリットは最大で35万円、外国REITも36万円でした。

つまり利益が出た場合、NISAはやはり大きな恩恵があります。NISAの売れ筋投信の顔ぶれは「大きな非課税メリットを取る」と割り切った場合には正しいのかもしれません。ただし、①商品選びが慎重になされているか、②ハイリターン＝ハイリスクと認識されているか――はわからないという問題があります。

例えば①に関しては、手数料の大きなアクティブ（積極運用）型投信が中心に売れています。日本株だけでなく、米国ハイ・イールド債投信、海外REITでも、運用管理費用がアクティブ型投信の数分の一の上場投信（ETF）も証券会社によってはNISAの対象。しかしそうしたETFはあまり売れていません。同じようなリターンを段違いの低コストの投信で狙える選択肢が認識されていない可能性はあります。

日本株は過去4割の期間で損失

②に関しては、やはり図表2－32でわかるように、こうした高いリターンを狙える分野は損失確率も高いです。例えば、日本株（国内株）は40期間のうち16期間、つまり4割の期間で損失となっています。最低だった5年間は、日本株式は48万円に、新興国株式は62万円に、国内REITは55万円に下落しました。

もちろん、例えばREITや米国ハイ・イールド債、新興国株式という商品が悪いわけではありませんが、コア（資産の中心的な投資分野）・サテライト（一部でリスクをとって狙いにいく分野）で見れば、本来はサテライトになるべき分野です。それがNISA以外の投資も含めた資産構成のかなり大きな比率を占めている人もいるようです。

いまだ強固な「分配金信仰」を背景に、分配金が減った外債投信からこうした資産に、リスクがあまり認識されないまま資金が流れているだけかもしれません。**NISAは損が出た場合は損益通算ができず、通常投資よりかえって不利です。そうした仕組みのなかでは「あまり大きなリスクをとらないで勝ちたい」という戦略は、通常投資より重要になります。**

「利益3割」なら70％の割合で達成

実際、「例えば3割程度値上がりすればいい」と考える人も多いのではないでしょうか。今回のデータでは興味深い結果が出ています。

図表2－33　100万円を投資し目標を達成した確率

目標額		115万円	130万円	150万円	200万円
国内株式	5年持ちきり	53	50	48	20
	目標達成で途中売却	78	68	60	28
国内債券	5年持ちきり	73	58	23	0
	目標達成で途中売却	75	58	23	0
外国株式	5年持ちきり	65	53	45	18
	目標達成で途中売却	88	73	60	20
外国債券	5年持ちきり	55	40	15	0
	目標達成で途中売却	75	50	28	3
4資産分散	5年持ちきり	75	60	30	0
	目標達成で途中売却	85	70	35	0

＊1970年から2013年。スタートを1年ずつずらせて計40期間を集計、単位％（達成した期間の全40期間に対する比率）。薄いアミかけは50％以上、濃いアミかけは60％以上
（出所）イボットソン・アソシエイツ・ジャパン

図表2－33を見てみましょう。アミかけをした部分が、達成確率5割以上の部分。**「利益3割」でよいのであれば、必ずしも株式に投資しなくても、日本債券、外国債券、4資産分散（日本株、日本債券、外国株、外国債券の均等投資）などリスクを抑えた資産配分でも、ほぼ達成できています。**

むしろ4資産分散のほうが、株式より3割増の場合の達成確率は高くなっています。「NISAは分散投資」という、制度開始以来言われてきたアドバイスが、長期データからも立証された形です。

一方で、2倍を狙うなら、やはり株式以外では達成確率はほぼゼロでした。「想定するリスクとリターンに応じて資産配分を考えるという投資のセオリーを、今回のデータは改めて示してくれる」（イボットソンの島田知保さん）わけで

す。

鮮明だったのは、5年間持ちきって5年後の時点での目標達成を狙うより、目標達成すれば途中で売却した場合の成功確率が、ほぼ全てのケースで高かったことです。

特に株式のような変動の大きな資産では、それが際立ちます。

NISAの現状のように「5年」という制約が続くなかでハイリターン・ハイリスクな資産を選ぶなら、持ち続けた場合に結局5年後の時点で下がってしまっていたということが多くあり得るからです。

途中売却で高まる成功確率

通常の長期投資であれば、株式でも、国内外に分散していれば、時間の経過とともにいずれ全体では価格は回復します。

しかしNISAでは、変動率の高い資産の場合、目標達成なら売りという固い意志を持ち続けることが重要です。非課税期間が英国と違って恒久化されていないため、こうした手法を半ば強制されます。

今回のデータで改めて感じるのは、日本債券（国内債券）のリスク・リターンの際だった優良さです。図表2－32で損失の期間がゼロであるように、リスクがほとんどないまま、かなり高いリターンを達成しています。

①1980年代などにかなり高金利の時代があった、②過去二十数年、金利がほぼ一貫して下がり続けたので債券価格が上がった——ことなどが理由です。特に②については、この再現を求めるのは無理で、日本債券については過去データは割り引いて考えたいですね。

第3章

間違いだらけの外貨投資

金融機関のトーク「高金利通貨はお得ですよ」は間違い

老後博士　おはようハナちゃん。卒論「超高齢化時代の老後資金の現状と課題」は進んでる？

ハナ　おかげで第2章まで書きました。それでお願いがあるんです。ゼミの教授から、老後準備の資産運用でとても大事なのが為替に関する知識なので、為替の章を独立して書けばどうかというアドバイスをもらったんです。

老後博士　確かに為替については、ものすごく失敗や誤解が多いよね。「高金利だからお得」とすすめられて、退職後の資産のほとんどが新興国の外債になってしまった人がいるし、なかには「老後資金を作りたいのでFX（為替証拠金取引）でがんばる」って人までいる。

ハナ　それって駄目なんですか？　私、為替の「カ」の字もわからないから、ゼロから教えて。

老後博士　例えば「高金利通貨はお得」という思い込みについて考えてみよう。

図表3－1　高金利の外債は現地通貨ベースでお得だが……

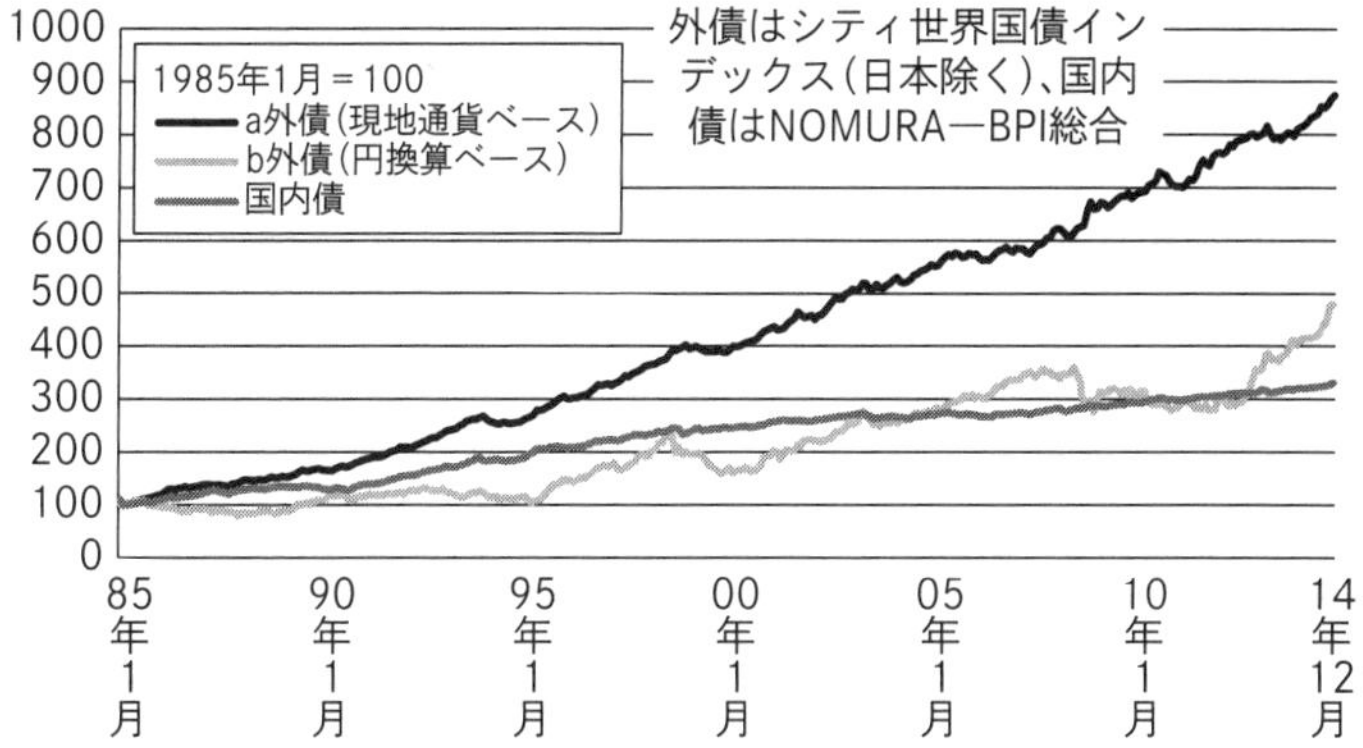

ハナ　え、それって思い込みなの？　金融機関に行くと、「低金利の日本より、金利の高い海外での運用がお得」と言って、外貨建て債券などをすすめられるようですけど。

老後博士　「高金利だからお得」と信じてブラジルとかトルコとか、**高金利**通貨の債券などを買って、数年たってみたら為替レートが下落し、結局儲からなかったということがよく起きる。なぜだと思う？

ハナ　運が悪かったとか。

老後博士　そう思ってしまいがちだけど違う。もともと、**「長期的には金利差のお得分は、投資先通貨の為替の下落で消えてしまいがち」というのがセオリー**なんだ。図表3－1は外国債券と国内債券への投資リターンを比べたもの。ａは外債の現地通貨ベースの動き。米国、ユーロ、英国など様々な外国債券の総合的な指数である「シティ世界国債インデックス（日本除く）」で示している。

ハナ　外債の現地通貨ベースってやつ、大きく上がってるじゃないですか。

老後博士　うん。過去数十年にわたりずっと日本より高かった外国の金利が積み重なっている。だから国内債の指数（ＮＯＭＵＲＡ－ＢＰＩ総合）よりも一貫して大きく上昇しているよね。現地通貨ベースで考えれば「高金利の通貨がお得ですよ」というのはそのまま正しい。

ハナ　じゃ、いったい何が問題？

老後博士　外貨投資は、基本的にはいつか日本円に戻すのが狙いだよね。外債投資のリターンを円ベースに換算したｂを見ると、国内債への投資とあまり変わらないのがわかる。外債の指数と国内債の指数は長期ではほぼ似た動きをしているでしょ！

ハナ　あれほんとだ。ａとｂの差はなんなの？

老後博士　主に外貨の下落、つまり円高。結果として、金利差はおおむね円高で打ち消されたことになる。

ハナ　やっぱり、運が悪かったんでしょ？

老後博士　たまたまではない、と見たほうがいいよ。それを考えるためには、**「インフレ率の高い国の通貨は長期では下落する」**という法則をまず知っておく必要がある。

ハナ　そんな法則があるの？

老後博士　「購買力平価」って聞いたことはないかな？　これは後で詳しく説明するけど、要するに**インフレ率の高い国ではモノの値段がどんどん上がるから、同じお金で買えるモノの量が減**

っていく。つまり通貨の価値が下がる。為替レートというのは2つの国の通貨の交換比率だから、通貨の価値が下がると、長期的には為替レートも下落するっていう考え方。……ハナちゃん、眠そうだけど。

ハナ　……ええと、インフレ率の高い国の通貨は長期的には価値が目減りして、為替レートも下がる、と。それと高金利はどんな関係が？

老後博士　金利の高い国は一般にインフレ率も高い。インフレ率が高いってことは、同じお金の単位では買えるモノの量が少なくなってお金の価値が下がる。だから為替レートも長期的には下落するってこと。もちろん時期によるのだけど、金利差は長期では外貨の下落で打ち消されるっていうのがセオリーだよ。

ハナ　高金利通貨がお得とは限らないなんて知らなかった。これって有名な話？

老後博士　世の中的にはあまり知られてないけど、例えば長期でお金を運用する年金などでは基本的な考え方だよ。格付投資情報センター（R&I）の川村孝之フェローも、「**金利差が為替下落で消えがちなのは、長期運用の年金ではよく知られた考え方**」と話している。R&Iでは、年金基金へのコンサルティングの際、日本債券と外国債券の長期的な予想収益率を同じ値にしている。公的年金のGPIFでは外債の期待リターンを国内債より高く見ているけど、「外債は金利が高くなりがちな長期債の比率が高いためで、短期の債券同士なら基本的には国内債と外債の期待リターンは同じと見ている」（GPIF）そうだ。

ハナ　えっ！　じゃ、外貨建て投資ってもうからないの？

老後博士　いや、今まではもちろん、原理原則の話。図表3－1でわかるように、外債の上昇ペースが円債より上昇が大きい期間もある。つまり投資時期をうまく選べれば、外債投資でも大きな利益を上げられる。しかも外貨建て投資は外債だけじゃない。外国株の場合なら、企業価値が大きく高まる銘柄であれば、通貨下落を補ってあまりある収益を得られる。

ハナ　結局、外貨投資って、したほうがいいのかどうかわからない。

老後博士　したほうがいいんだ。資産運用の大前提は、何がいつ上がるかわからないから幅広く分散しておくこと。それには国内外の株や債券を幅広く持つことが大事。特に、今後も円安が続けば、輸入物価上昇が家計にとって痛手になりかねない。外貨建て資産を持っていれば、円安の際に外貨資産の価値が高まって防衛できる。

ハナ　じゃあ、今までの話はなに？

老後博士　「高金利はお得」とやみくもに信じるのが危険だってことを言いたいんだよ。**「高金利＝お得」っていうのは一見ものすごくわかりやすいから、セールストークがしやすい。**その結果、金融資産の過半が高金利の新興国や資源国の外国債券になっている極端な人も結構いる。「金利差は外貨の下落で消えがち」というセオリーを知っていないと、個人向け年金保険などを買う際も「外貨建てのほうが多く貯まります」と言われて、老後資金づくりに不必要な為替リスクを背負う例も多く見られるからね。

デフレの国の通貨は上がる

ハナ　そもそも為替相場は何で動くの？

老後博士　いろいろな説があるけど、**経済の教科書などで比較的多い説明は「①短期は金利、②中期は貿易・経常収支、③長期はインフレ率格差」というもの。**①と②はなんとなくわかるよね。金利の高い通貨は短期的にはお得な感じがして買われやすいし、例えば日本が貿易黒字だったときは、輸出企業が貿易で得た外貨を円に変えるため（ドル売り円買い）、円が強くなりやすいということ。

ハナ　あのー、さっきは、高金利通貨はインフレ率が高いから長期では下がるって……。

老後博士　そう。短期的には買われるけど、本来なら価値の下落で為替レートが下がるはずが逆に上がってるわけだから、歪みがどんどんたまっていく。そしてあるとき、大きな為替下落が何度か訪れて、結果的には国内債と変わらなくなってしまいがちだ。さっきの図表３－１で円換算のbの線が、ときどき円高方向に急に動いてるのはそうした事態を表している。**龍谷大学の竹中正治教授は、高金利通貨が長期で下落することについて「地震と同じ。いつ来るかはわからないけれど、必ず来る」と指摘しているよ。**

ハナ　高金利通貨は短期では上がりやすく、長期では下がりやすいのか。ややこしいわ。

老後博士　この、①金利、②貿易・経常収支――で為替が動くということについては、いろいろなところで目にすることも多い。あまり知られていなくて、個人が老後資金のために長期運用をするうえで知っておくべきなのは③かもね。**インフレ率の高い国の通貨は長期的には売られ、つい数年前までの日本のようにデフレの国の通貨は、買われやすい。このようにインフレ率の差で為替が決まるという考え方が、さっきも説明した「購買力平価」**。

ハナ　なんか屁理屈っぽい。

老後博士　失敬な！　**通貨のプロである元大蔵省財務官で国際通貨研究所理事長の行天豊雄さんも「短中期では金利や貿易収支が重要だが、長期では購買力平価」と何度も言っているよ。**

ハナ　そんな偉い人が言うなら信じるわ。

老後博士　ほんと権威に弱いよね。でも購買力平価の考えを知っておくと、さっきの「高金利の罠」にも陥りにくい。

ハナ　でも、インフレやデフレで通貨の価値が変動するのは、その国の中の話でしょ？　それがどうして為替レートに影響するのか、わかるようでわからないわ。

老後博士　ちょっと長くなるけどいい？

ハナ　嫌かも。１分くらいでよろしく。

老後博士　……。例えばあるとき、日本と米国で売られている同じ消しゴムがあって、日本ではこれが100円で、米国では1ドルだったとする。同じ消しゴムなのだから、それを買うためのお金の価値も同じであるはずだよね。つまり、このときは1ドル＝100円という為替レートが正しいことになる。

ハナ　そこまではわかるけど。

老後博士　10年が経って、日本はデフレが続いてモノの値段が下がり消しゴムは80円になった。一方、米国では1・6ドルに上がったとする。もしもこのときにまだ為替レート1ドル＝100円のままだったら、どうなる？

ハナ　ええと、日本で80円を出して消しゴムを買って、それを米国で売れば1・6ドルが手に入るわけね。1ドル＝100円だから、1・6ドルを日本円に戻せば、160円もらえる。……あれ？　80円しか出してないのに160円もらえるなんて大儲けだわ。

老後博士　でしょ？　だからみんながこうした取引をする。日本で買った消しゴムを米国で売って、売却代金のドルを日本円に変える。つまりドル売り円買い。ドル売り円買いがずっと続くので、為替レートは円高に進んでいく。結局、この取引をしても儲からなくなるまで、それは80円＝1・6ドルになる水準、つまり1ドル＝50円になるまで続く。**結局、同じ消しゴムなのだから、それぞれの通貨での価値が同じになるように調整されるってこと。これが購買力平価の考え方。つまりインフレの国の通貨は安くなり、デフレの国の通貨は高くなるんだ。**

ハナ　……1分経ちましたけど。

図表3－2　実際のドル円相場は購買力平価のトレンドに沿って円高に動いた

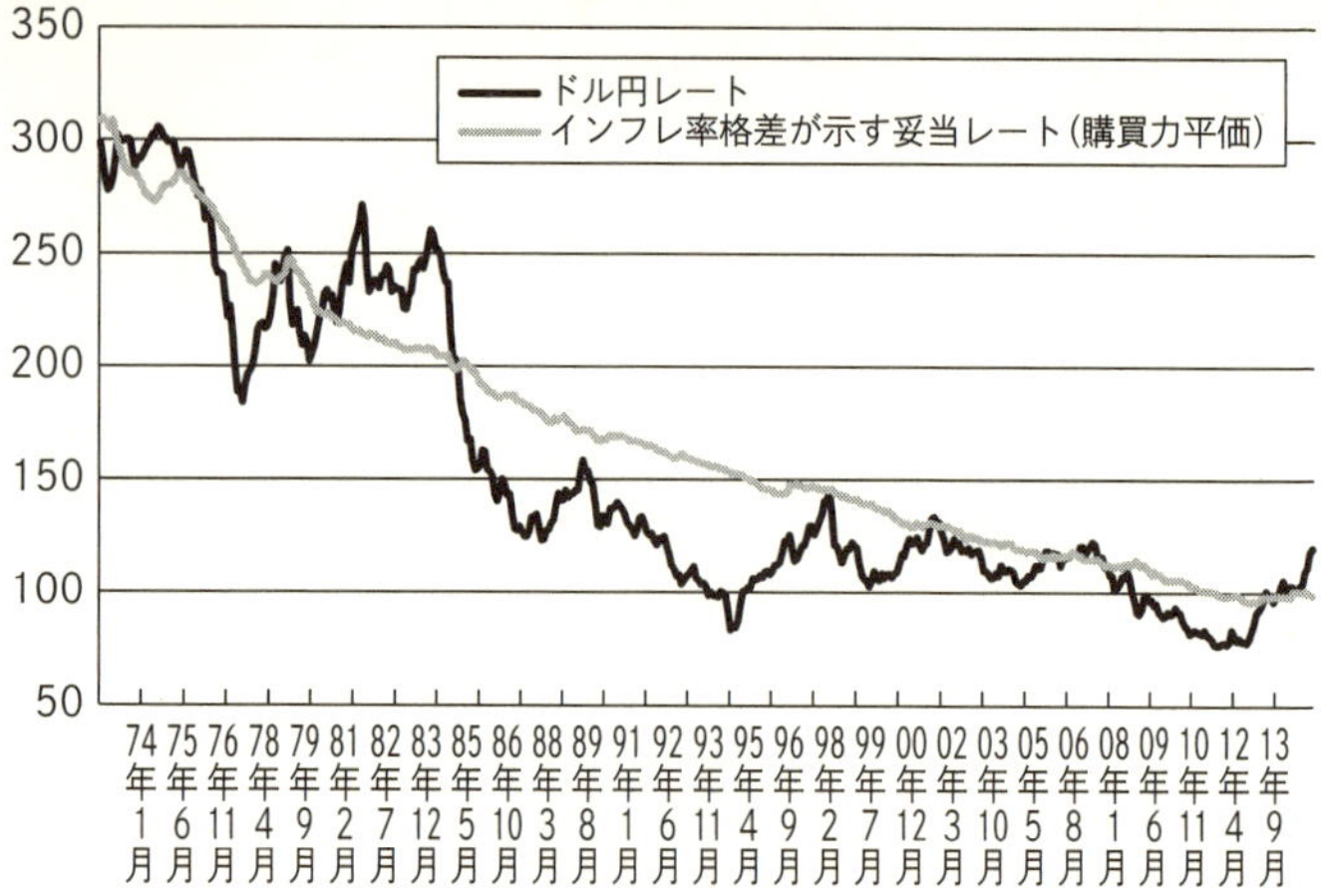

（出所）購買力平価は1973年基準、日米企業物価から筆者算出

老後博士　無理……。図表3－2の点線は、このようなインフレ率の差に基づいてドル円の為替レートを理論的に計算したもの。この点線は、ずっと一貫して右下がり、つまり円高方向に動いてきた。日本のインフレ率が、ずっと米国より低かったから。実際のドル円レートは、上下ジグザグに動きながらも、結局は購買力平価の点線に沿って動いてきたってわけ。

ハナ　でも、物価の違いって、年に数%の小さな差でしょ？　過去の大幅な円高を説明できるの？

老後博士　物価の差は意外に大きいよ。図表3－3を見て。**日本の物価は横ばいまたは下落しているのに、米国の企業物価は25年で8割も上がっている。**つまり、米ドルは買えるものが少なくなり、価値は相対的に下がった。これほど大きな物価の差があるのなら、米ドルは日本円と比べると大きく価値が下落しても不思議じゃないでしょ？

図表3－3　日米物価差はこんなに大きい

＊企業物価、1989年末＝100

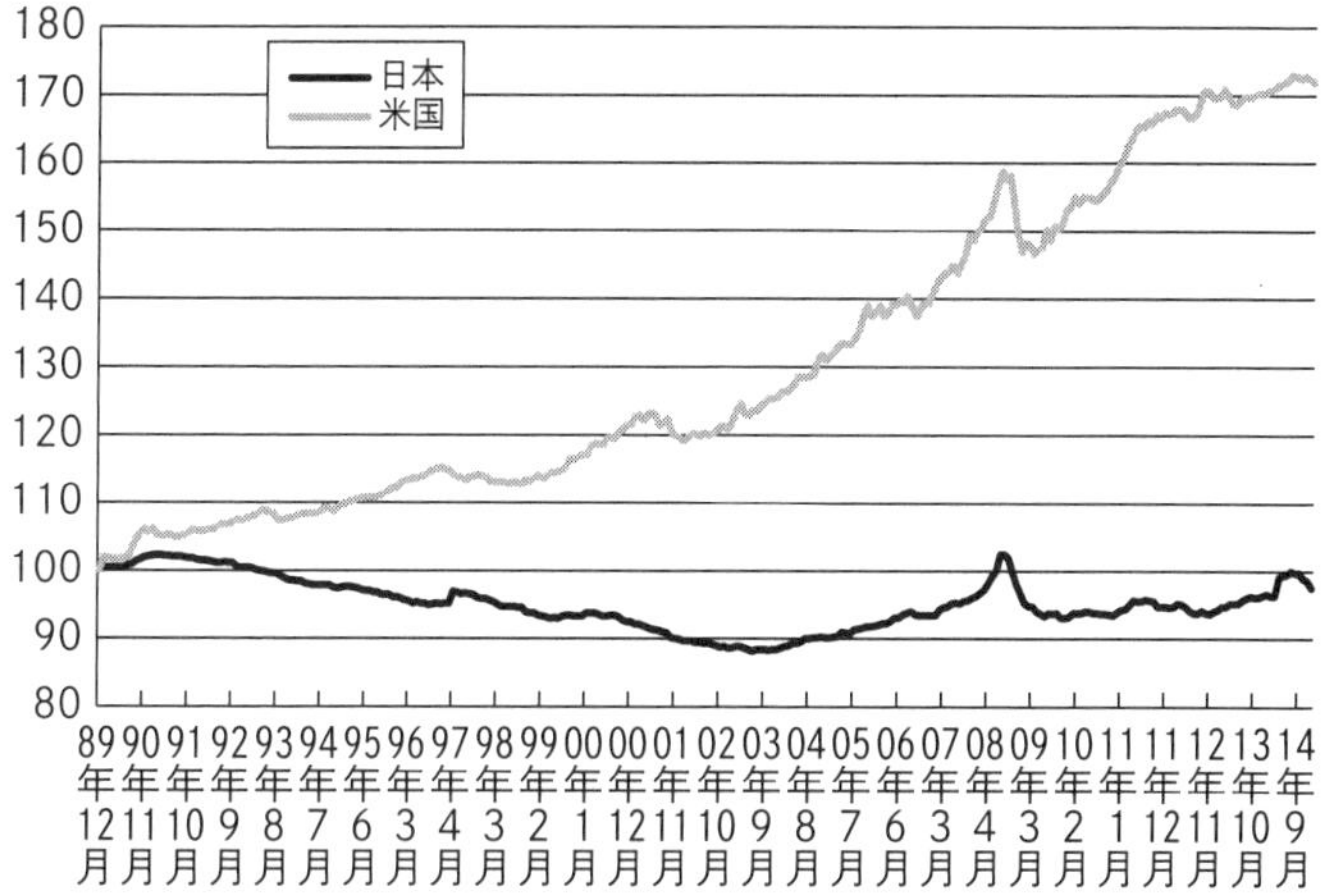

ハナ　……確かにすごい差。

老後博士　アベノミクスが始まって、日本はインフレ率2％を目指しているでしょ？　これもさらなる円高を防ぐ意味がある。

ハナ　どういうことですか？

老後博士　実は2％というのは、他の先進国での長期的なインフレ率の水準だった。他の先進国とインフレ率が同じになるなら、日本だけ通貨の価値が高まる状態ではなくなるので、過去のような長期的な円高は防げることになる。黒田日銀総裁も、「2％にすることで、インフレ率格差に基づく円高を防げる」と発言しているよ。だからこそ日銀は「2％」という旗を降ろしにくいんだ。「2％は無理」と言ったとたん、インフレ率格差に基づく円高を容認しちゃうことになるので。

ハナ　あの…。

老後博士　なんですか？

ハナ　やっぱり机上の空論っていう気が。

老後博士　失敬な。日本円に限らず、インフレ率の高い通貨が長期的には下落するのは基本的には世界共通。ハナちゃんはマンキューって知ってる？

ハナ　マンキュー？　モロキューは割と好きですけど。

老後博士　……。マンキューは米国の著名な経済学者。1987年に29歳の若さで米ハーバード大学教授になり、米大統領経済諮問委員会（ＣＥＡ）委員長なども経験している。

ハナ　同じ研究者として、自分とのあまりの落差に呆然としませんか？

老後博士　……ほっといてくれ。図表３－４はマンキュー博士が米ドルを基準に1972年から2007年を対象に集計したもの。横軸がインフレ率で、右にいくほど高インフレ。縦軸は、上にいくほどドルに対し通貨安。要するに、**メキシコやアイスランドなど、相対的に米国に対してインフレ率が高かった国は、通貨が米ドルに対して下落し、逆に日本やスイスのように相対的に低いインフレ率の国は米ドルに比べて為替が上昇**している。

ハナ　インフレ率が高い国の通貨は長期的に為替レートが下落するってことが、米国からみても言えるわけね。

老後博士　そう。マンキュー博士は、いろいろな著作で「購買力平価が完全に為替レートを説明するわけではない」としながらも、「名目為替レートは自国と外国の物価水準の変化を反映して、大きくかつ永続的に変動する」って書いているよ。

図表3－4　米ドルから見た名目為替レートとインフレ率との関係

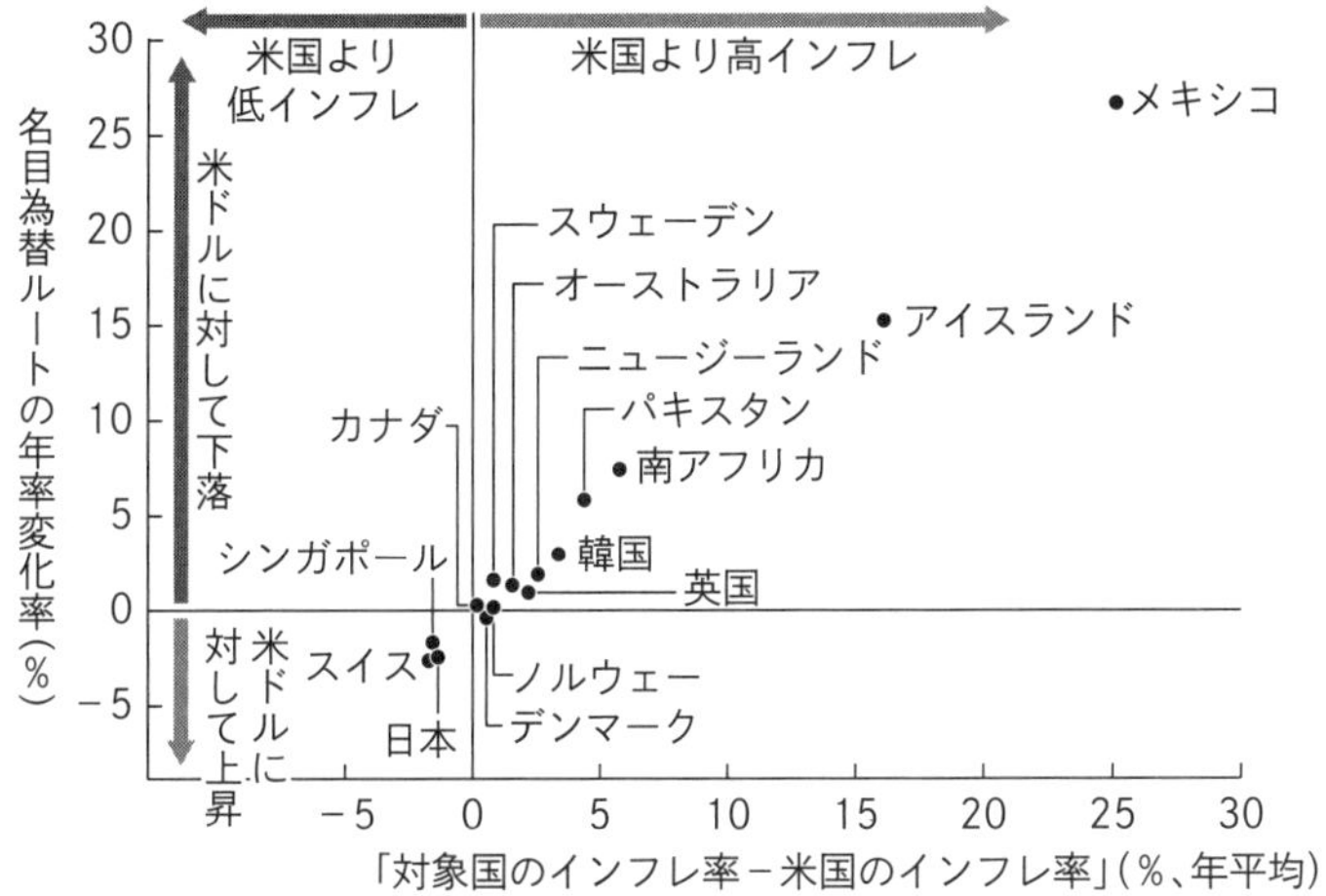

（注）1972年から2007年までの平均年率

（出所）『マンキュー　マクロ経済学（第3版）Ⅰ』（東洋経済新報社）

ハナ　マンキューさんが言うなら信じるわ。

老後博士　ほんとに権威に弱いよね。

ついでに、より超長期で見てみよう。図表3－5は、外資系年金運用会社社長を経て現在は投資教育家の岡本和久さんが作ったグラフ。購買力平価と実際のドル円相場は、長期的にはかなり連動していることがわかるでしょ！

ハナ　確かにそうですね。

老後博士　明治維新後、1871年に新貨条例というのができて、それまでの「両」が「円」に変わった。このときのレートは1ドル＝1円だった。

ハナ　1ドル＝1円？

老後博士　そう。1ドル＝70円台になったときとか、さんざん「過去最大の円高」なんて言われたけど、あればウソ。過去最大の円高

図表3－5　戦前から購買力平価を見ると……

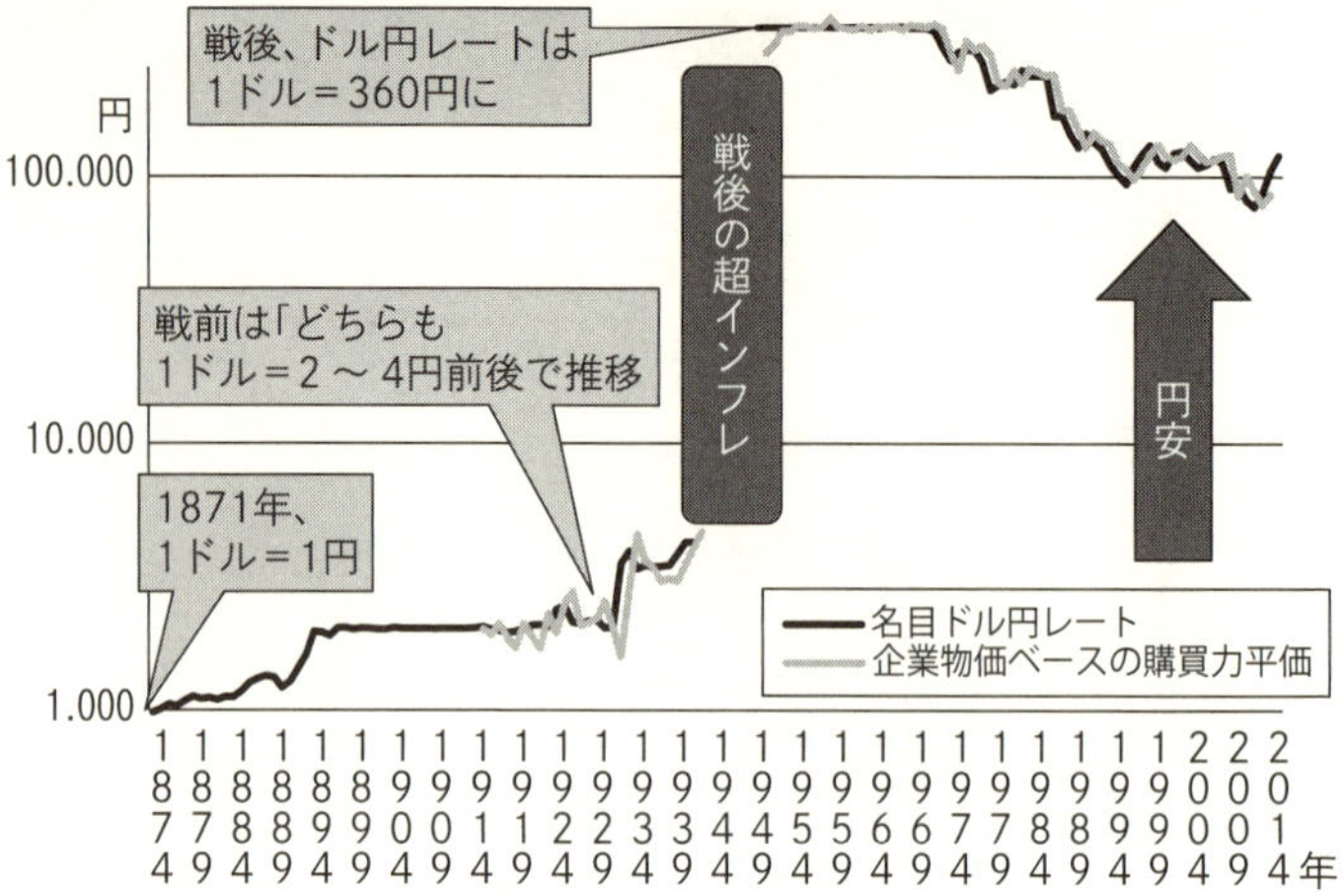

（注）岡本和久さん作成、対数表示

は1ドル＝1円。

ハナ　知らなかったわ。

老後博士　その後**戦前まで、1ドル＝2～4円程度で推移していたのだけど、終戦後に1ドル＝360円に円が急落した。終戦後は年に何百パーセントっていう超インフレの状態が続き、通貨価値が激減していたから。**岡本さんは「1**ドル＝360円というレートは、終戦後の超インフレによる通貨価値の激減を反映して決められたとみられる」**と話しているよ。

ハナ　「インフレ＝通貨価値の下落＝為替レートの下落」ってことを、実は日本は自分で体験してたんですね。

老後博士　その通り。問題はこれからどうなるか。もう一度図表3－2を見るとわかるように、実際のドル円相場を示す実線は、アベノミクス開始以降、最近、大きく円安方向に動いた。そして、理論値である購買力平価の点線も、実は少しだけ、右端のほんのわずかな部分だけど、これまでのように右肩下がりから、横ばいか若干の右肩上がり（円安方向）に動いた。**アベノミクスで日本のインフレ率が上がったことが、通貨の価値を下げ始めたって**こと。

ハナ　この傾向がこのまま続くの？

老後博士　まだわからない。でも**もしかすると、過去の「デフレ→円高→デフレ」というサイクルが、「インフレ→円安→インフレ」という方向に動く可能性も、まだ小さいとは思うけど出てきている。**これから教育、住宅資金など様々な出費が待ち受ける若い世帯にとっても、年金で暮らす世帯にとっても、インフレと円安は大きなリスク。本当にそうなるかはわからないけど、そうなってもいいように、外貨資産を含めた分散投資を始めておくことがリスク軽減につながるよ。

「貿易赤字＝長期でも円安」とは限らない

ハナ　アベノミクスでだいぶ円安に戻ったけど、１９９８年ごろは1ドル＝１４０円くらいのときもありましたよね。それから見ると今の為替の水準って、まだまだ円高なの？

老後博士　そういうふうに**ドル円相場の数字そのもので比較するのは、かなり危ない。**さっきから言っているように、**時間が経てばインフレ率の差が開いて、あるべき為替の水準も変わるから。**

例えば、1998年ごろの購買力平価は（企業物価ベース）は145円くらいだったから、実際のドル円相場は理論値とほぼ同じだった。でも2015年1月の購買力平価は、その後のインフレ率格差を反映して99円くらいの円高水準に変わっている。それからみれば、もし実際のドル円相場が145円になればとんでもない円安水準。このように、購買力平価からみてどれくらいかい離しているかで判断するほうが適切なんだ。

ハナ　メンドーくさい……。そもそも購買力平価なんて自分で計算できないし。

老後博士　国際通貨研究所という機関が定期的にドル円やユーロ円の購買力平価を算出してホームページで開示してくれているから、だれでもそれを見ればタイムリーな水準がわかるよ。

ハナ　で、要するに今の水準はどうなんですか？

老後博士　図表3－6でより詳しく見てみよう。

ハナ　今は企業物価ベースの購買力平価より円安ですね。

老後博士　そう。点線は、かい離が過去最大だった1980年代前半（購買力平価から約27％円安方向にかい離）と同じかい離利にあたる水準。2015年1月現在の購買力平価は1ドル＝99円。実際のドル円相場は1ドル＝118円なので、円安方向へのかい離率は22％。かい離率は80年代前半のものにかなり近づいている。**つまり、円相場はすでに理論値から言えば過去最大レベルの円安になってるってわけ。**

ハナ　1980年代前半ってどんな時代？

図表3－6　すでに過去最大レベルの円安方向のかい離
＊2015年1月現在

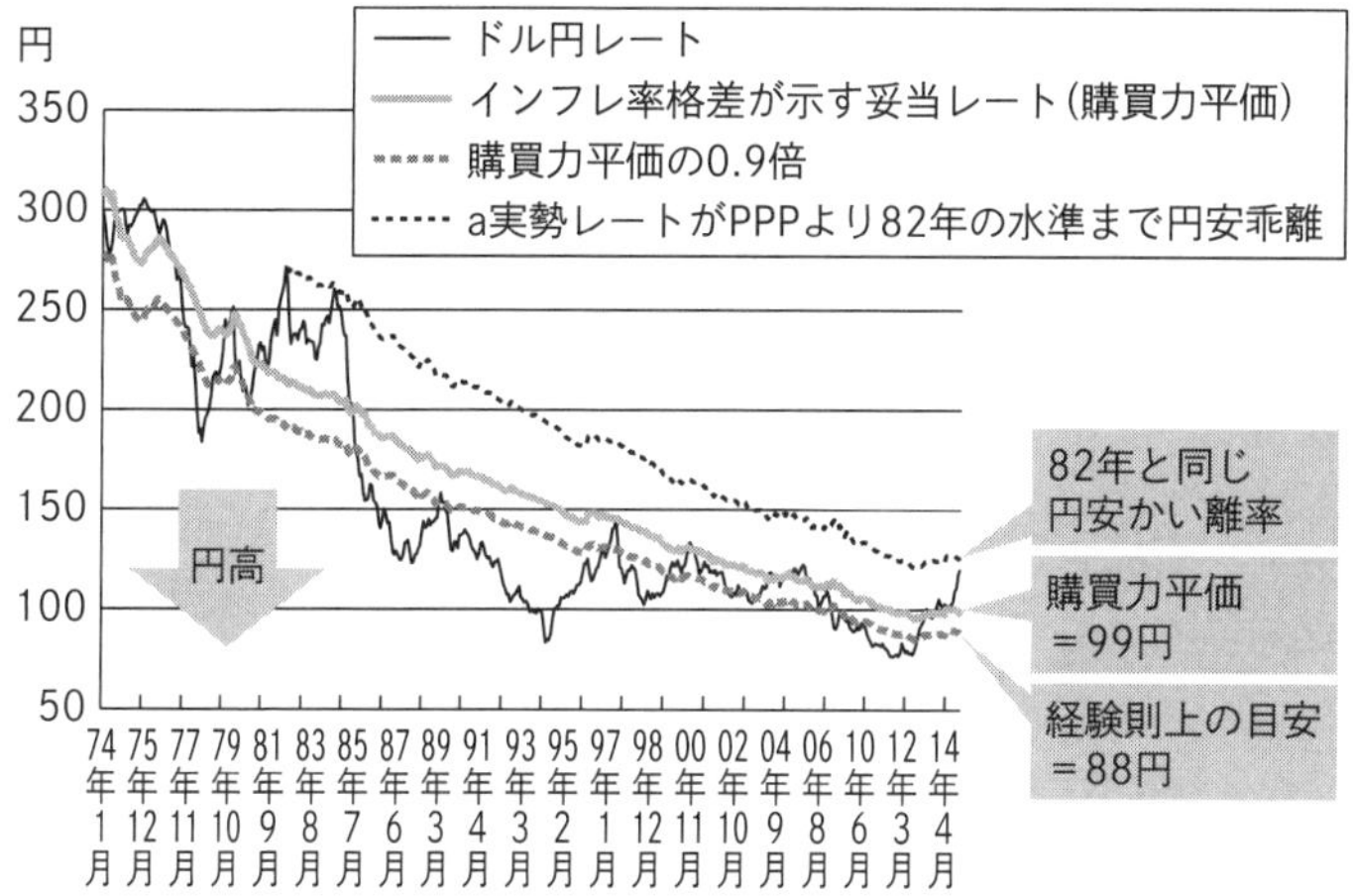

（出所）購買力平価は1973年基準、日米企業物価から筆者算出

老後博士　１９８０年代は米国が強いドルを志向して金利を上げ、米国金利が14％もあった時代。しかも為替の自由化直後で、巨大生保がこぞって巨額の外貨投資を始めたことも円安に動いた要因。そういう極端な時代と同じくらいの円安方向へのかい離が、すでに起きている。

ハナ　一番下の点線は何？

老後博士　実際のドル円レートは企業物価を中心に動いたわけじゃなくて、１９７３年以降を平均すると、企業物価ベースの購買力平価の０・９倍で動いてきた。**いわば購買力平価の０・９倍が経験上の適正値とも言える。15年1月現在のその水準は88円くらいだ。**これで見れば、２０１５年年初の円安方向へのかい離はさらに大きいことになる。

ハナ　そうすると、いつかまた理論値に戻るってこと？

老後博士　少なくとも過去はそうだったし、今後も中期的には円高回帰が起きると思う。だけど、今はとにかく日銀の異次元緩和の真っ最中で、しばらく方向は変わらないとの見方も多い。為替アナリストの予測では、２０１５～16年にかけていっそう円安が進むとの見方が多いよ。

ハナ　あと１～２年ってこと？

老後博士　長期予想には別の考え方もある。大和総研は、２０２０年代は再び90円台に戻るという中期見通しを出している。つまり２０１０年代後半の数年は円安が続くけど、その後再び円高に転じ、20年には約１００円、24年には92円まで円高に戻ると見る予測。

ハナ　どうして？

老後博士　大和総研も、為替の長期の決定要因はインフレ率格差、短期は金利差として整理している。

ハナ　さっきの「為替は何で決まる」で聞いた話と同じじゃね。

老後博士　購買力平価の計算で通常使われる企業物価で見ると、日米企業物価は過去20年以上にわたり、米国が日本を平均２％も上回り、これが長期的な「ドルの価値の目減り＝円高」につながった。大和総研では今後10年の予測期間全体でも、日本のインフレ率は米国をほぼ一貫して下回り、円高圧力が働き続けると見ている。

ハナ　それなのに目先数年は円安なの？

老後博士　短中期では金利差による影響のほうが大きくなりがち。日本より早く米国金利が上がる見通しなので、目先の数年は日米金利差拡大がドル高・円安要因として強く働くと見ているんだ。18年以降は米国の利上げが一服、他方で日銀の量的緩和が後退して日本の金利が上昇、日米金利差は縮小に向かうと予想している。これによりドル円相場は、長期的な決定要因であるインフレ率格差に基づいた円高・ドル安基調に戻るとしているよ。

ハナ　ところで最近、「貿易収支が赤字に転じたのだから長期的に円安になるのは当然」ってみんな言ってますけど。

老後博士　もちろん、貿易収支は為替に影響を与える。でもそれがすべてを決めるわけじゃない。通貨問題に詳しい龍谷大学教授の竹中正治氏は「貿易・経常収支は様々な為替要因の1つにすぎないし、それだけを過大視するのは疑問。実際、米国の経常赤字は1990年から2000年代前半までほぼ一貫して拡大を続けたが、米ドルの実効相場はこの間、逆にほぼ一貫して上昇を続けていた。過去、多くの国の経常収支と為替の変化を検証してみたが、長期でははっきりした関連は見られなかった」と指摘しているよ。

ハナ　貿易赤字だから必ず通貨安とは限らないのか。

老後博士　そもそも原油安が続けば貿易黒字への再転換もあり得るし、経常収支はまだ黒字だしね。

ハナ　結局、老後資金作りのような長期の場合、どっちかに決めつけるのは危険ってこと？

老後博士　そう思う。

為替の見方は多様で、断定的な予測はもともと至難。だけど個人金融資産に占める外貨建て資産の構成比はわずか2％で、全体的にはあまりに低すぎる。34ページで見たように、公的年金のGPIFは外貨建て資産の比率を全体の23％から40％に拡大した。1つのヒントになるかもしれない。一方で「長期円安確定」とみて老後の資産の多くを外国債券や外貨建て投資信託にしている極端な人も見られる。**為替を動かす基本的な仕組みを頭に入れたうえで、1つの考え方を絶対視せず、国内外の様々な通貨や資産に、自分のとれるリスクに合わせて分散しておきたいね。**

「お得なはずが損」——外貨預金の2つの罠

ハナ　外貨投資っていえば、当然外貨預金よね。

老後博士　たしかに身近だよね。「日本は低金利。だからこそ金利が高い海外でお金に働いてきてもらいましょう」——。外貨預金などに関してよくこんな宣伝を聞くね。

ハナ　でも知り合いで、やってみたら意外に増えていなくて逆に損したって人もいます。

老後博士　ある大手銀行のホームページで「外貨預金優遇プラン、豪ドル1か月物、年10％！」という広告が載っていた。「この低金利の時代に年10％ですって？」と喜ぶとヤバイ。ここには主に2つの「罠」がある。

ハナ　罠ですって？

老後博士　**1つ目の罠は、金利表示について。**様々な運用商品の金利は「年率」で表すことになっている。「年10％」というのは、文字通り、1年間運用すれば10％の金利をつけてくれるということ。でもよく見ると「1か月物」とある。つまり年率10％で運用してくれるのは1か月だけ。しかも金利には20％の税金がかかる（復興税除く）ので、実際にもらえる利息は10％×80％で8％。例えば、この大手銀行で外貨定期に1万豪ドル預けたらどうなると思う？

ハナ　年10％だから1万1000豪ドルになる？

老後博士　……いや違う。10％は年間に換算した税引き前の利息で、1か月では税引き後利息の12分の1しかくれないんだ。1か月後に得られる利息は1万ドル×税引き後8％×12分の1＝約67豪ドル。つまり、1万豪ドルは1か月後に1万67豪ドルにしか増えない。

ハナ　67豪ドル増えるからいいのでは？

老後博士　それは違う。為替手数料がかかるから。豪ドルの場合、大手銀行ではたいてい、1ドル当たり片道2・5円、往復5円かかってしまう。

2つめの「罠」はこの、「とても高い手数料」。つまり1万豪ドル外貨預金をするとき、為替レートが1豪ドル＝95円だとすると、預ける時は2・5円の手数料を入れて1豪ドル＝97・5円かかるので、1万豪ドルを預けるには97万5000円が必要。

図表3－7　為替は一定なのに!!

ハナ　2・5円って結構な差ね。

老後博士　1か月後に解約するとき、為替レートが1豪ドル＝95円のまま変わらなかったとすると、円に戻すときはまた為替手数料が2・5円かかり、1豪ドル＝92・5円でしか円に変えてくれない。豪ドルベースでは1か月後に1万67豪ドルになっているけど、今度は1ドル＝92・5円で円に戻すので、1万67豪ドル×92・5円＝約93万1200円になっている。

ハナ　あれ？　97万5000円投資したはずが、戻ってくるのは93万1200円。つまり損じゃん？　「お金に働いてもらう」はずなのに……

老後博士　外貨預金をする際、まず以下の2点はよく心に留めておこう。

「金利は年率で表示するが、実際の運用期間が1か月なら、年率表示の12分の1の金利しかつかない」「為替手数料は意外に高い」

ということ。

ハナ　なんかずるい。

老後博士　この手の表示方法にはさすがに批判も多く、銀行のホームページでも数年前からこれらの点の注意書きが、小さな文字ではあるけど、表示されるようになった。でも大きく書かれている「10％」という文字にひきつけられて、注意書きをあまり見ない人が多いんだ。

ハナ　では1か月で外貨預金をやめずに、2か月目以降、さらに1年間外貨預金を続けたらどうなんですか？

老後博士　この銀行の通常の豪ドル外貨預金の金利は年率1・07％。2割の税金を引くと約0・856％。1か月後に米ドルベースで1万67ドルになっていたので、このままさらに1年預けると1万153ドルになる。1ドル＝92・5円で日本円に戻すと、93万9200円。

ハナ　う～ん、最初に1万ドル預けたとき97万5000円かかっているので、まだ損ですね。

老後博士　しかも為替リスクを背負っている。円安になるという自信があれば別だけど、さっき話したように、金利が高い国はインフレ率が高く、インフレ率が高いということはお金の価値が減るので、通貨は長期的には下がりやすい。長期ではむしろ円高になりやすいと考えておくべきだ。なかなかこれでは儲からない。

ハナ　「外貨預金＝高金利＝お得」というのは単なるイメージに過ぎないのか。

老後博士　それでも外貨投資は大事。これまでずっと話してきたように、運用で最も大事なことは「資産の分散」であり、どの資産が値上がりするかなどを当て続けるのは不可能。だからこそ様々な資産や通貨に投資しておくのが大事だったよね。外貨建て資産も一定の比率で持つことは不可欠なんだ。

ハナ　結局どうすれば？

老後博士　本来は、投資信託で外国株式や外国債券に投資するほうがおすすめ。単に為替で儲けるということではなく、株式や債券の価値そのものが、長期では上昇していく可能性が大きいから。ただし預金に比べるとリスクも大きくなるので、「自分はやはり外貨預金がいいわ」と思う人がいるかもしれない。その場合、少しでも勝率を上げるには、条件のいい銀行を使うこと。最近ではネット銀行が、手数料や金利を有利な条件にしているよ。

ハナ　例えば？

老後博士　**例えば住信SBI銀行。**1年物の豪ドル預金は2015年1月時点で2・52％。税引き後で2・016％。さきほどの大手銀行の約3倍だ。1万ドル預ければ1年後に1万202豪ドルになる。しかも豪ドルの為替手数料は片道0・4円。さきほどの大手銀行の約6分の1だよ。つまり1豪ドル＝95円のときに1万豪ドル投資するのに95・4円×1万で95万4000円ですむ。

ハナ　1年後に1万202豪ドルを円に戻すときは94・6円で戻すので、96万5109円が返ってくるのか。少しお金が増えましたね。

老後博士　ほんと暗算早いね。やはり為替リスクを背負っているので、必ず儲かるというわけではないけれど、大手銀行よりは格段に有利だね。このほか**ソニー銀行、楽天銀行、じぶん銀行など**が**外貨預金では有利な条件であることが多い**よ。米ドルの外貨預金なら、大手銀行の手数料は往復2円だけど、ソニー銀行は往復0・8円だ。

ハナ　外貨預金って簡単だと思ってたけど、注意点も多いのね。

老後博士　正直、大手銀行の外貨預金は、もっとお客のためになるように商品設計や表示の仕方を考え直してほしいと思うよ。

外債、「利率が高いほうが損」の謎

ハナ　いろいろな証券会社から、高金利の外貨建て債券を買わないかっていう誘いも多いわ。

老後博士　新聞・雑誌などで非常に高い利率のものが紹介されるけど、気をつけたいこともある。覚えておきたいのは「外貨建て債券、利率が高いほうが不利という謎」。

ハナ　どういうことですか？

老後博士　そもそも債券というのは、みんなが国や会社にお金を貸し、代わりに定期的に利子をもらって、償還期限が来れば元本を返済してもらう仕組みだったよね。これを「利付債」という。実はもう1つ、利子が出ない代わりに最初に払う金額が安くなる「割引債」というものがあるけど、ややこしくなるので、ここでは利付債について話す。

ところでハナちゃん、証券会社では様々な債券が売られている。例えばこんな感じ（図表3−8）。どっちを選ぶ？

ハナ　ええと……B債券は利率は8％でA債券より高いのに、もう1つ「利回り」という言葉が出てきて、こちらはA債券のほうが高いのか。混乱するわ。

図表3－8　外債Aと外債Bはどこが違う？

外債A	外債B
利率3％	利率8％
期間4年	期間4年
利回り6.1％	利回り0.38％
販売価格＝額面の90％	販売価格＝額面の130％

老後博士　ここで「利率」と「利回り」という言葉の違いを知っておこう。額面に対する利子のことを、「利率」という。利回りは、利率と、債券価格の変化による損益を加えた総合的な儲けのこと。

ハナ　何が違うの？

老後博士　債券では基本的に、発行されたときの金利を反映した利率が決まり、それは償還まで変わらない。ややこしいのは、債券は償還時には発行された額面（１００）が返ってくるけど、その途中では価格が変動するということ。前に、債券の金利と価格は逆に動くって言ったよね。

ハナ　……。

老後博士　遠い目をしないように。

価格が下がったときに買えば、債券は満期は額面で返ってくるから差益が出るし、価格が上がったときに買えば差損が出る。利率と、差損益を総合したものが利回り。

ハナ　……眠ってしまいそう。

老後博士　とにかく金融機関で売られている外債の中には、このように、発行から一定の時間がたったものが多い。価格が額面の１００より高かったり低かったりするのは、発行された時期が異なる結果、その後の世の中の金利の変化を受けて価格が変動しているから。例えばここで例に出した、A債券は額面の90％（販売価格90）で買えて、償還時には額面＝１００で戻ってくるから、価格差を考えると10％のプラス。逆にB債券は額面の１３０％で買って、償還時には額面（つまり１００）でしか返ってこないので、価格差は30％のマイナス。これを整理すると、図表３－９のようになる。

ハナ　とにかく四角の中を読めばいいのね。A債券は利率が３％とB債券より低いのに、利回りは６・１％とB債券より高いのは、A債券では売買益が４年間で10％、つまり1年では２・５％出るのに、B債券は逆に売買損が30％、1年あたりだと７・５％出てしまうために、B債券は総合的な結果である利回りが低くなっているからなのね。

老後博士　そう。ここで、１つ目のポイント。**「外債は利率でなく利回りで選べ！」**。これは外債だけでなく債券全般に言えること。新聞のチラシやDMなどで、ときおり「○○国債、利率10％」など、むやみに高い利率の表示の外債の広告が入っていることがある。でも利回りを見てみると、B債券のように意外に低かったりする。そういう債券は、価格がかなり高くなっている。その結果、価格面では売買損が発生し、利回りが低くなる。なかには、そういう事情で利回りは低いにもかかわらず、利率のほうをかなり大きな字で表示して「釣って」いるケースもある。

ハナ　私、よく男の人に声かけられて釣られそうになるから気をつけよう。

老後博士　……。ちょっとややこしくなるけど、さらに税金の話を１つ。

外債の利率には2割の税金がかかるので、実際には利率の8割しかもらえない。つまり、利率

図表3－9　A債券とB債券のもうけ具合

A債券（発行時は単価100で、購入時は90まで価格が下落、
満期に額面＝100で償還）の場合

①年間の利息＝3

②1年あたりに直した価格の差益（100－90）÷4年＝2.5

年間の儲け（①＋②）＝5.5

支払った額は90で、年間の儲けは5.5なので

利回り＝5.5÷90＝6.1％

B債権（発行時は単価100で、購入時は130まで価格が高騰）の場合

①年間の利息＝8

②1年あたりに直した価格の差損（100－130）÷4年＝－7.5

年間の儲け（①＋②）＝0.5

利回り

支払った額は130で年間の儲けは0.5なので

利回り＝0.5÷130＝0.38％

が高い外債は、税金の負担もそれだけ重くなる。外債を買った場合の実際の儲けは、税引き後の値。だから2つ目のポイント。**同じような利回りの外債が2つあれば、利率の低いほうを選んだほうが、税引き後の儲けは大きくなる**、ということも知っておこう。ちなみに、さきほどのB債券は、税引き後のリターンを計算するとマイナスになる。

ハナ　税金まで考えて投資すべきなのか。

老後博士　さらにもう1つ、重要なポイント。

ハナ　結構、おなかいっぱいですけど。

老後博士　外債に投資した後で円安に動けば、為替差益が発生する。為替差益が発生している利付債を持っていて、それを償還まで持ち続ければ、為替差益にも税金がかかる。しかし、**償還期の前（たとえ数日でも）に売れば、為替差益は非課税になる。利付債の中途売却したときの売買益は非課税、という税制上のルールがあるから。**

ハナ　なんですって！

老後博士　そこで、３つ目のポイント。**為替差益の出ている利付外債は、満期前に売ろう！**　ただし、次に話すように、この仕組みは２０１５年いっぱいで、16年以降は変わる。

ハナ　……外債投資は、知らないと損をすることも、とても多いのね。

2016年から外貨建て投資の「節税テクニック」が大変わり！

老後博士　ところで外貨建て資産の税金って、２０１６年から大きく変わるって知ってる？

ハナ　ていうか、もともと税金の仕組みなんて知りません。

老後博士　**２０１５年までと２０１６年以降とでは、税制メリットがガラリと変わってしまう。**今なら間に合う節税策と、逆に税制改正後まで待つほうが有利になるケースを、区別して頭に入れておこう。改正の主な項目は図表３－10の通り。実は債券の税制には不思議な歪みが多くあり、「知っている人だけ得をする」状態が続いてきたんだけど、16年以降はなくなるんだ。

ハナ　私の知らないうちにそんなことが。

老後博士　例えば証券会社や大手銀行で扱っている商品に、外貨ＭＭＦ（マネー・マーケット・ファンド）がある。金融商品に詳しい人の間では外貨ＭＭＦは「外貨預金より有利」というのが

図表3－10　外貨建て資産を中心に金融商品の税制が激変

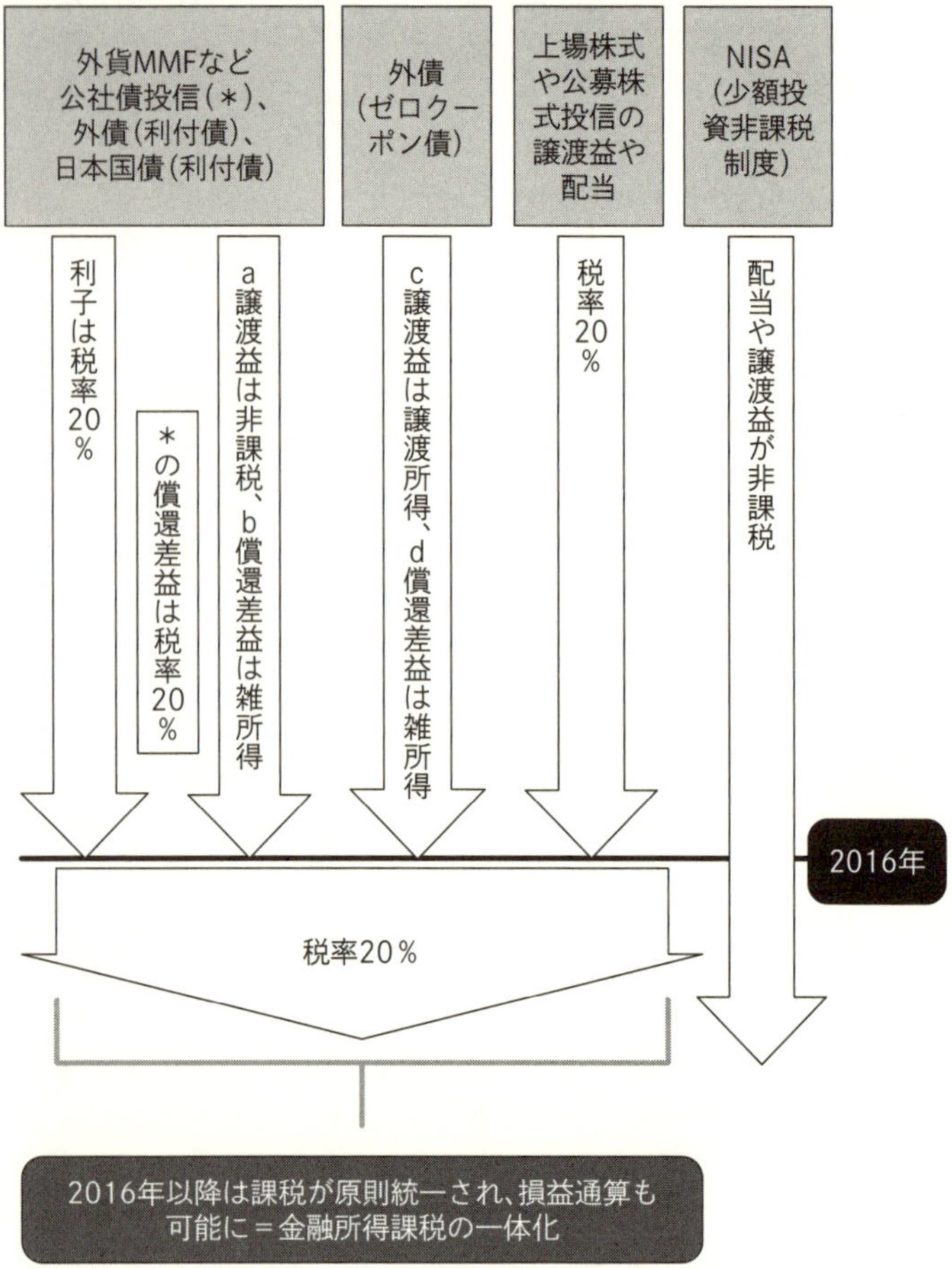

（注）主な商品の原則的なケースを表示、復興税などは省略

図表3－11　2015年までと16年以降とどちらが有利？

原則的に○は15年中の売却が有利、×は16年以降が有利、△は金額次第			
		15年まで	16年以降
外貨MMF	為替差益がある	○非課税	株や投信や公社債などの損益を一体として通算し20％課税
	為替差損がある	×ほかの利益と通算できない	
利付債	為替差益など譲渡差益	○非課税	
	為替差損など譲渡差損	×ほかの利益と通算できない	
セロクーポン債	為替差益など譲渡差益	△譲渡所得……50万円までは課税なし、それを超える分は譲渡所得、5年超なら利益を半分に	
	為替差損など譲渡差損	△給与所得などと通算できる	
利付債、ゼロクーポン債	償還差益	△雑所得……給与などと合算（他の所得が多く、税率が20％超の人は16年以降より不利）	
	償還差損	△雑所得……原稿料など他の雑所得と相殺	
外貨預金	為替差損益	制度変更なし。雑所得……上記と同じ	
＊利息や分配金はいずれも20％課税			

定説だった。為替手数料が大手銀行の外貨預金より低いうえに、税金が圧倒的に有利だから。

ハナ　どういうふうに？

老後博士　為替差益（譲渡益）が出る場合、**外貨預金なら雑所得として給与など他の所得と合算して、その人の所得に応じた税率で総合課税される。でも外貨MMFの為替差益は非課税**（図表3－10のa）なんだ。1ドル＝80円のときに外貨MMFを買って、それが1ドル＝120円になったときに売っても、為替差益に対する税金はいっさいかからない。

ハナ　さっきの利付債と同じなんですね。

老後博士　でも2016年以降は上

場株式や株式投資信託と同様に、外貨MMFの譲渡益も20％課税（**復興増税は除く**）**となる**。ということは、今の円安で利益が出ている人は、タイミングを見て非課税期間のうち、つまり15年のうちに売るのも選択肢だよね。

ハナ　為替差損が出たら？

老後博士　あまりいないかもしれないけど、例えば1ドル＝150円くらいの時期に買って持ち続けていると、為替は現在も評価損だよね。為替差損は、今は税制上、存在しないものとされている。でも**2016年以降なら、株や投信や公社債の利益などと損益通算できるようになる**から、差損の処理はそれまで待つ手もある。

ハナ　ところで**ゼロクーポン**債って何？

老後博士　毎年の利子（クーポン）がない代わりに額面より大幅に低い金額で買える債券（割引債）。額面より低い金額で買え、償還時には額面で返ってくるのだから、その差が金利代わりということ。米ドル、ユーロ、豪ドルなど多くの通貨建ての商品が大手証券などで売られている。これも駆け込みで税制上、有利な選択もできる。

ハナ　ぜひ知りたいです。

老後博士　2015年現在、ゼロクーポン債は償還前に売却すると、年50万円までの特別控除を引いたうえで、譲渡所得として給与など他の所得と総合課税される仕組み（図表3－10のc）。つまり買った金額と売った金額の差が年50万円までなら課税されないんだ。50万円を超えて残っ

図表3－12　2015年までなら使える「節税テク」の一例

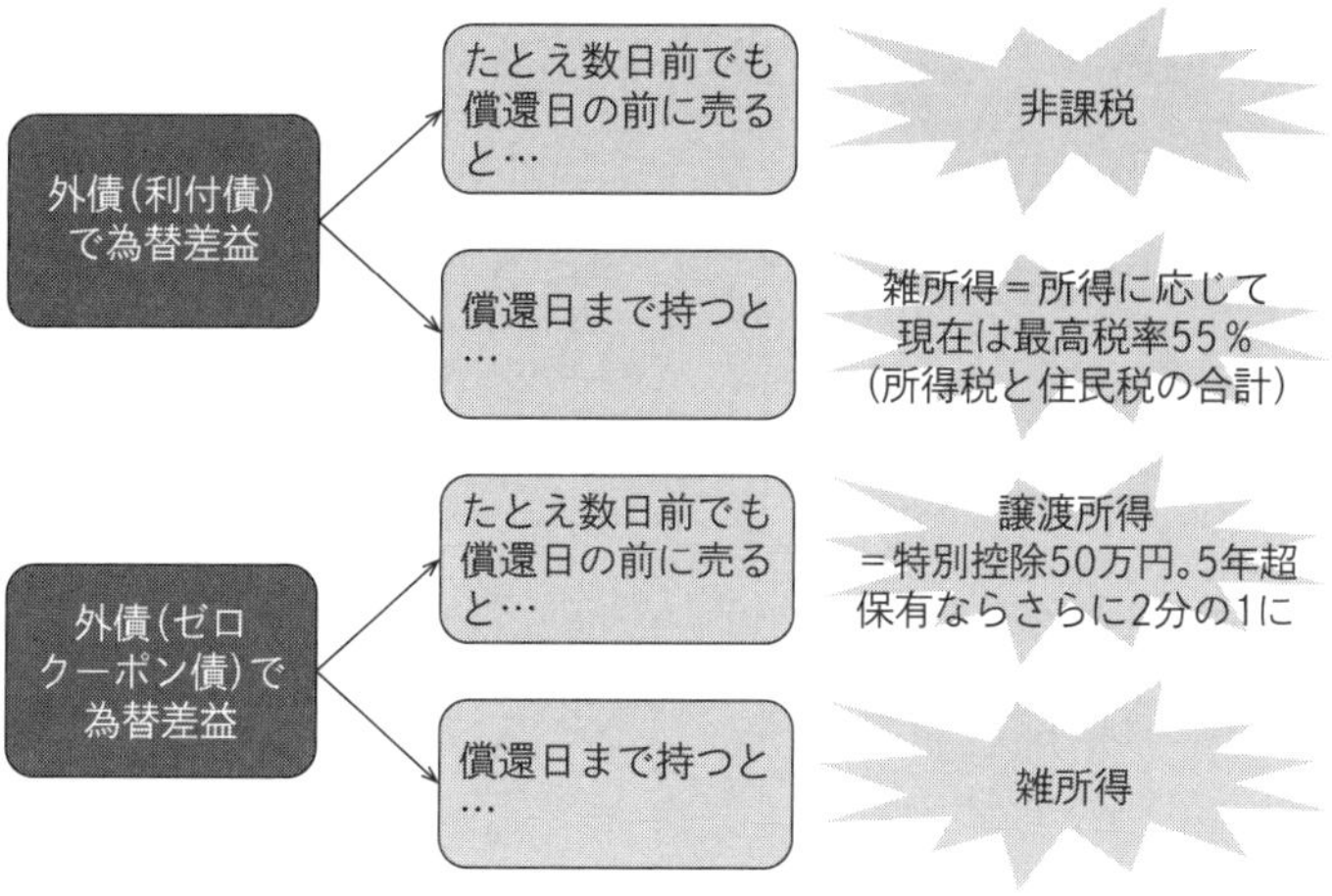

（注）復興税などは省略

た譲渡所得も、保有期間が5年超の場合は課税対象をその半分とすることが税法で決まっている。

ハナ　なんかすごく有利ですね。

老後博士　しかし２０１６年からは外貨ＭＭＦなどと同様、20％課税になる。ゼロクーポン債で含み益がある場合、15年中なら50万円の非課税枠をうまく使って売却を続けるのも選択肢というわけ。

ハナ　なんだか、知っているかどうかで全然違うんですね。

老後博士　毎年の譲渡益が50万円以下ならこれでいい。ただしそれ以上に大幅な譲渡益があり、総合課税の税率も高い高所得者らは、50万円を引いても不利になることがある。総合課税は様々な所得を合算するので、累進税率のもとでは高い税率が適用される場合が出てくる。そういう人は、2016年以降の一律20％課税にしたほうが有利な場合もあるよ。金融機関や税理士などに相談してみよう。

ハナ　外債の税金ってほんとにややこしいわ。

老後博士　ここまでは満期前の売却の話だったけど、ゼロクーポン債を満期まで持った償還差益は雑所得の扱いとなる（図表3－10のd）。雑所得は50万円の特別控除などはなく、一定条件下で20万円以下なら申告不要と認められているだけ。つまり、一般に雑所得より譲渡所得として扱われるほうが有利なんだ。2015年中なら、為替差益がある場合は、満期まで持たず中途売却することで譲渡所得にする『節税テク』がまだ使えるよ。

ハナ　ややこしくて頭がクラクラしてきた。

老後博士　利付外債は中途売却と償還でもっと差が激しいよ。さっきも話したように、**満期まで持っていれば雑所得として課税される**（図表3－10のb）**のに、例えば満期の数日前でも中途売却すれば為替差益は非課税**（同a）**なんだ。**知らずに、漫然と満期まで持ち続けると、高い税金を払うことになる。利付外債の譲渡益も2016年以降は20％課税。含み益があるなら、やはり16年より前にタイミングを見て売るのも手だよ。逆に損失なら外貨MMFと同じ理屈で、16年以降を待ってもいいんじゃないかな。

ハナ　……ストップ！　もう頭がパンパン！

老後博士　確かにややこしすぎるけど、こうした知識がないと何十万円も税金が違ってきたりする。老後のお金に差がついてしまうこともあるから、がんばって勉強したほうがいいと思う。もちろん売買の判断は税金だけで決めるべきものではなく、資産価格の動きや自分の資金計画がより重要。税制の変更を頭に入れて、最適な方法を選びたいね。

FXは老後を支える「投資」ではない

ハナ　ところで、外貨投資っていえばやっぱFXっすよね？　私、老後資金作りにFXを始めようと思うんですけど。

老後博士　え？　FXは、老後資金作りのような長期の資産形成には向かないと思うよ。余裕資金の一部でやるならいいけど。

ハナ　人のやる気をそぐようなこと言うのって、性格悪いですね。

老後博士　一度、「投資」と「投機」の違いを考えておいたほうがいい。絶対的な定義があるわけじゃないんだけど、代表的な考え方の1つは、長期で事業にお金を投じるのが投資。この考え方に立つと、為替の行方を当てるために売買を繰り返す行為は投機だ。

ハナ　言葉の定義みたいなものにネチネチこだわる人って、人間が小さい印象がありますよ。

老後博士　失敬な！　実はこれは、老後資金を考えるうえではすごく大事なテーマなんだ。どうしてかというと、ＦＸに限らず、投資と投機の違いを知って運用に生かすかどうかは、長期の資産形成に大きな影響を与える可能性があるから。具体的には、**運用できる金額の中で「投資」に属する資産の割合を大きくしておいたほうが、長期的な成功の可能性は高くなりやすい。**

ハナ　何言ってるかよくわからないので、具体的に教えてください。

老後博士　41ページで、国内外の株式と債券に幅広く投資した場合、ときには大きく下落することもあるけど、長期では資産は3倍に増えていたよね。これが投資の力。

ハナ　この期間って、１９９０年からの日本株バブル崩壊、２０００年からのＩＴ（情報技術）バブル崩壊、そしてリーマン・ショックとか、いろいろあったけど、それでも資産が増やせたわけよね。じゃあ、これとは別に投資じゃない運用があって、それがＦＸってこと？　そもそも投資と投機の違いって何？

老後博士　またちょっと理屈っぽくなるけどいい？

ハナ　３秒くらいなら。

老後博士　無理！

一般的な考え方を図表3－13にまとめてみた。もちろん人によって言葉の使われ方は様々だけど、ここでは代表的な考え方の１つを紹介する。それは「事業にお金を投じて、長期でその見返りを受けるのが投資」というもの。例えばある経営者がいて、成功しそうなビジネスプランを持っているのに資金が足りないとする。だからお金を出してくれる人を募る。ある人はお金を出す

図表3－13　「投資」と「投機」

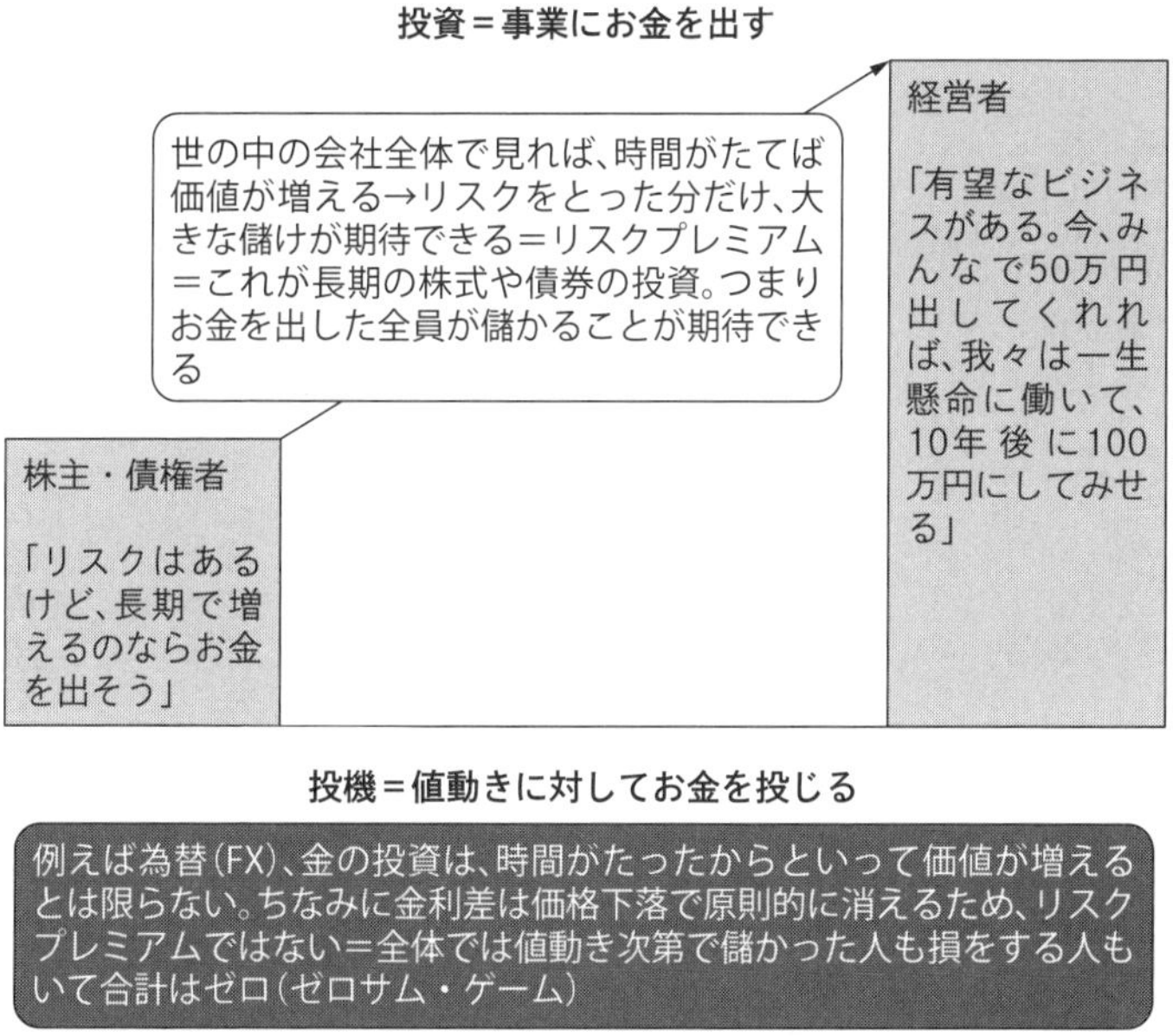
投資＝事業にお金を出す
経営者
「有望なビジネスがある。今、みんなで50万円出してくれれば、我々は一生懸命に働いて、10年後に100万円にしてみせる」
世の中の会社全体で見れば、時間がたてば価値が増える→リスクをとった分だけ、大きな儲けが期待できる＝リスクプレミアム＝これが長期の株式や債券の投資。つまりお金を出した全員が儲かることが期待できる
株主・債権者
「リスクはあるけど、長期で増えるのならお金を出そう」
投機＝値動きに対してお金を投じる
例えば為替（FX）、金の投資は、時間がたったからといって価値が増えるとは限らない。ちなみに金利差は価格下落で原則的に消えるため、リスクプレミアムではない＝全体では値動き次第で儲かった人も損をする人もいて合計はゼロ（ゼロサム・ゲーム）

代わりに株式をもらい（これが株主）、ある人は債券を受け取る（これが社債権者）。ただし成功するかどうかわらかないので、将来増えるだろうと見込める価値に比べて、安い値段で株や債券を持たせてもらえる。この差をリスクプレミアムという。

ハナ　そうか、株式や債券って、要するに事業にお金を投じることなんだ。リスクがあるからこそ、見返りもあるのね。

老後博士　**そう。お金を出してもらった経営者は一生懸命頑張って会社を大きくする。すると株式の価値も増えるし、債権者にはきちんと利息が払われる。投資した人全員のリターンの合計がプラスになることが期待できるので**

「プラスサム・ゲーム」（サムは英語で合計の意味）とも呼ばれる。

ハナ　とーっくに、３秒過ぎましたよ。

老後博士　……。

ハナ　冗談ですって。でもつぶれる会社もあるでしょ？

老後博士　だからこそいろいろな会社に分散投資する意味があるわけ。たくさんの会社に投資しておけば、そのなかで失敗する会社があっても損害は小さくなるってこと。

ハナ　投機は？

老後博士　**投機は値動きに賭けるだけだから、投資家の一方が儲かれば一方は損をする。全員がトータルでプラスにはならないので、「ゼロサム・ゲーム」と言われる。**為替取引やコモディティー（商品）のほか、株や債券でもデイトレードはこっちにあたる。ただし「投資＝善、投機＝悪」というような意味では考えないほうがいい。これはあくまで様々な運用の性質の違いに関する分類なんだ。後でまた触れるけど、投資と投機を組み合わせて運用することは別におかしくないよ。

ハナ　でも「投資」に属するはずの日本株は、長期でも報われなかったわ。

老後博士　株でも本来の価値より割高になっていても、値動きに賭けてみんなが買う時期がある。1980年代後半の日本みたいにね。株価の指標にPER（株価収益率）というのがある。株価を予想1株利益で割った数値で、これが高いほど割高。国際的には15倍程度が普通なのに、バブル期は60〜100倍にも達していた。

ハナ　PERって、またすぐにそういう言葉を使って。でも知ってますよ。要するに、本来の価値を離れて、投機的な売買が行われていたってわけでしょう？

老後博士　そんな感じ。その後、20年強もかけて、PERは今や国際標準の15倍前後に戻り、割高さがようやく解消された。とにかく**「投資」に属する資産でも、日本株のように1つだけに投資して、たまたまそういう時期にあたったりすると、うまくいかない。**でもこの前話したように**世界全体に、そして多様な資産に幅広く分散しておくと、長期では投資の恩恵を受けられる**わけ。

ハナ　FX取引で、勝つか負けるかの瞬間的な勝負を繰り返すよりも、「投資」に属する様々な資産に分散して、じっくりと世界経済が成長していく波に乗るほうが老後資金をきちんと作っていける確率が高いってわけ？

老後博士　そう。でも**世の中を見ると、FX取引を株や債券と同じような「投資」だと思ってる人が増えている。**一方で、FX会社の社員からは「今のFXの使われ方ってパチスロみたいなもんですから」という声を何度か聞くんだけどね。

ハナ　友達のお母さんもFXをしているんだけど、「株で利益を上げようと思うと時間がかかるけど、FXならすぐに結果が出るからいいわ」と言ってた。でも実際には、FXでは多くの人が利益を出せていなくて、損を出しちゃうみたいね。

老後博士　ただし損をしている人が多いからダメ、っていうなら株だって同じ。現状で損か得かも大事ではあるけど、もっと**根本的な問題は、事業にお金を投じることで長期で資産が積み上がることが期待できる投資と、価格の動きにかけるＦＸをごっちゃにしている人が多い**っていう点にあると思うよ。

ハナ　ちょっと待って。為替取引だって、金利の高い国に投資してずっと持ち続けたら国内よりたくさんの金利がついて、ずっと積み重なっていくわ。これって株や債券と同じ、リスクに見合った利益、つまりリスクプレミアムでは？

老後博士　１１２ページで「高金利はお得とは限らず」と説明したでしょ？　外国の金利が日本の金利より高い分は、外国のほうがインフレ率が高いことが原因でもたらされていることが多い。インフレ率が高い国の通貨は、その通貨で買えるモノが減って価値が下がるので、長期的に為替も下落する。**金利差は長期では為替下落で消えてしまうと考えるのが基本**なわけ。消えていくものをリスクプレミアムとは言わない。「**為替取引にはリスクプレミアムはない**」というのは、実は金融の世界では常識なんだ。

ハナ　ところでＦＸとの関係は？

老後博士　外貨投資で残るのが日本の金利と同じ部分とするなら、図表３－14の「消えてしまわない部分」が大きいほうがいいよね。ある程度期間の長い債券はこの部分が結構大きい。

ハナ　ＦＸも金利の高い通貨を保有していると、スワップポイントという金利のようなものが積み重なっていくわ。

図表3－14　外債の金利で、消える部分と残る部分とは……

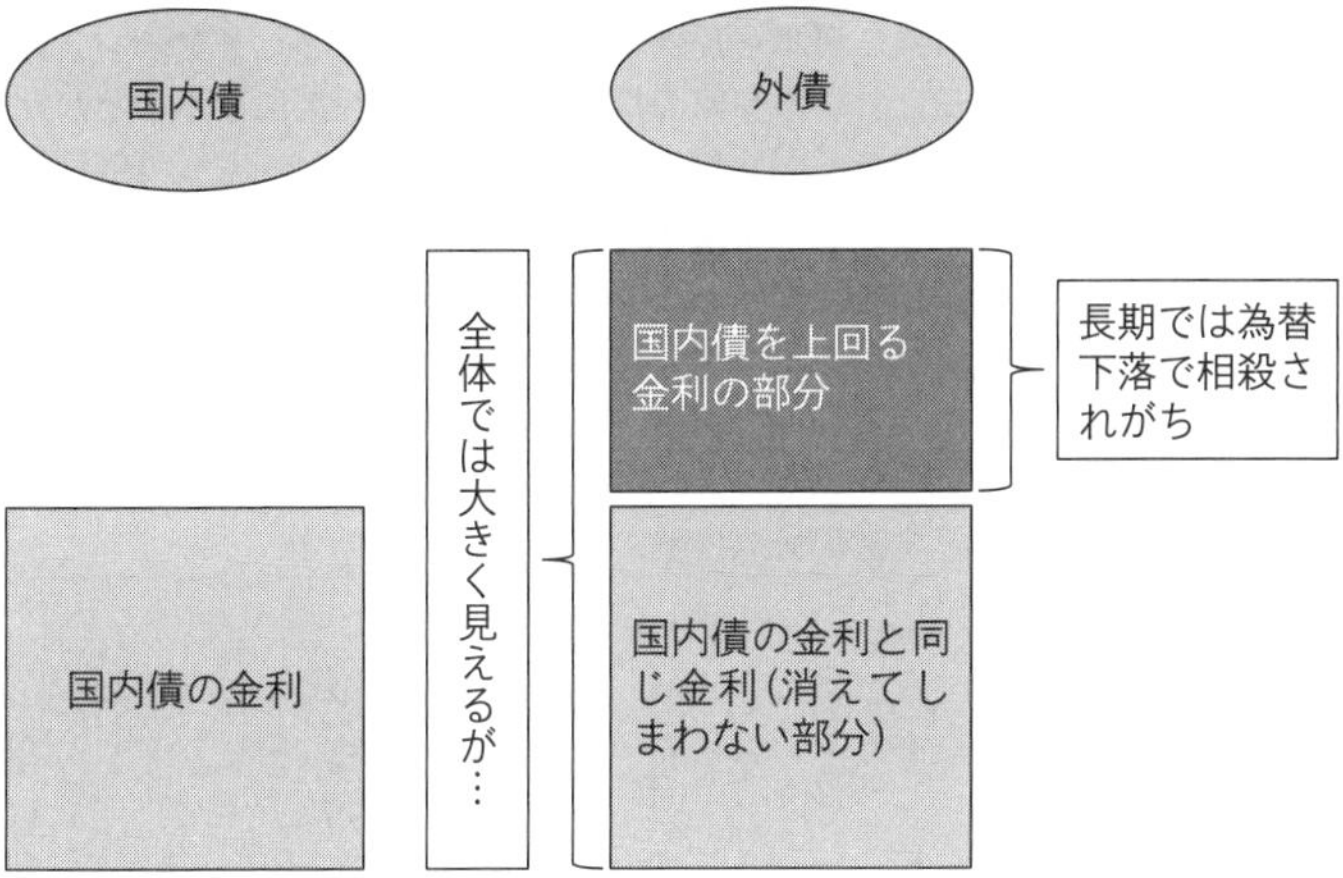

（注）一般的なケース

老後博士　でもスワップポイントは基本的には2国間の短期金利の差から計算される。通常、短期金利は長期よりはるかに小さいので、「消えてしまわない部分」があまり大きくないんだ。一方、長期の外債への投資では、「消えてしまわない部分」の比率が相対的に大きいので、資産が積み上がりやすい。

ハナ　113ページの図表3－1で円換算後の外国債券と日本債券の長期の成績が同じだとしても、結局増えてはいるのは、両方とも「消えてしまわない部分」が積み上がったからなのね。とにかく結論としては、投機より投資のほうがいいってことね。

老後博士　さっきも言ったけど、「投資＝善で、投機＝悪」というわけではない。例えば今後、食糧や資源の不足で世界的にコモディティー（商品）価格が上昇することが不安なら、運用資金の

図表3－15　投資と投機の一般的な分類は？

投資	事業に資本を提供し、リスクに見合ったリターンを得ること。投資家の損益の合計がプラスになることが期待できる。いわゆる「プラスサム・ゲーム」。（例）株式、債券、不動産への長期運用
投機	値動きにかけること。投資家の損益の合計はゼロ。いわゆる「ゼロサム・ゲーム」。（例）FX、コモディティーでの運用、株や債券でのディトレード
投資と投機が混在	（例）外国株や外国債券……株や債券の部分（投資）と為替部分（投機）が混在

一部に金や原油など「投機」に分類される資産を入れるのは何も悪いことではないし、日本の財政不安などで円安になるリスクもないとは言えないから、外貨建て資産も持っておいたほうがいい。

ハナ　投資と投機を組み合わせる手もあるってこと？

老後博士　そう。ただし、**組み合わせる場合でも「プラスサム」が期待できる「投資」の割合を多くしておいたほうが老後資金の形成という意味で長期的には成功する可能性が高い**と言える。プロの運用の世界でも、同じ為替リスクをとるなら、通貨そのものの売買より、外国株式や長期外債など投資にあたる部分がなるべく多い外貨建て資産を中心にするという考え方が増えているそうだよ。

ハナ　ＦＸって意味ないの？

老後博士　ＦＸは従来の外貨商品に比べてコストが大幅に安い、とても優れた金融商品だ。長期外債は換金がしづらいという欠点もあるので、「消えてしまわない部分」は小さくても換金しやすさを重視したければ、例えば大手銀行で外貨普通預金をするのに比べるとはるかに有利。

ハナ　倍率を低くして外貨預金代わりに使う手もあるってことね。

老後博士　実際には、やっているうちについ倍率を上げてしまい、急な円高で「ロスカット」にあって吹き飛ぶ人も多いので、倍率を上げないっていう意志の強さは必要だけど。このほか、別途、外国債券や外国株式を持っているときに円高が見込まれたら、コストの低さを活かしてFXを別途売り立てておくヘッジの手段としても活用できる。もちろん、余裕資金の一部でなら、短期売買を楽しむのだって勉強になるから悪くない。

ハナ　使い方次第なんですね。

老後博士　少なくともレバレッジを上げて売買を繰り返して長期的な資産形成ができるという考え方は、特別に才能があるか、よほど運がよい人を除いては、避けたほうがいいんじゃないかな。

ハナ　FXやってる人って多いから、要注意ですね。

老後博士　ところで卒論の為替部分、参考になった？

ハナ　あっ、はい、「間違いだらけの外貨投資」っていうタイトルにしようかと。

老後博士　……また？　そのまんまじゃん。

第4章

医療と保険の知られざるツボ

生命保険料、月1万円の見直しで790万円のプラスに

老後博士　ハナちゃん、卒論進んでる?

ハナ　はい、だいたい資産運用のあたりは書いたんですけど、教授から「老後資金を考えるには運用だけではなく家計のやりくりもとても大事」って聞きました。卒論にはその部分もしっかり書き込めと言われたので、また教えてください。

老後博士　確かにハナちゃんの先生の言うことは正しいと思うよ。老後貧乏を防ぐには支出をどう減らすか、社会保障や税制をいかにお得に使いこなすか、という家計全般の見直しがとても大事。

ハナ　支出削減か。例えば節約ね。後輩の男の子にすごい倹約家がいて、鼻をかんだティッシュを乾かして二度使うとか、水道代を減らすためにトイレはなるべく学校ですますって言ってたわ。

老後博士　……それはやりすぎでは。

支出を減らすには、たしかに細かい節約も大事だけど、毎月出ていく支出、つまり固定費のうち、保険や住宅ローンのような金額の大きなものをいかに減らすかを考えるほうが効率的だよ。例えば「人生で2番目に高い買い物」とも呼ばれる生命保険料も、見直したらずい分安くなる。

ハナ　生命保険料って、どれくらい払ってるのかしら。

老後博士　生命保険文化センターの「生命保険に関する全国実態調査」（最新の２０１２年版）では、**全世帯平均で年に約42万円**。

ハナ　え、そんなに？

老後博士　**50**歳台前半では年に約52万円も払っているし、70歳代でもなんと年に約38万円。ちなみに生命保険協会の調査では、日本人の払う保険料の国内総生産に対する比率は２０１１年で8・8％。**先進7か国中トップで米国（3・6％）の2倍以上**。はっきり言って**払い過ぎ**だよ。

ハナ　月に1万円節約するだけで……、ええと、30歳から95歳まで65年なら７８０万円も倹約できるわ。

老後博士　さすが、暗算早いね。もちろん、やみくもな保険の切り捨ては危険。保険の仕組みを知り、賢く使うことが日々の出費を減らし、老後資金を確保することにつながる。

ハナ　安い保険を教えて。

生命保険料は、実際の支払いより多く徴収されている

老後博士　結論だけ聞こうとすると、何か新しい情報が入るたびに右往左往しかねない。「なぜそう考えるのか」という基本のところを知っておくのが、一見回り道のようで、長期的には老後貧乏を防ぐ道だよ。

ハナ　相変わらず面倒くさいこと言いますね。

老後博士　まずは保険に関する「謎」を知ることから始めよう。

ハナ　私にとって、生命保険って難しくて「謎」だらけ。

老後博士　日本、明治安田、第一の大手生命保険3社の合計で2013年度は約1兆5000億円。これは予定した死亡率より実際の死亡率が低かったことなどで生まれる**「危険差益」**と呼ばれる数字（図表4－1）。

ハナ　いきなり眠気が。危険差益って何？

老後博士　保険会社は、その年にだいたいどれくらいの人が死んだり入院したりするかを予想して、それに見合った保険料を集める。でも、結果的に死んだ人や入院した人が予想より少なかったら、払う保険料は少なくて済む。想定した保険料と、払った保険金との差が、危険差益。

図表4－1　大手3社合計の年間の危険差益（保険金の支払予定額と実際の支払いの差）は1兆円規模

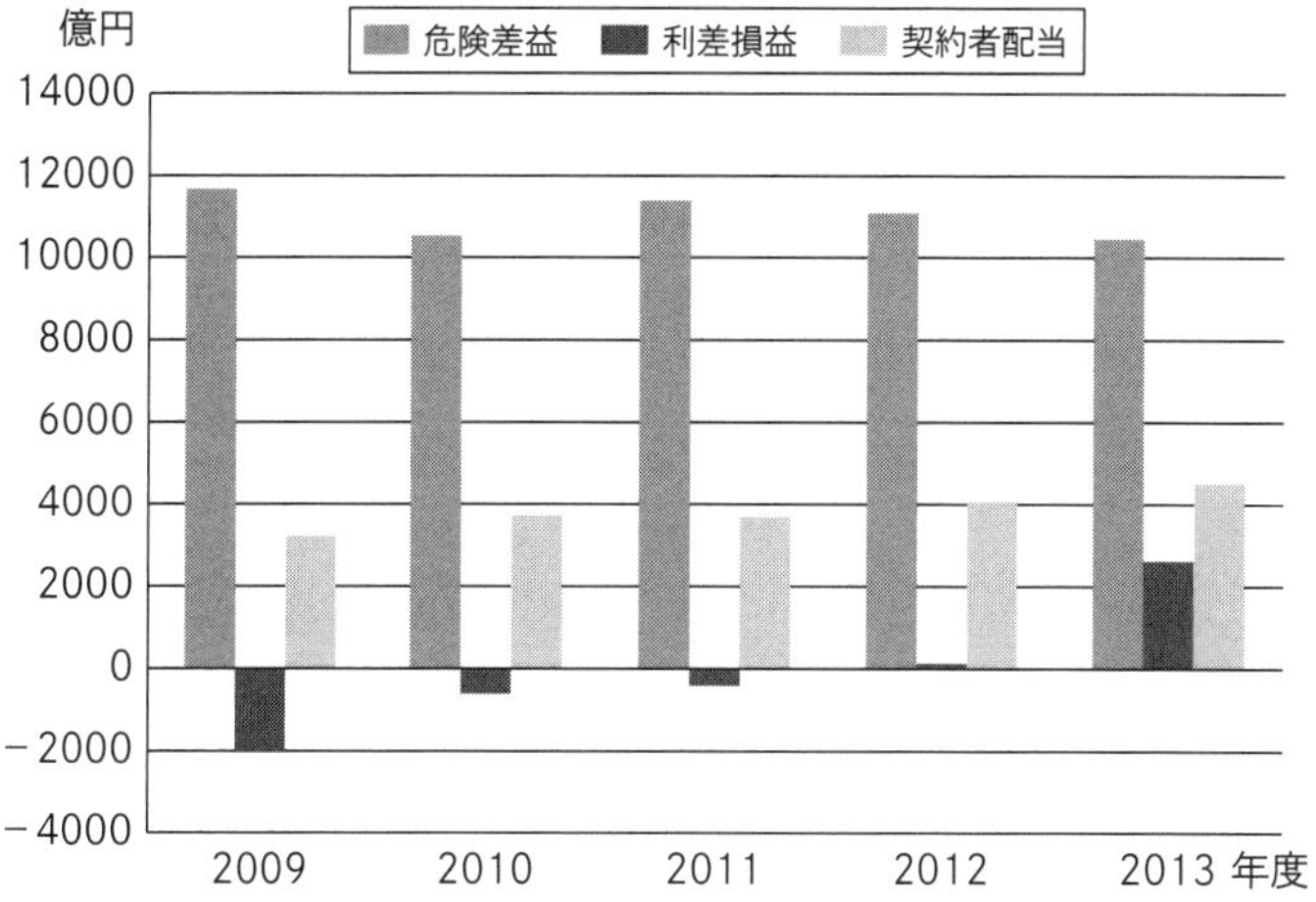

ハナ　その危険差益がすごく大きくて、それが毎年続いているということは……、保険料を高く集めすぎってこと？

老後博士　そう。第1の「謎」はこの巨額さに関して。実は生命保険会社が保険料を決めるときには「標準生命表」っていう共通のデータを基準にしている。この数字が、保険会社が実際の支払いより多く保険料を集められるように有利にできているんだ。

ハナ　えっ、よくわからない。

老後博士　図表4－2は、厚生労働省発表の日本人の死亡率と、保険各社が保険料設定に共通に使う標準生命表（男性）。死亡保険向けは生命保険用の死亡率が、厚労省発表の実際の死亡率より高いよね。実際より多く亡くなる前提なので、保険料が高くなる。逆に医療・年金保険は厚労省の数字より死亡率が低い。その分長生

図表4－2　死亡率の前提（％）には余裕が見込まれている

	厚生労働省発表の死亡率	生命保険用の死亡率		
		死亡保険用	年金開始後用	医療保険用
30歳	0.064	0.086	—	0.04
40歳	0.115	0.148	—	0.08
50歳	0.297	0.365	—	0.259
60歳	0.757	0.834	0.642	0.658

実際より多く死ぬ前提
＝多めの保険料

実際より少なく死ぬ前提
＝多めの保険料

きして保険金を払い続ける前提なので、やはり保険料は高くなる。この実際の死亡率との差が巨額の危険差益を生んでいる。

ハナ　なんでそんな、保険料が高くなる仕組みに？

老後博士　保険会社の経営が危うくなって支払いが滞ると、困るのは契約者。だから経営の健全度を守るために一定の「安全余裕率」を持たせる仕組み、つまり危険差益が生じるような前提の数字にしているんだ。

ハナ　仕方がないってこと？

老後博士　ただし、日本は危険差益があまりに巨額すぎるのではという議論も出始めている。

ハナ　取りすぎがわかったら後で返せばいいのでは。

老後博士　仕組み上はそうなっている。保険料を多めにもらっていても、実際に支払いが少なければ差を契約者に返すという仕組みがある。これを契約者配当という。取りすぎたお金をきちんと返すなら、仕組みとしては合理的。

ハナ　そのへんはどうなんですか？

老後博士　配当額は、2013年度決算では3社合計で約

4500億円。危険差益よりはるかに少ない額になっている。

ハナ　なんかずるくないですか？

老後博士　保険会社はこれまでも配当を抑えてきた。保険会社の主な利益には危険差益のほか、契約者に約束した運用利回りと実際の利回りの差である「利差損益」などがある。利差損益はマイナス（いわゆる逆ザヤ）の時期が長かったので、あまり配当を出せなかった。でも12年度決算では利差損益はプラスに転じ、13年度決算はさらに巨額なプラスになっている（図表4－1）。

ハナ　じゃあ、もっと配当を出せるじゃないですか。

老後博士　保険会社の経営の健全性に対する行政の監督も厳しくなっているので、各社ともなるべく内部にお金を置いておきたいと思っているし、少子高齢化で国内の契約者が減っていくことに対応するため、海外進出のお金も必要。なかなか契約者配当を一挙に積み増すのは難しいのかもしれない。

ハナ　お役所は、取りすぎた分をちゃんと返せって指導しないの？

老後博士　多くの大手保険は、お互いに契約者が助け合う仕組みという建前の「相互会社」という形態になっている。だから、多くもらいすぎた保険料は契約者に配当で返すというのが本来のあり方。実は、かつては剰余金の90％以上を配当にするという規制があったんだけど、1996年にそれが80％以上に下がり、2002年には20％以上でよくなった。つまり、あまり返さなくてもよくなったってわけ。

ハナ　な、なんでそんなことに。

老後博士　金融危機後の2000年前後に、中堅保険会社の経営破綻が相次いだ。それで、保険会社の経営を守るために規制が緩められた。今は、経済は危機的な状況じゃなくなったけど、保険会社の配当をめぐる規制は緩められたまま、ってこと。しかも、株式会社の仕組みを選んでいる保険会社には契約者に対する配当の規制自体がない。

ハナ　契約者は高い保険料を取られっぱなしってこと？

老後博士　現状がそうなっている以上、契約者側もまず「保険料はそもそも高くなりがち」であることを理解することが大切だね。そして「割高な商品を多く買わない」というのは老後貧乏を防ぐ鉄則だ。

ハナ　でもやっぱり保険がないと不安。

老後博士　社会保険労務士の小野猛さんは**「保険を考えるうえで最優先なのは、社会保障制度と会社の福利厚生制度を知ること」**と指摘するよ。例えば会社員の夫が死亡時までの平均年収が480万円で妻と子供が1人の場合、子供が18歳まで、遺族厚生年金と遺族基礎年金を合わせて年に150万円前後が給付される。会社の死亡退職金や弔慰金などが数千万円に達するケースもある。すると**民間の死亡生命保険は意外に少なくてすむかもしれない。**

ハナ　自営業者は？

老後博士　自営業者は遺族基礎年金だけなので、妻と子供が1人なら18歳まで年に100万円前後の遺族基礎年金が出るだけ。しかも子供がいない妻は遺族年金がない。つまり**自営業者は民間の生命保険で保障を多めにする必要がある**ということ。**このように、自分の仕事や家族の状況次第で社会保障給付は大違いで、その結果、必要な保障額は変わってくる。**

保険料の格差は会社や商品により2・8倍にも

ハナ　社会保障と会社の福利厚生を調べたうえで、保険が欲しいときは？

老後博士　保険料には、会社によりかなりの差がある。例えば30歳男性で大手の有配当の死亡定期保険と、割安な生命保険では、2・8倍の差がある（図表4－3）。同じ標準生命表を使っているのに、なぜ保険料に大差が出るのか。これが第2の謎。

ハナ　え、そんなに違うんですか？

老後博士　保険料は保険金の支払いに備える**「純保険料」**と、経費などになる**付加保険料**で構成される。純保険料は、通常の死亡定期保険ではどの社もほぼ同じ水準。同じ日本人なので、理屈のうえでは、どこかの保険会社の客だけ多く死ぬということはないから。

ハナ　大手に比べネット生保の保険料が割安になる理由は、付加保険料の違い（図表4－4）にあるってことですか？

図表4－3　男性10年定期保険3000万円の月払い保険料（円）には大差

	大手生保A社（有配当）	ライフネット	アクサダイレクト	楽天生命ラブ	非喫煙健康体（メットライフ）	非喫煙健康体（チューリッヒ）
30歳	7,140	3,190	3,450	3,420	2,820	2,580
40歳	10,830	6,622	7,020	6,780	4,800	4,590
50歳	20,250	15,679	16,230	15,450	10,980	11,220

図表4－4　定期死亡保険、価格差の「謎」は

＊保険料は30歳男性。dの純保険料の比率はイメージ

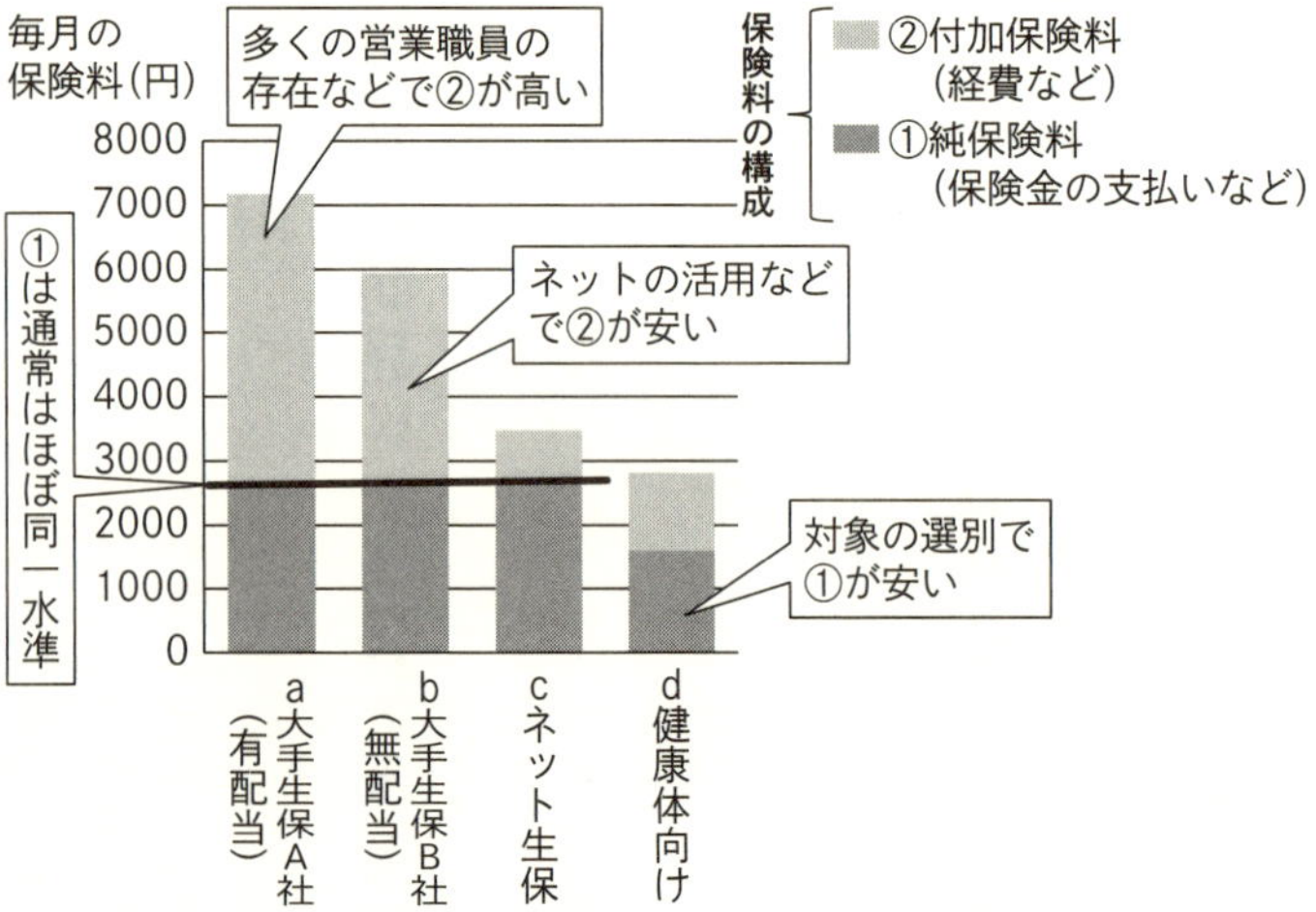

老後博士　そう。大手は営業員の人件費や営業所の維持費用などがかかるので、付加保険料が高くなる。逆に言えば、死亡保障でもらえる金額は同じなのに、大手の保険では保険会社のコストの分だけ契約者は多く払っているということ。

ハナ　さっき、配当の話が出ましたよね。大手は配当の出る保険が多いので、保険料を比べるときは考慮すべきじゃない？

老後博士　意外に鋭いね。

配当は商品や契約年で千差万別だけど、個人契約保

険では保険料の数％から10％前後のものが多い。逆に言うと、それくらいしかない。だから配当を考慮した実質で比べても、無配当のネット生保が安い状況は変わらないよ。

ハナ　じゃあ、ネット保険の人気は高まっているんですか？

老後博士　ネット生保の保険料収入の市場シェアは、ライフネットとアクサダイレクト生命保険の合計で1％未満。3つめの謎は、保険料が安いのにシェアが高まっていないこと。

ハナ　……なぜ？

老後博士　小さい会社は、つぶれたら怖い、というイメージがあるのかもしれないね。ただし生保の経営の健全性を示す「ソルベンシー・マージン比率」という指標があるんだけど、ネット各社はいずれも高水準。それに、そもそも生保の破綻時は別の会社か保険契約者保護機構が保険を引き継ぐ決まりがある。その際、ネット生保が主力とする「定期保険」は仕組み上、ほとんど減額されない。「ネット生保は規模が小さいからつぶれやすそう。つぶれたら損をしそう」というイメージは、2つとも基本的に間違っているんじゃないかな。

割安な「非喫煙健康体」を最優先

ハナ　図表4－3を見ると「非喫煙」というのはさらに割安ですね

老後博士　第4の謎は、メットライフやチューリッヒ生命の「非喫煙健康体」保険の安さについて。たばこを吸わず血圧が一定の範囲内などの条件を満たせば入れる保険だ。「非喫煙健康体に切り替えて保険料が半分になった」と話す人も多くいるよ。

ハナ　どうして安いの？

老後博士　非喫煙健康体の安さは、保険金の支払いにあてる保険料、つまり純保険料そのものが安くすむことから発生している。健康な非喫煙者などに限定するので死亡率が低いから。さっき、純保険料はどこの会社もほぼ一定、と言ったけど、それは保険全体の話。非喫煙健康体のように、健康な人だけを対象にするなら、純保険料は安くできるわけ。

ハナ　非喫煙健康体って基準が難しそう

老後博士　会社にもよるけど、例えばチューリッヒ生命の場合、①過去1年間喫煙をしていない、②血圧が最高120ミリ未満、最低80ミリ未満の間、というのが基本的な条件。

ハナ　私なら大丈夫だわ。

老後博士　ここから言えることは、定期保険で値段を重視する場合は、①非喫煙者で健康な人は、まず割安な「非喫煙健康体」の分野で探してみる、②そうでなければ一般的な人が入れる保険のなかでネット生保を含めて割安な会社を探してみる——という順序がいいんじゃないかな。

ハナ　保険って、そうやって選ばないで普通に買えば高いってのは、他の国でも同じなの？

老後博士　そうでもないみたい。米国日本生命保険の元副社長だった橋爪健人氏は著書『日本人が保険で損する仕組み』のなかで、米国の生命保険は喫煙、非喫煙などリスク別の価格設定がきちんとされているうえで、「全体としてみても生命保険料は日本のざっと半額程度」と指摘している。その理由として「元値が高い」「手数料が高い」「リスクの細分化が不十分」であることをあげているよ。

ハナ　「元値が高い」ってのは、さっき話を聞いた、実際の死亡率より高く死ぬ前提で保険料を決めていることが原因？

老後博士　どこの国でも保険会社の経営のために、ある程度の余裕は見込むだろうけど、日本はそれがやや高すぎるのかもしれないね。

ハナ　ほかにお得な選び方は？

老後博士　死亡保険と医療保険がセットになっている「共済」という仕組みがある。「こくみん共済」とか「都道府県共済」とか。組合員が助け合うという仕組みの組織で、非営利だし宣伝などの経費も抑えているので割安なことが知られていた。本来はやはり助け合いの組織である民間大手生保の相互会社が、今ではどうも会社の儲けが優先されるようになっているなかで、共済は本来の相互扶助の仕組みが残っている組織だ。

ハナ　いい感じ。

老後博士　最近は安いネット生保が出てきたので、保険料に関して共済の優位性が薄れたとも言われる。でも知っておきたいのは、**共済は保険料が全年齢一律の仕組みが多いこと**。年齢が上が

図表4－5　必要保障額は時間の経過とともに減っていく

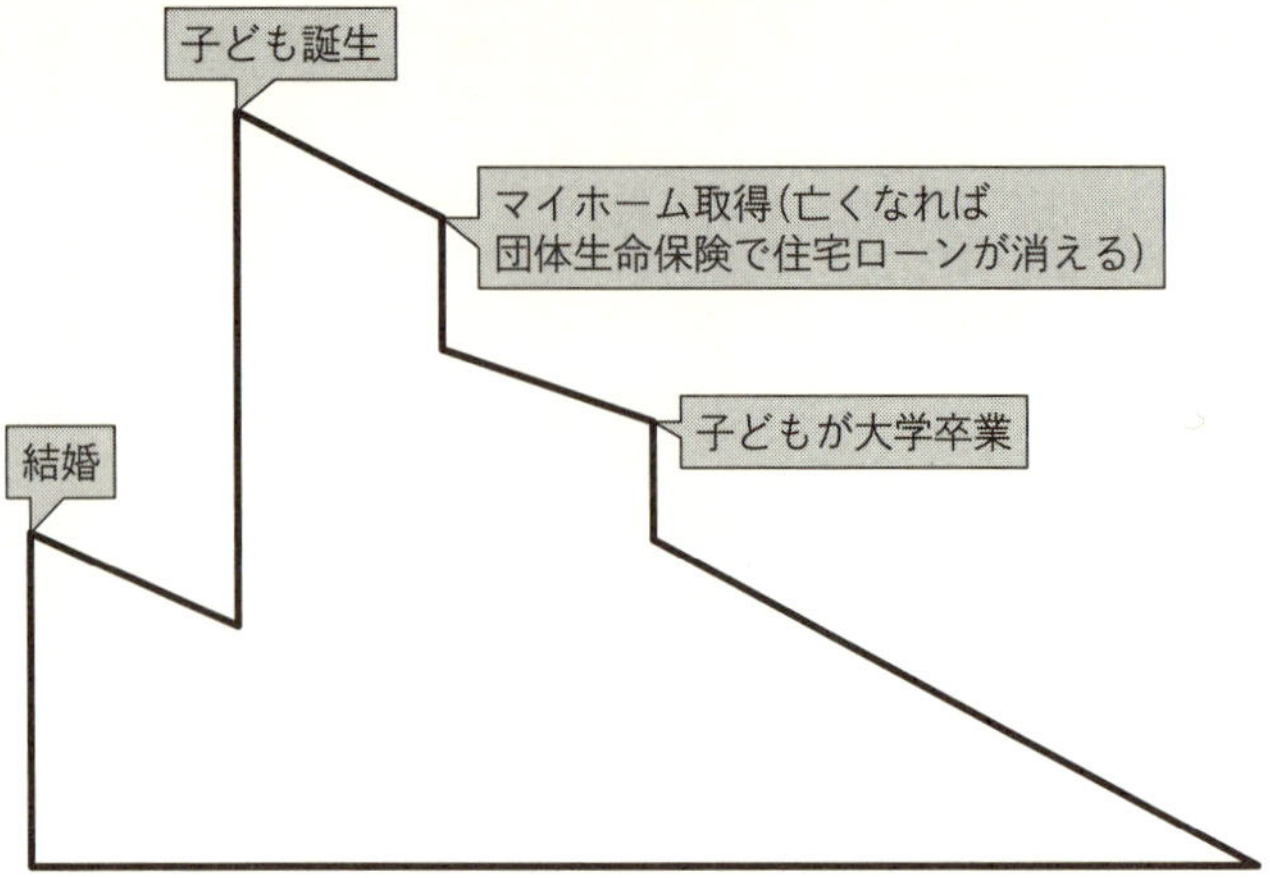

ると、ネット生保でも結構保険料が上がるんだけど、共済なら若い年齢と一律。つまり45～50歳以上なら、共済のほうがネット生保より安くなるケースも結構ある。ただし共済は、保障額はあまり大きくないので、共済とネット生保を組み合わせて使うとか、いろいろ考えてみるといいんじゃないかな。

ハナ　ときどき「団体保険がいい」という言葉も聞きます。

老後博士　その通り。**団体保険は勤務先の会社や団体ごとに入る保険で、安さが目立つ。**まとめて事務手続きができるため付加保険料が低いし、1年ごとの更新なので毎年余った分を配当で返してくれやすい。ただ、保険料は会社や団体の規模で千差万別。構成員が少ないと上がりがちで、100人規模ならネット生保より高めになるケースもある。自分の会社の団体保険をよく検討してみよう。

ハナ　ところで、うちの父が入っている「定期付き終身保険」という保険の保険料がもうすぐ大幅に上がるって心配していたわ。

老後博士　「定期付き終身」は、いつ死んでも支払われる終身保険に、10年定期の死亡保障などが合体しているタイプだよね。このタイプの保険は、定期の更新期には定期部分の保険料が大きく上がる。

ハナ　どうすればいいの？

老後博士　保険見直しに動く場合、1つのやり方が、終身部分だけを残し、従来の定期部分を解約する。代わりにこれまで紹介したような、割安なネット定期や非喫煙健康体の定期に変えること。必要保障額を小さくすることも合わせ技で考えよう。図表4－5のように、子どもが大きくなっていくにつれて保険が必要な期間も残り少なくなっていくし、貯蓄も貯まっていくから、必要保障額は小さくなっていく。安い保険への乗り換えと必要保障額の適正化で、保険料を小さくできるよ。必要保障額が時間の経過で下がっていく仕組みは図を見てね。

収入保障保険は自動的に保障が減額

ハナ　自分で保障額を下げていくのって面倒くさいな。

老後博士　そういう人は収入保障保険を考える手もある。これは、仮に夫が亡くなった後、残さ

図表4－6　月額15万円受給の収入保障保険に入れば……

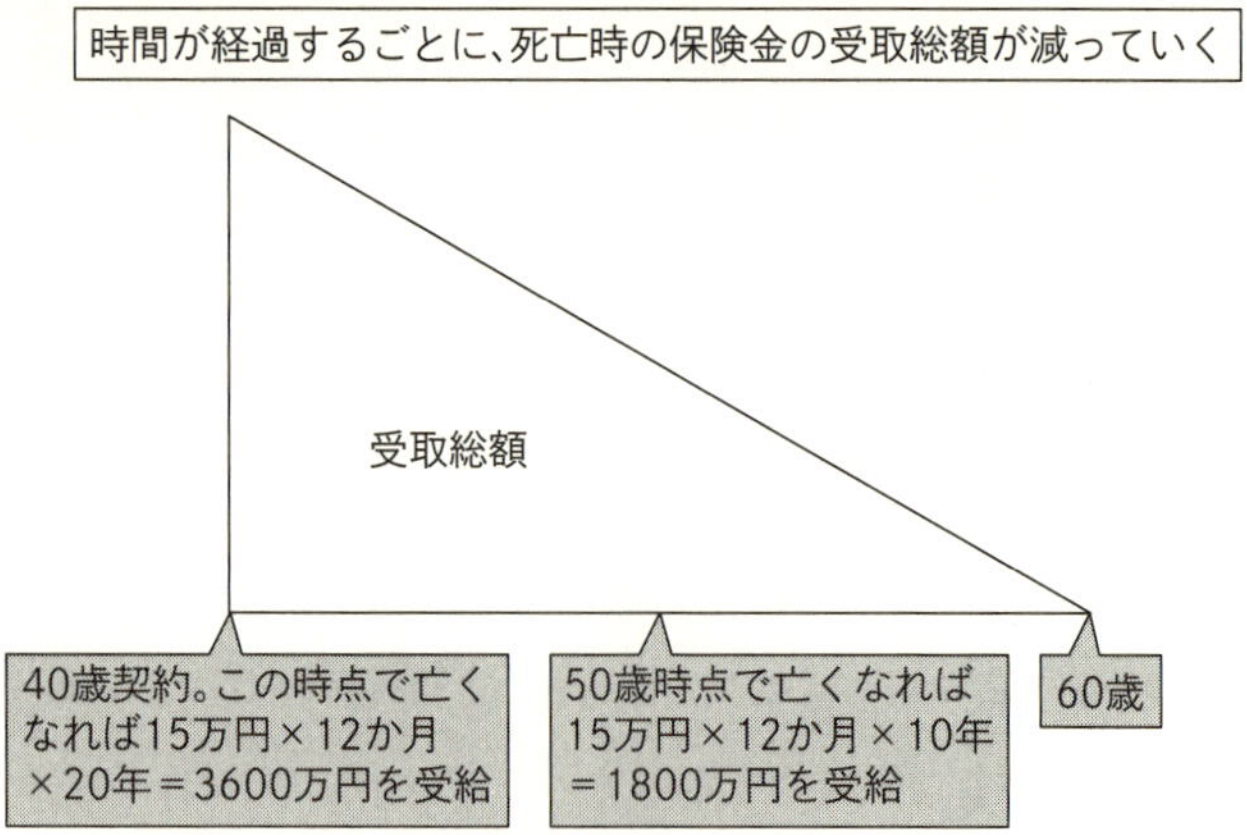
時間が経過するごとに、死亡時の保険金の受取総額が減っていく
受取総額
40歳契約。この時点で亡くなれば15万円×12か月×20年＝3600万円を受給
50歳時点で亡くなれば15万円×12か月×10年＝1800万円を受給
60歳

図表4－7　収入保障保険の毎月の保険料は？
（円、40歳男性、60歳満了、月額15万円）

	カチッと収入保障2（アクサダイレクト）	家族を支える保険Keep（オリックス）	家族のお守り（損保ジャパン日本興亜ひまわり）	収入保障保険プレミアム（チューリッヒ）
標準体	4,650	4,680	5,700	5,730
非喫煙健康体	―	―	3,960	3,540

れた妻が例えば毎月15万円ずつを保険期間の満了まで受け取る仕組みの保険。60歳満了の人が40歳で亡くなると、受取総額は15万円×12か月×20年で３６００万円。でも、50歳で亡くなるとあと10年しかないから、受取総額は15万円×12か月×10年で１８００万円。つまり夫が亡くなる年齢が遅いほど、遺族が受け取る保険金総額が小さくなる。子供も成長していくにつれて、保険金が必要な時間が短くなる。だから受取総額も減っていいという考え方。

ハナ　さっきの必要保障額の

図と同じように、右肩下がりになるのね。

老後博士　保険会社にとっては、いつ亡くなっても同じ金額を払わなくてはならない通常の保険より支払額を抑えられるから、収入保障保険は保険料も安くなりやすい（図表4－6）。非喫煙健康体向けの収入保障保険ならさらに安くなる商品が多いよ（図表4－7）。ちなみに「家族のお守り」は5年ごとに保険料が5％ずつ低減していくうれしい仕組みもある。

ハナ　収入保障って結構合理的な感じのする保険ね。

老後博士　ただし、収入保障保険は、保険会社にとって支払額を抑えられるという仕組みの有利さを考えたら、実は本来、さらに保険料を下げられるはずだという声も多い。保険会社にはもっとがんばって欲しいところだよ。

終身部分の見直しの裏ワザ、高い利回りを維持しながら支払いをやめる「払い済み」

ハナ　保険の見直しで定期部分は様々な割安な保険に変えるとして、終身部分はどうするの？

老後博士　終身の保険料は一定なので更新期も変わらないし、特に1990年代までに契約したような予定利率の高かった「お宝保険」は、原則残すべきじゃないかな。注意すべきなのは、定期の更新期、大手生保の営業員は「転換」というやり方をすすめがちなこと。これは終身部分も

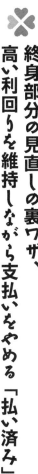

解約して同じ保険会社の新しい保険にまるごと入り直す手法。保険会社にとっては、過去の高い利率の保険をデリートできて「利差損」の解消につながるけど、客にとってはせっかくの「お宝保険」が消えてしまうので、避けたほうがいいケースが大半だ。

ハナ　友人の父親で、転換で同じ保険会社の保険に入り直したら、保険料が安くなったって言ってましたよ？

老後博士　実は「転換」では、保険会社は保険料を基にそれまで積み立ててきた責任準備金を、転換後の保険料に充てることで、安くしていることが多いんだ。責任準備金は、解約すればそこで返してくれる解約返戻金に近い金額。いわば、本来は自分に返ってくるお金で、自分の転換後の保険料を補てんしているだけなんだ。

ハナ　なんだ、もともと自分のお金なんだ。

老後博士　そう。だから責任準備金がなくなれば、転換後の保険料は大きく上がる。ファイナンシャルプランナー（FP）の岩城みずほ氏は「最近相談にきた30代の男性も、親が過去に契約してくれた有利な保険を4年前に転換。転換後の保険料が安く見えたため不必要な特約をたくさん上積みしていた。こうした例を数多く見ます」と心配しているよ。転換では特約の医療保障が新しくなるなど細かな利点が営業職員によってアピールされるけど、予定利率が高い保険の転換はデメリットのほうがずっと大きいのが実情だ。

ハナ　転換で過去の高い予定利率の保険が消えると、確かに保険会社には有利ね。

図表4－8　予定利率が高いときの保険料は、保険料が少なくてすむ

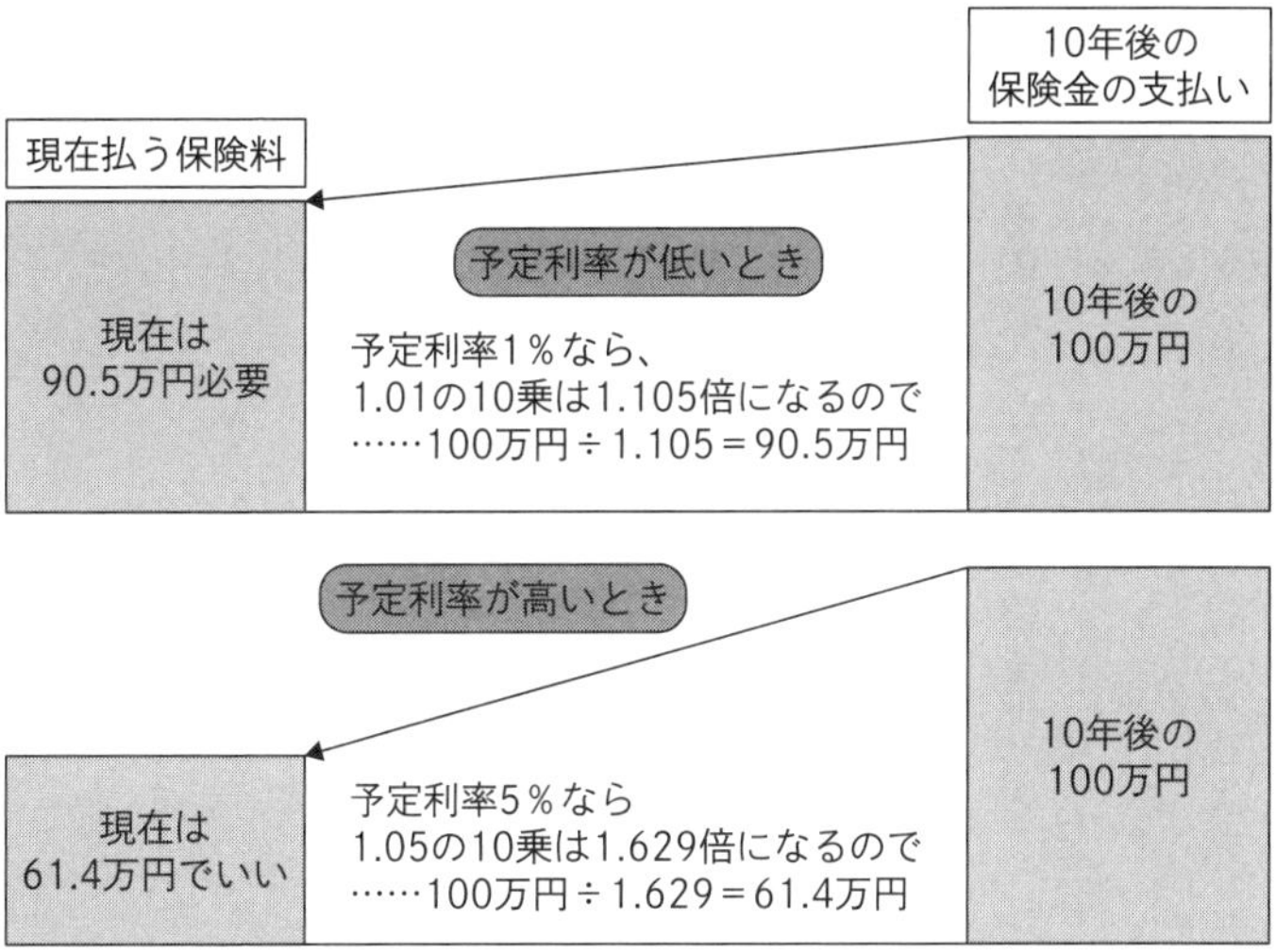

老後博士　生保経営を圧迫してきた「逆ザヤ」（予定利率より運用利回りが低い状態）は２０１３年度、主要生保の多くで解消した。運用環境の好転に加え、既存契約者の保有契約の平均予定利率が00年度の３・６％から12年度では２・６％へ下がり続けたことも生保各社の負担を軽くした。ここ数年も、契約の増加額の半分程度を転換で得ている大手生保が目立つ。これが既存契約の平均予定利率低下の一因となった可能性もあるよ。

ハナ　「お宝」を解約して、今の低い利率で入り直すとどうなるの？

老後博士　払う保険料が割高になる。図表４－８を見て。下の図のように予定利率が高いときは運用で大きく増やすという前提で保険料を計算するので、客が払う保険料は低くてすむ。でも上の図のように予定利率が今のように低いときに入り直すと、運用で増やせないという前提なので保険料が高くなるんだ。

ハナ　お客にとって損ってわけね。不利な点は、きちんと説明されているのかしら。

老後博士　転換のデメリットを書いた書類などは渡すことになっているけど、口頭では説明しない営業員も多いらしい。そもそもお宝保険の場合は、本当に理解すればお客は転換に応じないはずなんだけどね。さらに言うと、大手生保の営業員の知識には、大きくバラツキがあって、営業員自身がデメリットを十分わかっていないこともありそうなんだ。**保険は生命保険協会の実施する試験に通れば営業ができるんだけど、実はこの合格率は例年100%に近い状態が続いている。**受ければ通る、ような状態。

ハナ　私が男性にアプローチしたら100%近く成功するのと同じね。

老後博士　……。保険の話ね。同じように高額の商品（マイホーム）を売る宅地建物取引主任者の試験の合格率が10%台なのに比べ、ちょっと基準が緩すぎるのではという指摘もあるよ。

ハナ　さっき見たような安い定期保険に乗り換えたいけど、転換せずに終身部分だけは残していたい場合はどうすればいいの？

老後博士　**選択肢になるのが終身部分を「払い済み」という保険に換える手法。払い済みは保険料の払い込みをやめ、解約返戻金を使って、その金額で買える終身保険などに切り替えること。解約ではなく切り替えなので、従来の予定利率が引き継がれる。**払い済みにすると通常、保障額は小さくなるので、足りない部分を割安な別会社の定期などで上積みする。

ハナ　払い済みなんて、聞いたことがなかったわ。
老後博士　ただし払い済みにすると通常、保障額は従来の終身保険より小さくなるほか、死亡定期特約、医療保険特約などの特約がなくなることも知っておこう。
ハナ　医療特約がなくなると自分で用意しなくちゃ、ですね。
老後博士　払い済みにした終身保険も解約返戻金は従来の予定利率のまま増えていく。医療費が必要になれば解約して返戻金をあててもいいよ。
ハナ　終身保険は、従来の契約を必ず残したほうがいいの？
老後博士　年齢が若くて予定利率がもともと低ければ、払い済みの意味はあまりない。保険料を減らしたければ、シンプルに全体を解約して割安な保険にまるごと乗り換える選択もある。
ハナ　新しく加入するのにおすすめの終身保険は？
老後博士　ソニー生命の「バリアブル　ライフ」（変額終身保険）は、予定利率がかなり高いので保険料が安い。投資信託での運用もでき、契約時に設定した保険金は保障されたまま、運用が成功すれば保険金が増加する。オリックス生命の「終身保険ＲＩＳＥ」やＡＩＧ富士の「Ｅ－終身」も割安だよ。
ハナ　保険って、実はいろいろな知識を持っていないと、怖いのね。
老後博士　死亡率、純保険料、付加保険料などの仕組みを知って賢く使うことが、日々の出費を減らし、老後資金を確保することにつながるよ。

100万円の医療費でも申請すれば自己負担は8万円強ですむ

ハナ　さっき、「払い済み」のところで医療保険の話がちらっと出たけど、安い医療保険を教えて。

老後博士　医療保険もネット専業などは安い。ただし、そもそも医療保険が本当に必要かには疑問も多いんだ。

ハナ　だって、ないと不安だわ。私も今は考えてないけど、将来は医療保険、入るかも。

老後博士　保険が本当に適しているのは「滅多に起きないが、起きたら経済的損失が非常に大きい」分野。例えば、一家の大黒柱の死亡、車の事故で人を死なせてしまう、火事や地震で家を失う場合など。確率が低いからこそ、1人ひとりの保険料の割に、該当する事故が起きたときに保障額を十分大きなものにできる。起きる確率が低いからこそ、払う金額に対して、いざというときにもらう金額の倍率（レバレッジ）が大きくできる。

ハナ　そうじゃない分野もあるの？

老後博士　例えば、何日か入院すればすむような通常の病気やケガなどはたくさんの人に起こりがちなので、保険会社はたくさんの人に幅広く保険金を支払わなければならない。この結果、1人当たりに払える金額は少なくなる。このように**「起きる確率が高いけれど起きても経済的な損**

失が限られているもの」に対する備えなどは、割高になりやすい保険でわざわざ対応する必要はなくて、基本的に貯蓄で備えるべきなんだ。

ハナ　ちょっと待って。病気でも、経済的な損失が大きいものがあるでしょ？　例えば心臓の病気などで高額な費用がかかり続けるとか、仕事を辞めざるを得なくなるとか。そういうものはやっぱり保険が必要では。

老後博士　実は、本当に医療費が高額になる場合は、すべての人を対象とする公的医療保険で、かなり補てんされる。その代償として月々、僕らはかなりの額の健康保険料を支払っている。僕らは、かなり保障の手厚い公的な医療保険に、すでに加入しているってことなんだ。まずは公的医療保険の仕組みを知って、それでも足りないと思う場合に、民間医療保険を考えるべきだよ。

ハナ　ピンときませんが。

老後博士　例えばガンの手術を受けて入院して、1か月に100万円の医療費がかかったとする。いくらお金を払わなきゃいけない？

ハナ　……ええと、普通病院は、3割負担だから、30万円ですよね。私、そんなお金、払えない。

老後博士　違う。その人の収入にもよるけど、普通の人なら100万円の医療費なら8万7430円でいい。窓口で30万円払った場合は、申請したら差額の21万2570円を還付してくれる。これを高額療養費制度っていう。申請先は自分が属する保険の窓口。自営業者などの国民健康保険なら市区町村だし、中小企業の従業員などが加入する全国健康保険協会（協会けんぽ）

図表4－9　100万円の医療費で窓口負担が30万円なら最終的な自己負担は？
（70歳未満で来年以降の年収が約370～770万円の場合）

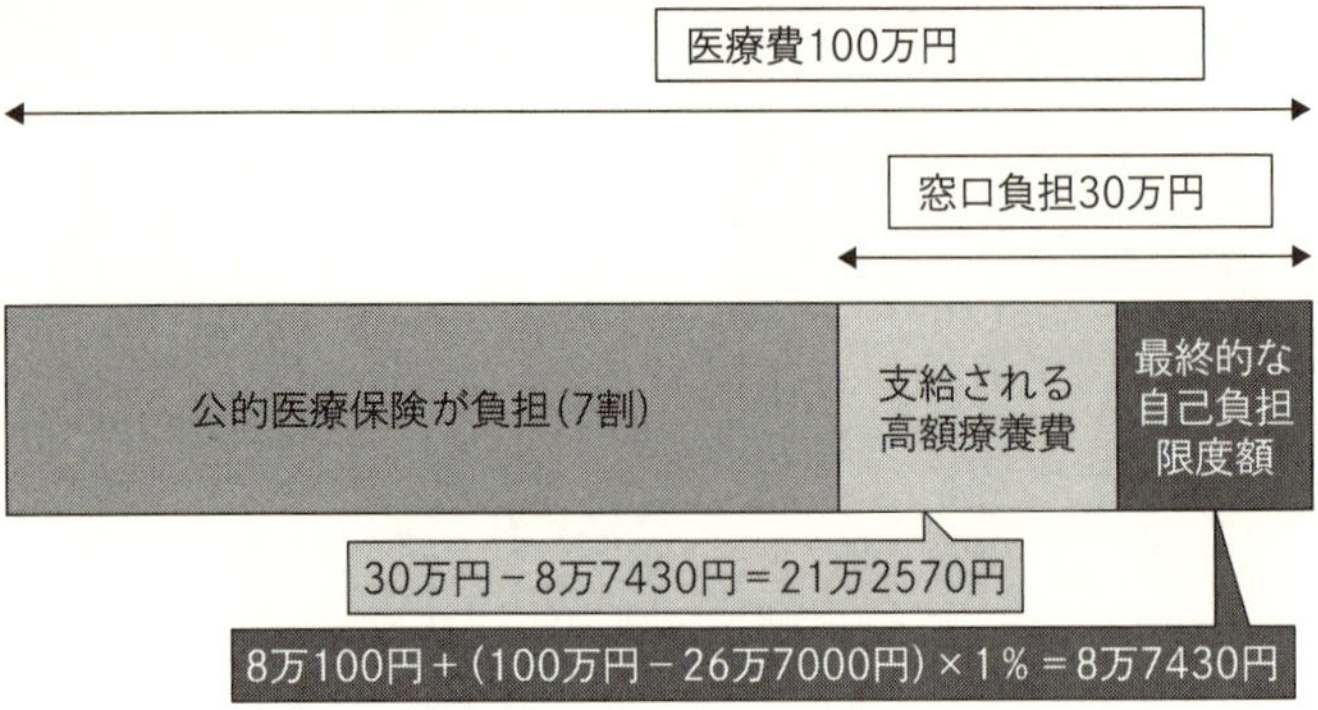

なら協会の各支部、主に大企業の従業員が加入している組合管掌健康保険なら、会社の健保組合。でも、**制度を知らずに申請しなかったら、2年で時効**になって1円も戻してくれないから要注意だよ。

ハナ　知らなかった。時間が過ぎ去ってから後悔してもどうしようもないのは恋と同じね。

老後博士　遠い目をして無関係なことを言わないように。

ハナ　でも限度額ってどう計算するの？

老後博士　計算式が図表4－10。2015年から収入の刻みが細分化された。さきほどの例は年収370万円から770万円のケース。この計算式のところに医療費のこの場合の前提である100万円を入れると、自己負担額の上限金額がわかる。

ハナ　医療費が高額になった場合の3割負担は、最初だけでいいのか。

老後博士　あらかじめ自分の保険の窓口で所得水準を示す「限度額適用認定証」というのをもらっていけば、最

図表4－10　高額療養費制度

収入	2015年からの最終的な自己負担限度額 （70歳未満のケース）◎は多数回該当の場合
年収約1160万円～	25万2600円＋（医療費－84万2000円）×1％ ◎14万100円
年収約770 ～1160万円	16万7400円＋（医療費－55万8000円）×1％ ◎9万3000円
年収約370 ～770万円	8万100円＋（医療費－26万7000円）×1％ ◎4万4400円
～年収約370万円	5万7600円 ◎4万4400円
住民税非課税	3万5400円 ◎2万4600円

初から窓口負担の3割ではなくて、上限額だけの支払いですますこともできるよ。

ハナ　でもこれって、1月ごとの上限額でしょ？　これが毎月続いたら、8万いくらだって大変。

老後博士　高額療養費の認定が過去12か月で3回以上あった場合、4回目からはさらに低くなる。さきほどの年収の例だと4万4400円だ。

ハナ　結構、保護が手厚いんですね。

老後博士　うん。この制度を知っておく必要性は次の2つ。1点目はもちろん、知らなくて申請しないと2年で時効になってもったいないこと。サラリーマンの健康保険は基本的に高額療養費制度が使えることを通知してくれるようになったけど、自営業者などが加入する市区町村の国民健康保険では、通知してくれるところとそうでないところとバラバラだよ。

ハナ　もう1点は？

老後博士　いざというときはこうした制度で守られてい

図表4－11　高額療養費制度（70歳未満の場合）のポイント

- ●毎月1日から月末まで、患者1人ごと、レセプトごと（病院ごと、一部の病院では診療科目ごと）に計算。入院と通院も別に計算（世帯合算の際は入院と通院も合算できる）
- ●差額ベッド代や高度先進医療など保険診療外の費用や入院時の食費などは対象外
- ●事前に「限度額適用認定証」を受けて提示すれば、自己負担限度額だけの支払ですむ。それがなければ、いったん窓口負担額を払い、後で申請して差額をもらう。
- ●世帯合算の特例に注意。同一世帯で1人、1か月、1レセプトあたり2万1000円以上の窓口負担額が2件以上ある場合は、もう一段の還付も（詳細は図表4-12）
- ●時効は2年

ることに気づかないと、実際には必要性が薄いかもしれない民間の医療保険に過剰に入ってしまい、保険料負担で老後資金が十分貯まらないケースがかなり見られること。逆に、この制度を知っていると、民間の医療保険の削減を考えるようになる。例えば、図表４－10の年収370万円以下の区分は、2014年までは１つ上の収入の区分と計算式が同じだったけど、15年から細分化されて低くなり、医療費が100万円だろうが200万円だろうが、一律5万7600円になった。僕の知り合いの会社員の女性（年収約350万円）は、この制度変更を知って「今かけている民間の医療保険はやめるつもり」と話しているよ。

ハナ　しつこいようだけど、自分だけでなく家族も病気になったら大変なので、やっぱり民間の医療保険がいるのでは。

老後博士　高額療養費はそんなとき、家族の分も合算して負担があまり増えないように配慮してくれている。入院費だけでなく、自分の通院費や家族の通院費も、1件あたりが2万1000円以上のものなら、医療費として合算できる。図表4－12の応用編の場合、例えば家族でa～dの入院通院があり、窓口負担（3割分）の合計額は39万6000円としよう。1件ごとに見ていくと対象はbだけに見えるけど、実はaもcも2万1000円を超えているので合算可能。合計で29万9570円が戻ってくる。

ハナ　すごい。でも自分で計算するの大変そう。

老後博士　自分で計算する必要はない。「複数の家族が高額の医療費を使いました」と言えば、公的保険の窓口が計算してくれる。高額療養費、世帯合算をまず知り、とにかく窓口で申請することが大事なんだ。

ハナ　高額療養費制度って頼りになるのね。知らないって、怖いことね。

老後博士　さらに知っておくべきは、特に大企業の社員が加入する健康保険組合の場合、この高額療養費制度に独自の上乗せ支給をしているところが多いこと。月に2万円か3万円を超えた部分は一切払わなくてよいという大企業も少なくない。こうした場合、民間の医療保険の加入の必要性はさらに減るだろうね。

ハナ　なんだか無敵の制度ですね

老後博士　そこまでは言い過ぎでは。……高額療養費制度にも使いづらい点もあるからね。ひとつは1か月（月初から月末）単位であること。例えば、ある会社員は月末に手術を受けて入院、

図表4－12　“応用編”の「世帯合算」も使いこなそう

例）夫と妻はともに70歳未満で所得は370万～770万円（病院では認定証を提示せず）

自己負担限度額の計算式……＊8万100円＋（医療費－26万7000円）×1％

夫　通院　a3万円支払い（医療費10万円の3割負担）

　　入院　b30万円支払い（医療費100万円の3割負担）

妻　通院　c6万円支払い（医療費20万円の3割負担）

子　通院　d6000円支払い（医療費2万円の3割負担）

さて、高額療養費の適用は？

〈第1段階〉a－dを個別にみると……

acdは適用なし……＊の式で算出する自己負担限度額より支払いが小さいため

bは適用あり……＊の式より、自己負担限度額＝8万100円＋（100万円－26万7000円）×1％＝8万7430円

戻ってくる金額は

……30万円－8万7430円＝21万2570円〈請求が必要〉

（注目！　認定証をあらかじめ提示しておけば、窓口での支払いは初めから8万7430円でOK）

〈第2段階〉世帯合算の特例（2万1000円以上の窓口負担額が同一世帯に2件以上あれば、合算して計算）を使う。

すると……abcは各2万1000円以上のため合算対象。dは2万1000円未満のため対象外

世帯合算の自己負担額は＊式より

8万100円＋（10万円＋100万円＋20万円－26万7000円）×1％＝9万430円

認定証なしの場合、これまで支払った金額は

3万円＋30万円＋6万円＝39万円

戻ってくる金額は

……39万円－9万430円＝29万9570円〈請求が必要〉

認定証ありの場合、これまで支払った金額は

3万円＋8万7430円＋6万円＝17万7430円

戻ってくる金額は

……17万7430円－9万430円＝8万7000円〈請求が必要〉

図表4－13　差額ベッド代を払わなくていい3か条とは

①料金を明示した同意書による患者の同意がない
……料金が明示されていない同意書だったり、十分な説明を受けていない場合などは払わなくてもいい。
②治療上の必要性があって差額の発生する病床に入った
……救急、手術後の患者など症状が重篤で安静を必要とする場合、免疫力が低下し感染症にかかるおそれがある場合、終末期の患者など
③病院の管理システムなど患者の選択によらず入った
……メチシリン耐性黄色ブドウ球菌（MRSA）などに感染し、主治医が院内感染を防ぐため実質的に患者の選択でなく入らせた場合など

（出所）厚労省の通知をもとに作成

翌月半ばまで入院したんだけど、医療費が2つの月にまたがってしまい、1月あたりの医療費が低くなり、高額療養費の還付対象にならなかった。もしも病院側の事情が可能なら、月末の入院は数日ずらして月初にしてもらったほうが高額療養費の還付には有効だよ。

ハナ　ほかにも注意点は？

老後博士　図表4－13でよく制度の仕組みをつかんでね。対象は健康保険適用の医療費だけ。例えば個室に入ったときに付加される差額ベッド代や食事代などは計算の対象外なんだ。

ハナ　えっ、差額ベッド代って結構かかるんじゃないですか？　それが高額療養費の対象外なら、やっぱり差額ベッド代のためには保険が必要では。

老後博士　差額ベッドは、個室や環境の良い部屋に入院した場合、上乗せされる料金で、医療機関が自由に設定できる。通常の医療費だと窓口負担は3割だけど、差額ベッド代は保険が適用されず全額自己負担。高額療養費の適用もない。ただし差額ベッドが請求されるベッドの割合は、全体の約2割（株式会社、ケアレビュー調べ）で、大半は不要だよ。

ハナ　でも、重い病気だと必要になるんでしょ？

老後博士　ここで考えなくてはいけないことは、本当にその差額ベッド代を支払う義務があるかどうか。差額ベッドに関しては、病院から言われるままに払っている人が多いんだけど、実は厚生労働省は図表4－13のようなケースは請求できないと定め、通知で呼びかけている。

ハナ　患者の同意か……わたし、ろくに聞かずにすぐハイって言っちゃいそう。

老後博士　ちなみに、同意とは、差額ベッドについて十分に説明し、患者自身の選択によって金額を明示した同意書に署名することを言う。ろくに説明をしないでハンコを押させて、後から「あの書類に書いてあったでしょ」などと言われた場合は払わなくてもいい。突然倒れて意識不明の状態で集中治療のできる特別室で治療が続いた場合なども、当然不必要。

ハナ　でも、お医者さんに差額ベッド代は本来はいらないはずって、言いにくいですね。

老後博士　ＦＰの深田晶恵さんは「医療の話ではないので、医師や看護婦ではなく、病院の事務の人に相談したほうがいいし、そのほうがスジ」と言うよ。

70歳以上はさらに優遇。高齢者の民間医療保険は本当に必要？

ハナ　さっきは70歳以下の例だったけど、70歳以上ではどうなっているんですか？

老後博士　限度額算出の仕組みは70歳未満とは別で、70歳未満よりさらに安くすむ（図表4－14参照）。例えば、所得が高齢者の「一般」（標準報酬月額が28万円未満）の場合、同じ月の通院にかかった累計額のうち1万2000円（70歳未満と違って上限は一定）を超えた額は、申請すれば還付してくれる。1万2000円というハードルはそれほど高くなく、制度を使いこなす恩恵がさらに大きい。

ハナ　さらに入院もあったら？

老後博士　通院の自己負担上限と入院の窓口負担を足した額が4万4400円を超えれば、その分は払い戻してくれる。図表4－15の例だと、夫婦の医療費の合計が90万円。通院の最終的な自己負担は1万2000円の2人分で2万4000円。妻の入院の窓口負担が4万円だから、この段階での自己負担は計6万4000円。自己負担限度額は世帯単位で4万4400円だから、さらに1万9600円を払い戻してくれる。

ハナ　すごい。医療費が90万円なのに、最終的な自己負担の合計額は4万4400円ですむなん

図表4－14　高額療養費制度の最終的な自己負担限度額（70歳以上）

所得区分	通院（個人単位）	入院（世帯単位）
現役並み所得者（標準報酬月額28万円以上で窓口負担割合3割）	4万4400円	8万100円＋（医療費－26万7000円）×1％ ◎4万4400円
一般（現役並みまたは低所得以外）	1万2000円	4万4400円
低所得者	8000円	1万5000円－2万4600円

◎は多数回該当の場合

て。

老後博士　ちなみに70歳以上は、入院については所得を証明するような書類は不要で、最初から窓口で最終的な自己負担限度額だけ払えばいい。だけど、**通院や世帯合算、多数該当制度については70歳未満と同様に申請が必要。もしかすると、通院で月に1万2000円以上を払っている場合や、世帯合算で4万4400円を超えている場合、高額療養費制度が使えることを知らないまま還付を受けていない人も多そう**なので、知り合いの人がいれば教えてあげてね。

ハナ　後から気づいたらどうするの？

老後博士　過去に高額な医療費を支払った人は、これまで説明したような制度の恩恵を受けられないかどうか、加入している健康保険の窓口に聞いてみることが大事だよ。ただし時効は、70歳未満と同じで2年（診療を受けた月の翌月1日から計算）なので気をつけないとね。

ハナ　確かうちの祖父母が半年前、同じ月に入院や通院をしていたから、払い戻しをきちんと受けているか教えてあげよう。払い戻しがあれば、喜ばれてお小遣いもらえるかも。

図表4－15　70歳以上の自己負担限度額は？（所得が一般のケース）

夫・浩太さん(74歳)	妻・かおりさん(72歳)
通院20万円(1割負担2万円)	通院30万円(1割負担3万円) 入院40万円(1割負担4万円)

↓

通院の払い戻しは？
浩太さん　　2万円－1万2000円＝8000円
かおりさん　3万円－1万2000円＝1万8000円

↓

浩太さんとかおりさんの通院の自己負担限度額と入院の一部負担金を合計
1万2000円(浩太さん通院)＋1万2000円(かおりさん通院)
＋4万円(かおりさん入院)＝6万4000円

↓

世帯の自己負担限度額(通院＋入院)は4万4400円

6万4000円ー 4万4400円＝1万9600円

↓

払い戻し額合計

＝2万6000円＋1万9600円＝4万5600円

夫婦の医療費90万円

公的医療保険が最初から負担(9割)　81万円	支給される高額療養費 4万5600円	最終的な自己負担限度額 4万4400円

窓口負担１割の９万円

※2014年4月2日以降に70歳になった人の窓口負担は2割

老後博士　そういう打算は捨てよう。

ハナ　冗談ですってば。とにかくこういう制度を知ると、老後に医療保険が本当に必要か、考えちゃいますね。

老後博士　最初のほうでも言ったように、退職後も終身の医療保険に加入している人が増えている。保険料が1人5000円ずつでも夫婦で1万円。ただでさえ厳しい老後資金のなかから捻出するには小さい額ではない。本当に必要かどうか、そして、必要な場合も少しでも安くできないか考えたいね。

医療と介護を合算して、さらに割り引いてくれる「高額医療・高額介護合算制度」はおそらく誰も教えてくれない

ハナ　あ、1つ盲点が。

老後博士　何？

ハナ　最近は医療費じゃなくて、介護ですごくお金がかかる人が増えていますね。医療費と介護費がいっぺんにかかった場合、余計に大変。この点は何かお得な仕組みがないの？

老後博士　介護費も医療費と同じように、「高額介護サービス費」という制度で自己負担限度額が定められていて、高額になった場合はそれ以上払わなくていい。でも高額療養費や高額介護サ

図表4－16　高額医療・高額介護合算制度の自己負担限度額

（万円、カッコ内は2015年8月以降）

	70歳未満がいる世帯	70歳以上だけの世帯
年収約1160万円以上	176（212）	67
年収約770万～約1160万円	135（141）	
年収約370万～約770万円	67	
年収約370万円以下	63（60）	56
低所得者	34	19～31

図表4－17　高額医療・高額介護合算制度の仕組み

夫婦ともに73歳で年収300万円、同一保険加入の場合

＊金額はすべて年間

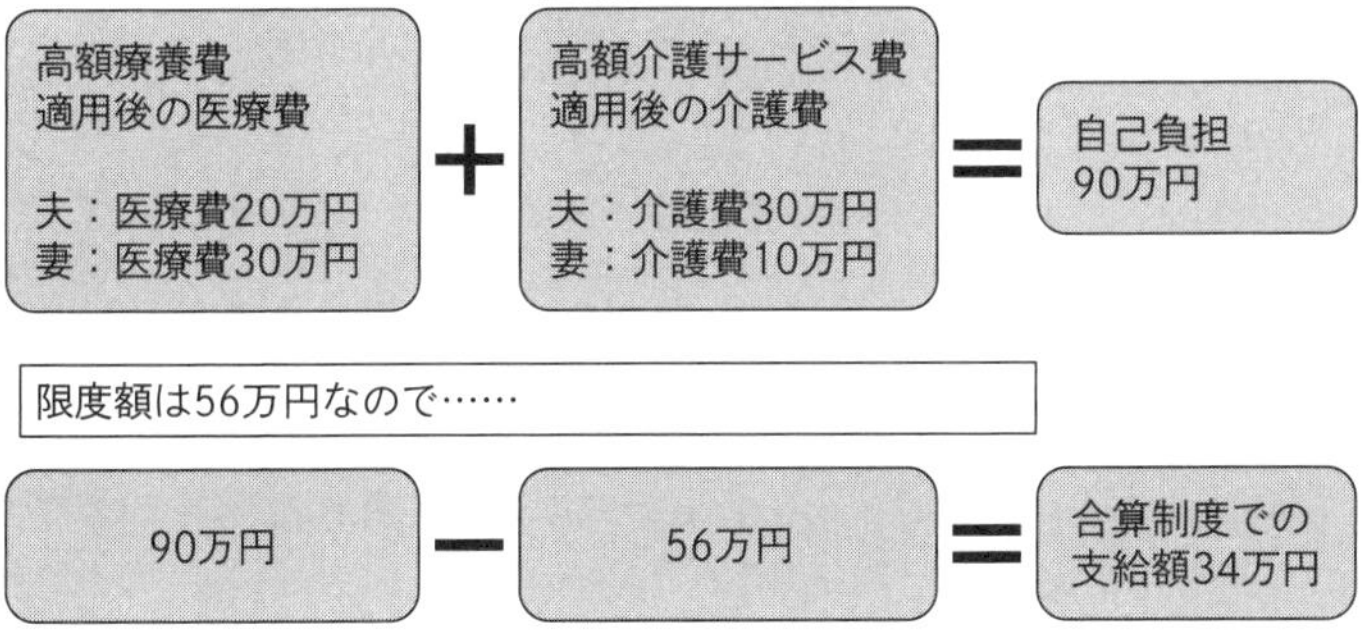

ービス費を使っても、合計で年間100万円近い多額の自己負担になってしまうことがある。

ハナ　まさに老後貧乏になっちゃう。

老後博士　でも**高額医療・高額介護合算制度っていうのがある。医療と介護の負担額の合計が一定の上限を超えれば超過分が還付されるんだ。**8月から翌年7月までの年間で判断する。合算制度の自己負担限度額は図表4－16を見てね。図表4－17でわかるように、夫と妻がともに73歳、年収300万円の例で見ると、世帯の医療費と介護費の自己負担の合計が90万円だった場

合も、高額医療・介護合算制度を使うとこの場合の上限は年56万円なので、差額の34万円が還付される。

ハナ　公的保険って、意外と頼りになるわ。ところでこの制度も、やっぱり時効が？

老後博士　そう、制度を知らずに申請しないと2年で還付が受けられなくなる。**大企業の会社員などが加入する健保組合などは、高額療養費については自動的に計算してくれることが多いけど、健保組合では介護費のことはわからないので合算制度を使えるか教えてはくれない。市区町村でも医療費と介護費の管理は基本的に別なので、合算すれば上限額を超えていることを教えてくれるのは基本的に難しいだろう。**

ハナ　これこそまさに、自分でしっかり制度を知って申請しないとダメってこと？

老後博士　医療費と介護費を両方わかってるのは基本的には自分だけ。適用になるかを自分で計算するのは難しいかもしれないけど、申請さえすれば窓口が計算して判定してくれる。世帯で医療費と介護費が多額になったと思ったら、介護保険の窓口で「自己負担額証明書」の交付を受け、健康保険の窓口に提出すると計算してくれるので、とりあえず申請してみるのがいいんじゃないかな。

平均入院日数は急速に短期化。医療保険の意義は薄れた

ハナ　医療費に関する公的な支援策はわかったけど、それでも、長く入院すると大変そう。

老後博士　医療保険は、基本的には入院の日数に応じて1日あたりの給付金が払われ、さらに1日あたり給付金の10～20倍程度の手術給付金が出るものが多い。要するに、入院日数が給付金に大きく影響する。だからまずは最新の厚生労働省の２０１３年患者調査でデータを見てみよう。図表４－18は入院日数の推移だよ。

ハナ　どんどん短期化してるのか。

老後博士　病気などで入院する一般病床の場合、平均入院日数はかつての40日が、最近では約17日。でも、これも一部の長期入院でかさ上げされている。さらに詳しく見ると、実際には２週間以内の入院が全体の65％だった。

ハナ　がんとか心筋梗塞とか脳梗塞とか、そういう重い病気なら？

老後博士　全体とそんなにかわらない。平均値をとるとごく一部のとても長いケースにひきずられるので、**全体の数の半分になる中央値を計算してみると、一般病床全体では8日で、がんは9日、脳梗塞は25日、心筋梗塞に至ってはわずか3日だった**（図表４－19）。

図表4－18　一般病床の平均在院日数は短縮傾向

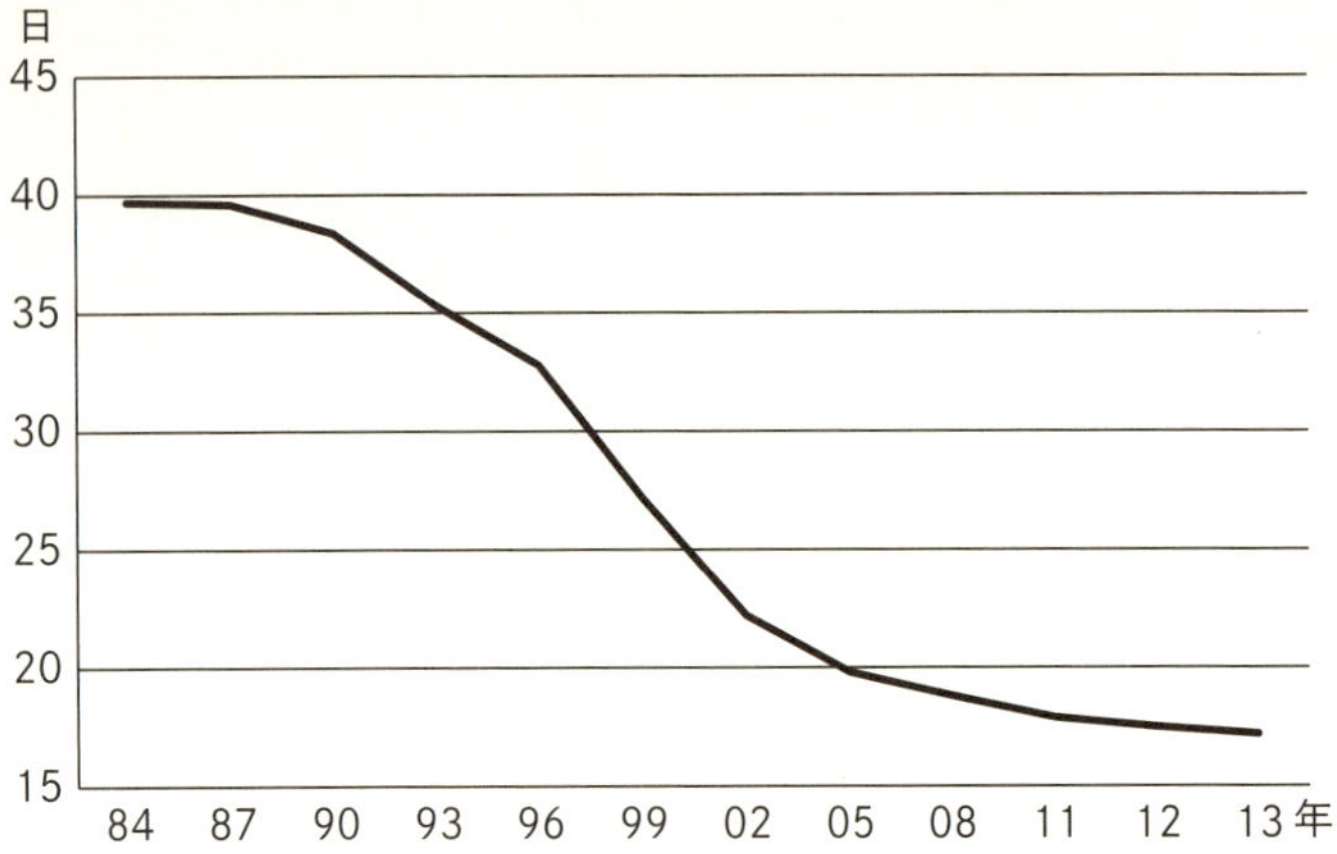

（出所）厚生労働省、病院報告（2013年）

ハナ　仮に1入院あたり入院日額1万円、手術給付金が10倍の医療保険に入っていて、万が一手術を要する入院という事態になっても、一般病床の平均では入院日額1万円×8＋10万円で20万円弱しか見込めないわけか。

老後博士　実際に医療保険の給付は、もらっても数十万円というケースが多く見られる。こうした金額であれば、貯金でまかなえるんじゃないかな。貯金なら、病気をしなくてもほかに使い道に制限がないので便利だよ。

ハナ　でも長くなる人もいるんでしょ？

老後博士　もう一度図表4－19を見て。がんでも2か月を超えるのは8％にすぎない。心筋梗塞はわずか1％。脳梗塞はやや高いけど、それでも3割だよ。こうした事実を知っておくと、「三大疾病保障」に入ることに疑問を持つようになる。

図表4－19　3大疾病の累計入院日数は？

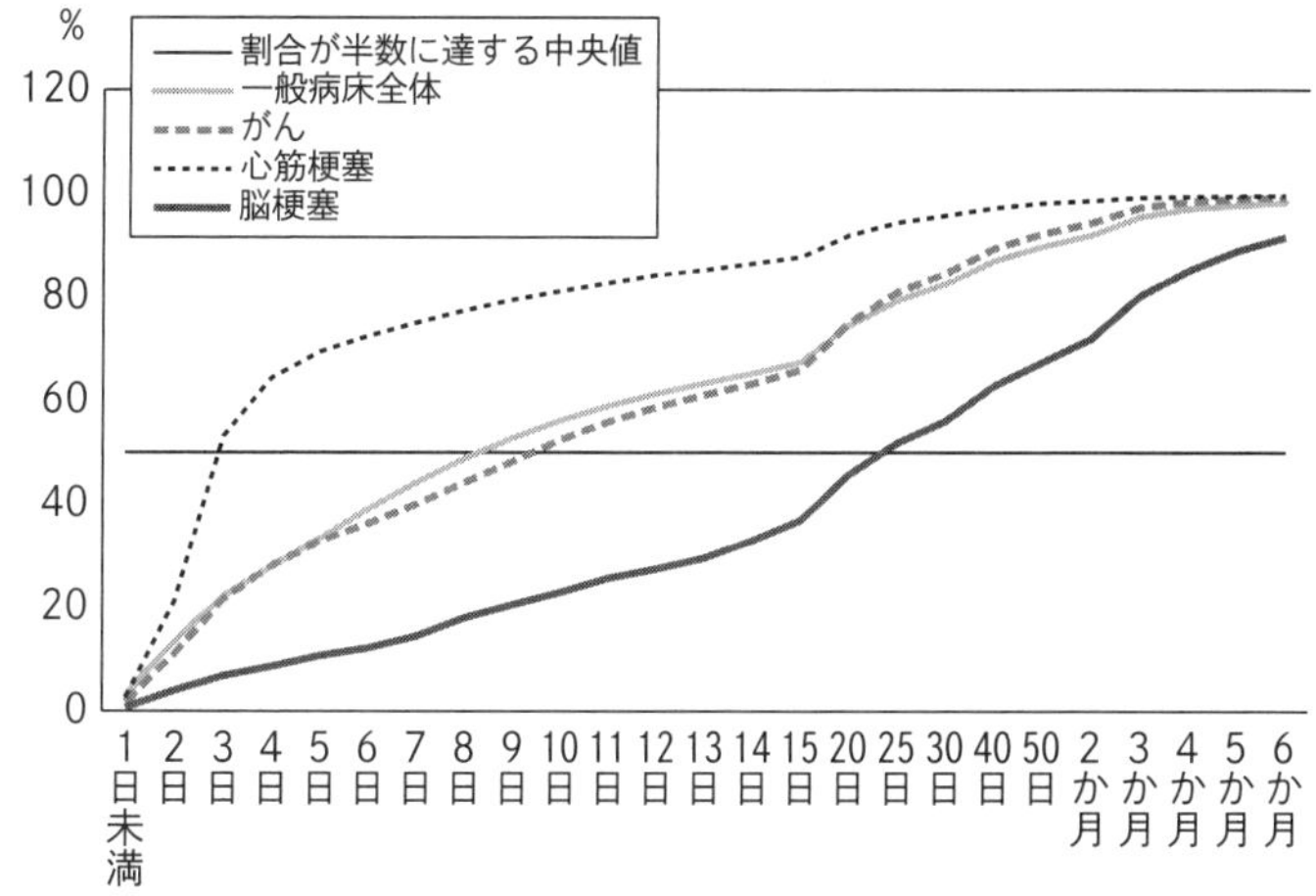

（出所）厚生労働省

ハナ　どういうこと？

老後博士　三大疾病保険って、いかにも安心そうに見えるけど、診断されただけで保険金をもらえるのはがんだけというタイプのものが多い。心筋梗塞と脳梗塞は、診断されただけじゃ保険金が下りないのが大半。「所定の状態」が60日以上続かないと保険金が出ないんだ。所定の状態というのは、例えば脳卒中の場合、「60日以上、言語障害、運動失調、麻痺等の他覚的な神経学的後遺症が継続したと、医師によって診断されたとき」などという厳しいもの。「所定の状態」は入院とは定義が違うけど、入院日数の短さを見る限り、「所定の状態」が60日続くというのはかなりレアなケースだと類推できる。

ハナ　つまりほとんど該当しないってこと？

老後博士　ＦＰの内藤真弓さんは「所属しているＦＰ事務所で、7～8人のＦＰが十数年間、

図表4－20　間隔が180日超あかないと1入院とみなされる！

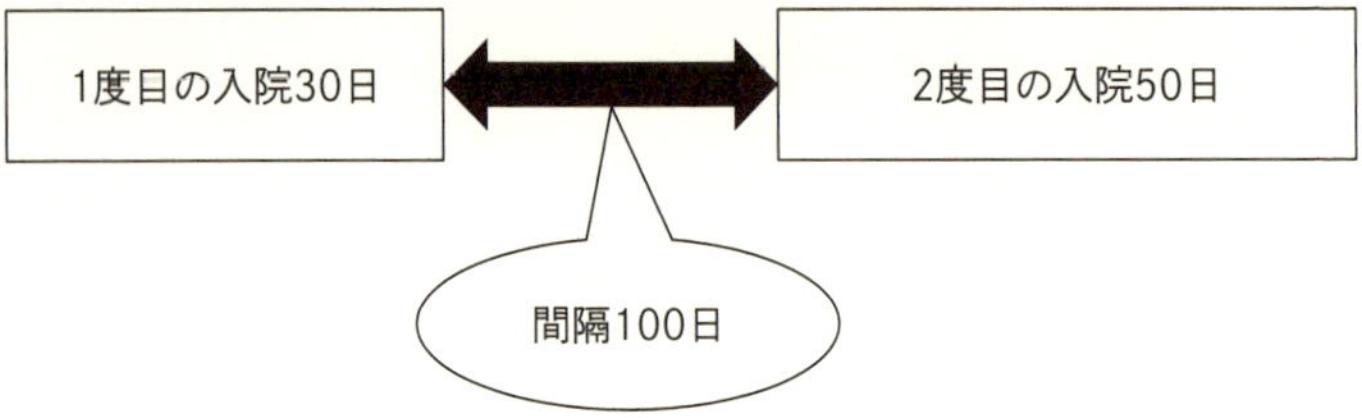

「60日型」なら2度目の入院の後半20日は給付されない

多くの顧客の保険見直しを担当してきた。でも、がん以外で給付が降りた例に出会ったのはＦＰの１人だけで、わずか１件」と話している。その割に保険料は結構高い。三大疾病保険に入るなら、がん保険に絞ったほうが割安だと思うよ。ただし最近の三大疾病保険では、がん以外も「60日しばり」がないものも一部出ている。その代わり手術が条件だったりするので、商品概要をよく確認したいね。

ハナ　保険って、知らないと怖いことが多いのね。でも自分が残り数パーセントの長期入院になるかもしれないし。

老後博士　そうなっても、普通の医療保険は役に立たないことが多い。

ハナ　え？

老後博士　ほとんどの医療保険は**無制限に給付が続くわけではなく、**「60日型」など１入院あたりの日数制限がある。例えば、１００日入院したとしても、加入した医療保険が60日型であれば、そこで給付は終わる。しかも医療保険には様々な制約がつけられている。例えば「１入院」の定義だけど、一度退院しても、１８０日以内に同じ病気でもう一度入院すると、それも１入院とみなされる。

ハナ　なんですって！

図表4－21　主な病気の治療概要（全日本病院協会のデータを一部用いて計算）

病名	医療費（円）	3割負担（円）	高額療養費適用後の自己負担限度額（円）
胃の悪性新生物	975,060	292,518	87,181
乳房の悪性新生物	764,830	229,449	85,078
急性心筋梗塞	1,867,300	560,190	96,103
肺炎	584,860	175,458	83,279
喘息	297,710	89,313	80,407
脳梗塞	1,596,280	478,884	93,393
糖尿病	633,470	190,041	83,765
大腿骨頸部骨折	1,951,600	585,480	96,946
胃潰瘍	732,570	219,771	84,756
狭心症	656,600	196,980	83,996
腎結石及び尿管結石	290,150	87,045	80,332
高額療養費は70歳未満で年収370万～770万円			

老後博士　「60日型」に加入していた場合を例に見てみよう（図表4－20）。例えば最初に30日入院し、退院100日後にまた同じ病気で50日入院した場合、間隔が180日に達していないので1入院とみなされるから、2度目の入院はそのうち30日分しか給付を受けられない。

ハナ　医療保険って、入ればそれで安心なのかと思ってた。

老後博士　さっき、医療保険は、もらえてもせいぜい数十万円にとどまることが大半と言ったのは、こういう仕組みだから。つまり**「終身医療保険に入れば生涯安心」は幻想**。最近、一部の三大疾病保険で入院日数無制限のものも出てきたけど、長期入院の可能性の低さに保険料が釣り合うかは真剣に考えたい。医療保険は終身払いにしている人が多い。老後の少ない収入のなかで、終身医療保険を払い続けている高齢夫婦世帯も多く、さらに老後資金を圧迫しているケースも目立つ。

ハナ　支払いが続くことを考えたら「生涯心配」かも。夫婦で月1万円として仮に30歳から95歳まで65年間で780万円も支払うなら、逆に入院しなくても何でも使える貯蓄を780万円持つほうが、いろいろな意味で安心かもしれないですね。

老後博士　図表4－21では比較的医療費が高額ないくつかの病気で実際にどれくらいのお金がかかるか、3割負担と高額療養費適用後の金額を計算してみた。通常は無理に医療保険に入っていなくてもまかなえる金額ではないかな。

がんになる確率は年齢や性別で大違い

ハナ　でもがんの場合、入院から通院へ治療の主体が切り替わって、通院でかなりお金がかかるって聞きます。そうなると、やっぱり保険がほしいわ。

老後博士　がん保険の場合も、やはりデータを知っておこう。図表4－22は年齢ごとのがんにかかる確率。よく「2人に1人はがんになる」と言われるけど、年齢や性別で大違いでしょ。ある程度こうしたデータを参考に保険を考えるのも手だよ。例えば40歳男性が10年間にがんにかかる確率は2％。ネット生保の割安ながん保険で診断されたら100万円が出るタイプで、月々の保

図表4－22　現在の年齢別、がんにかかる確率は?

現在の年齢	10年後	20年後	30年後	40年後	50年後	60年後	70年後	80年後	生涯
男性									
0歳	0.10%	0.20%	0.50%	0.90%	2%	8%	20%	40%	60%
10歳	0.10%	0.30%	0.80%	2%	7%	20%	40%		60%
20歳	0.20%	0.70%	2%	7%	20%	40%			60%
30歳	0.50%	2%	7%	20%	40%				61%
40歳	2%	7%	20%	40%					61%
50歳	5%	19%	40%						61%
60歳	15%	37%							61%
70歳	28%								58%
女性									
0歳	0.10%	0.20%	0.60%	2%	5%	10%	18%	28%	45%
10歳	0.10%	0.50%	2%	5%	10%	18%	28%		45%
20歳	0.40%	2%	5%	10%	18%	27%			45%
30歳	1%	5%	10%	17%	27%				45%
40歳	3%	9%	16%	26%					44%
50歳	6%	13%	24%						43%
60歳	8%	20%							40%
70歳	13%								35%

（出所）国立がん研究センター

険料は約１０００円だよ。10年の支払いなら12万円。

ハナ　期待値は１００万円×２％で２万円か。確率的には損だな。

老後博士　ただしハナちゃんが言った通り、通常の医療保険と違ってがん保険は１００万円以上のまとまった一時金が出るほか、入院日数の制限も原則ない。深刻な状態になることも多い病気だけに、親族にがんの人が多くて金銭面での安心がほしい人などは検討してもいいかもね。その場合も、さっきの表の確率を知っておくと、入り方のコツも見えてくる。

ハナ　コツですって？

老後博士　まず、がんは60歳以降、男性の罹患率が女性の2倍程度に急激に上がることを知っておこう。老後でお金に余裕がない場合は、男性を優先して契約するという選択もあるわけ。またがん保険では、会社によって男女の保険料が同じことがある。男性の罹患率が上がる60歳以上の場合は、男性は男女の保険料が同じ会社で契約したらお得になるよね。

ハナ　逆に高齢女性が、男女の保険料が同じ会社で契約したら損ね。おすすめがん保険は？

老後博士　ＡＩＧ富士生命の「がんベスト・ゴールドα」は２０１４年に値上げされたけど、まだ割安さは維持しているし、一時金がドンと出る仕組みのシンプルさが人気。メットライフ生命の「がん保険 GuardX」やオリックス生命の「がん保険 Believe」も保障内容からみて保険料が手頃だよ。ただし、「一時金にあたる１００万円を貯蓄か自腹でまかなえるようになっているのなら、がん保険に頼る必要は必ずしもない」（保険コンサルタントの後田亨さん）という指摘も頭に入れておこうね。

ハナ　今回、卒論の役にも立ったけど、自分が保険を考える参考にもなりそう。

老後博士　石油王と結婚できるなら、保険はいらないかもしれないけどね。

第5章

持ち家がいいか、賃貸が正解か 老後の住まいをどうする？

今は最後のチャンス？ 60歳時点でのローン残高を極力減らすのが老後貧乏回避のカギ

老後博士　ハナちゃん、今日は家の話をしよう。

ハナ　エッ！　家って、あの住むところのことですよね。まさかですけど、先輩、家庭を持つとか考えてるんですか？　まさか、ですよね。

老後博士　相手がいれば、すぐにでも考えるさ。

ハナ　いるわけないですもんね。

老後博士　……老後資金のことを考えるととても大事なテーマだから、ハナちゃんの論文の参考にもなると思って言ったんだけどな。

ハナ　はいはい。

老後博士　いきなり聞くけど、家を買うのが得か、借りるのが得か、っていう議論が長く続いている。ハナちゃんはどっち派？

ハナ　えっと、次元がちょっと違うっていうか。

老後博士　え？

ハナ　だって若き石油王と結婚するから、宮殿みたいな持ち家がある一方で、時期によってはドバイの超高層ホテルを転々としたりするでしょ？　あえて言えば両方？

老後博士　……帰るよ。

ハナ　最近冗談が通じないっすね。甘いもの足りなかったりしてません？

老後博士　ババロアくれる？

ハナ　子供ですか。

老後博士　とにかく住宅は老後資金を考えるうえで大事なファクター。卒論でもちゃんと書いたほうがいいよ。今、購入派、賃貸派ともにファイナンシャルプランナー（ＦＰ）から懸念の声がよく聞かれるんだ。

ハナ　老後資金に関して？

老後博士　そう。購入派に関しては、主に2点。1つは、将来の返済計画を見ると、**収入が大きく減る60歳時点で、1000万～2000万円もの住宅ローンが残っている人が増えている**ってこと。ここ数年金利が下がっているなかで「変動金利の35年ローンなら今の家賃並みの返済で買えますよ」と言われて、高額の物件を買ってしまう例が多い。でも、60歳時点で残高がそんなにあると、退職金で返そうものなら、老後資金が大きく減りかねない。しかも変動金利でめいっぱい借りている場合、今後金利が上がれば、返済が滞りかねない。

ハナ　聞いてると、買わないほうが安心なような。

老後博士　ところがそうとも言い切れない。よく老後の生活費の平均として家計調査の高齢夫婦世帯の27万円という数字が示される。でも、家計調査の高齢夫婦世帯は、実は9割超が持ち家。住居費は平均で月に1万5000円しかかかっていない。前にもちらっと話したように、老後も**賃貸だと、例えば家賃月10万円とすると、家計調査よりさらに8万円強余計にかかる。8万円が30年間だと2800万円超の金額が、上積みで必要になる。**

ハナ　持ち家だって、修繕費とかリフォーム代がかかりますけど。

老後博士　確かにね。だけど、それを引いてもやはり老後は賃貸派のほうが圧倒的に資金負担が重いよ。賃貸派はローン返済のない気軽さでつい浪費してしまい、老後の賃貸資金まで用意できていない人が多い。

ハナ　どっちにしろ大変ですね。

老後博士　なるべく早いうちに、住宅に関する資金プランを長期で考えておくことが、老後貧乏を防ぐうえで大事になる。まずはすでに家を買って、ローンを組んでいる人の見直しから考えよう。最優先の着眼点は、住宅ローンの60歳時点での残高をいかに圧縮しておくか。

ハナ　でも、返済期間を短くすると、月々の返済額が上がっちゃうんでしょ？

図表5－1　住宅ローン金利は過去最低水準

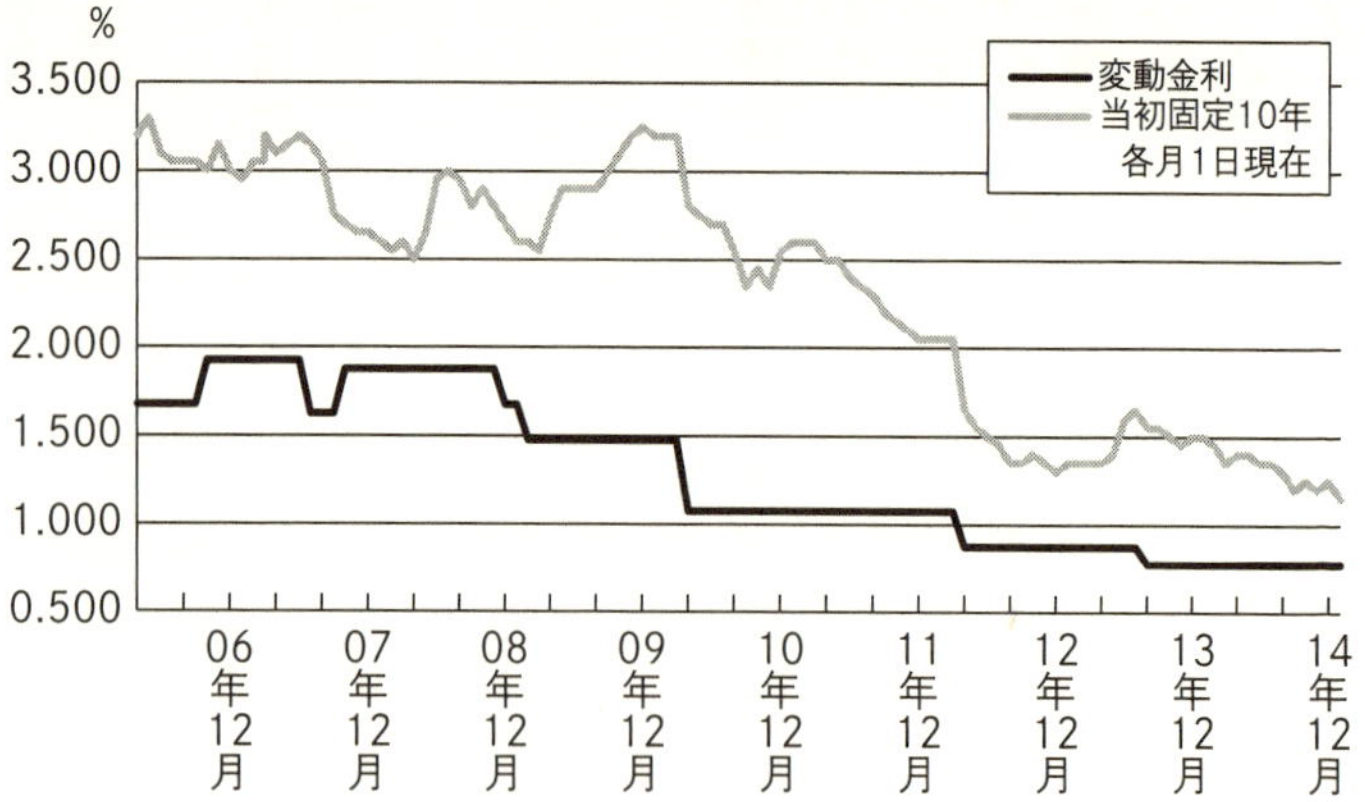

老後博士　アベノミクスに伴って日銀が強力な量的緩和をしているなか、ローン金利がとても低くなっている（図表５－１）。しかも**違う金融機関で借り換えると、大幅な割引を受けられることが多く、住宅ローンは見直しのチャンス**なんだ。もしかすると最後のチャンスかもしれない。

ハナ　具体的にどうすればいいですか。

老後博士　僕の知り合いなんだけど、２０１４年末に借り換えをした都内の会社員、横田さん（仮名、45歳）の例で見てみる。横田さんは「ローン借り換えで、人生の見通しがかなり明るくなった」と話していたよ。

横田さんが東京・多摩地区にマンションを買ったのは09年。期間30年でずっと金利が変わらない全期間固定型（ローンのタイプは図表５－３参照）の金利２・95％で約３０００万円のローンを組み、足りない分を親の援助でまかなった。70歳返済完了で月々約12万６０００円の返済だった。でも勤務先の年金の減額などで老後の支払いが心配になり、ローン金利が下がっていると聞いたために借り換えることにしたそうだ。

ハナ　それで、どうなったの？

老後博士　借りて5年が経過した見直し時点の元本の残高は２６６５万円。そのままだと元本と利息合計で残り25年の総返済額は３７７０万円だった。残高２６６５万円との差１１０５万円が金利分。横田さんがまず考えたのは、残りの返済期間25年のままで今の低い金利に借り換えること（図表５－２では〈ケース１〉）。横田さんが借入をした5年前に比べ金利が大きく下がっていたので、ある都市銀行なら25年固定で１・97％で借り換えられ、月々の返済額や残りの総返済額が大幅に減ることがわかった。

ハナ　総返済額は３３７７万円へ、３９３万円も減るのね。

老後博士　しかしＦＰに相談したところ、「**70歳完済は長すぎる。どうせ見直すなら老後のリスクも減らすため、返済期間を縮め、せめて65歳での完済を目指したほうがいい**」とアドバイスを受けたそうだ。**返済期間短縮は老後リスクを減らすだけでなく、金利圧縮にもつながる。**金利は期間が短くなれば一般に下がるので、期間を25年から20年に短縮することでさらに金利も下げやすいんだ。

ハナ　でも期間を短くすると、月々の返済額が上がるでしょ？

老後博士　そこが泣きどころ。しかしだからこそ、**金利が最低水準になっている間に借り換える**

図表5－2　借り換えや金利変動で返済額はどう変わる?

＜前提＞5年前に期間30年、全期間固定金利2.95％で3000万円を借り入れ。現在のローン残高（元本）は約2665万円

借り換え前：毎月返済額	借り換え前：残り25年の総返済額	借り換え後	借り換え後：毎月返済額	借り換え後：残りの総返済額と現状維持に比べた変化額
約12万6000円	約3770万円	＜ケース1＞ 期間25年のままA銀行の25年全期間固定型1.97％で借り換え	約11万3000円	約3377万円 （393万円減）
		＜ケース2＞ 期間20年でB銀行の当初20年固定金利選択型1.58％で借り換え	約13万円	約3110万円 （660万円減）
		＜ケース3の1＞ 期間20年のC銀行の当初10年固定金利選択型（当初1.25％、11年目から適用金利2.25％と仮定）	当初10年は約12万6000円 11年目以降は約13万2000円	約3088万円 （682万円減）
		＜ケース3の2＞ 期間20年のC銀行の当初10年固定金利選択型（当初1.25％、11年目から3.25％と仮定	当初10年は約12万6000円 11年目以降は約13万8000円	約3166万円 （604万円減）
		＜ケース3の3＞ 期間20年のD銀行の当初10年固定金利選択型（当初1.25％、11年目から4.05％と仮定）	当初10年は約12万6000円 11年目以降は約14万4000円	約3230万円 （540万円減）

と、月々の返済額をあまり上げずに期間短縮をしやすい。ローン選びの際、都市銀行だけでなくいろいろ選択の幅を広げてみよう。実は大手信託銀行では、都市銀行との差別化をはかるため、期間20年程度の比較的長い金利をかなり低く設定している。横田さんは結局、〈ケース2〉のように、20年の固定（金利1・58％）ローンを大手信託銀行で借り換えた。借り換えで残りの総返済額は660万円も減った。

ハナ　期間が短い分、月々の返済額は13万円程度へ増えはするけど、4000円の増加ですんだわけですね。

老後博士　確かにちょっと増えたけど、横田さんの場合、「共働きなので大丈夫そう」と言う。**借り換えでは登記料や印紙代など諸費用が数十万円はかかる**点を加味して損得を判断すべきだけど、これだけ総返済額が減ると十分まかなえるよね。

ハナ　要するに、**諸経費を引いても、ローンの見直しだけで老後資金が600万円強も増えたっ**てことですもんね。

老後博士　あと、実は本当に重要なのは60歳時点の残高。横田さんの場合、当初のローンのままなら、60歳時点での残高は1350万円もあった。60歳以降も働くとしても収入は大きく減るから、これを返済し続けるとかなり厳しかった可能性がある。借換前の横田さんのように、60歳時点で1000万〜2000万円ものローン残高がある人は、結構増えてきている。退職金で一括返済すれば老後資金がほとんどなくなってしまう。まさに老後貧乏の大きなリスクだった。

ハナ　横田さんは見直しで60歳時点の残高はどれくらいに？

老後博士　730万円程度。本来は60歳で完済できるくらいが理想だし、残っていてももっと少ないほうがいいんだけど、60歳までの15年で年に30万〜40万円程度の繰り上げ返済をして減らしていけば、ぎりぎりなんとかなる金額だろうね。つまり今どきの借り換えのポイントは**「低金利を生かし、収入が減る60歳時の残高が少なくなるように見直す」**こと。

ハナ　借り換えのほかのやり方は？

老後博士　それを考えるためにも、図表5－3で住宅ローン金利の主な3つのパターンを復習しておこう。住宅ローンの金利タイプは全期間固定のほかにも、半年ごとに金融機関が金利を見直す変動型、3、5、10年間など当初期間のみ金利が固定され、期間終了後に原則、変動金利になる当初固定選択型などがある。当初固定型は、固定期間の終了前に申し出ればその時点の金利で再び固定にすることもできる。横田さんの場合は、今後の安心感のために残り期間をすべて固定にしたけど、特に当初固定の10年のタイプは大手銀行で競争が激しく、金利が割安な状態なので、重要な選択肢になるよ。ちなみに変動型は日銀の政策金利を反映して動き、一方の固定型は市場で決まる長期金利の影響を大きく受ける。

ハナ　変動型は基本的に日銀が政策金利を見直さないと上がらないけど、固定型はマーケットの動向に大きく左右されるわけね。ところで横田さんの場合、当初固定10年を選んだらどうだったの？

図表5－3　住宅ローンのタイプは？

	変動型	固定選択型	全期間固定型
特徴	通常、4月と10月の半年ごとに金利を見直し。返済額は5年に1度見直しで新返済額の上限は元の1．25倍まで	2、3、5、10年　など、一定期間は金利を固定。期間終了前に申し出をして再度固定型も選べるが、何もしないと変動金利に	ずっと金利を固定
メリット（○）とデメリット（×）	○相対的に低金利 ×将来の金利や返済額が不確定	○一定期間低めの金利が続く ×固定期間明けに金利や返済額が変動	○金利上昇リスクを負わない ×相対的に高金利

老後博士　図表5－2のケース3は、いずれも、本来残り25年だった期間を20年に短縮して当初10年の固定型（2014年末の金利は1・25％）を選んだ場合。期間を短縮したにもかかわらず、金利が下がった効果で当初の毎月の返済額は12万6000円と従来とほぼ同じ。ややこしいのが、11年目以降の金利。ちょっと難しくなるけどいい？

ハナ　眠くなってきた…

老後博士　あ、君の後ろにアラブの石油王が！

ハナ　目が覚めたわ!!　ってわけないでしょ（笑）

老後博士　そもそも**住宅ローンの金利は、「定価」ともいえる基準金利をもとに、各金融機関が割引幅を設定している。**10年固定では多くのメガバンクが2014年末時点で、基準金利を3・45％とし、2・2％の割引を設定、その結果、割引後の適用金利が1・25％になっていた。このように**「定価」である基準金利から割引幅を引いたのが適用金利であるという関係は、変動金利でも全**

期間固定でも同じなので覚えておこう。

ハナ　適用金利がどう変わるかは、①基準金利そのものがどう変わるか、②割引幅がどう変わるか——という2つの要素で変わってくるわけですね。

老後博士　あれ？　ハナちゃんってときどき理解が早いよね。

ハナ　やればできる子って昔から……。

老後博士　そして、**当初固定期間明けの割引幅については、従来と同じ割引幅が適用される全期間同割引型と、割引幅が縮小するものと、2通りある。**図表5－4を見て。最初の適用金利は1・25%と同じだけど、左側は基準金利が2・95%と低く、割引幅を1・7%としている結果、適用金利が1・25%になっている。11年目以降も全期間1・7%割引が続く全期間同割引のパターン。でも右側は、当初10年固定で適用金利も1・25%で同じだけど、基準金利が3・45%。当初10年は割引幅が2・2%のために現在の適用金利が1・25%になっていて、固定期間明け後は割引幅が1・4%に縮小するケース。

ハナ　右側は固定期間終了後、基準金利が同じままでも、適用金利は割引幅の縮小分である0・8%上がってしまうわけね。

老後博士　その通り。当初固定は固定期間が終わると原則変動金利になるけど、事前に言えば10年後の金利に基づいて再び固定で借りることもできる。ここでは当初固定が終わった後の11年目から基準金利が2%上がったとして比べてみよう。

図表5－4　現在の適用金利が同じ1.25％でも、将来は大違いに！──「定価」である基準金利と割引幅、割引後の「適用金利」の関係を頭に入れておこう！

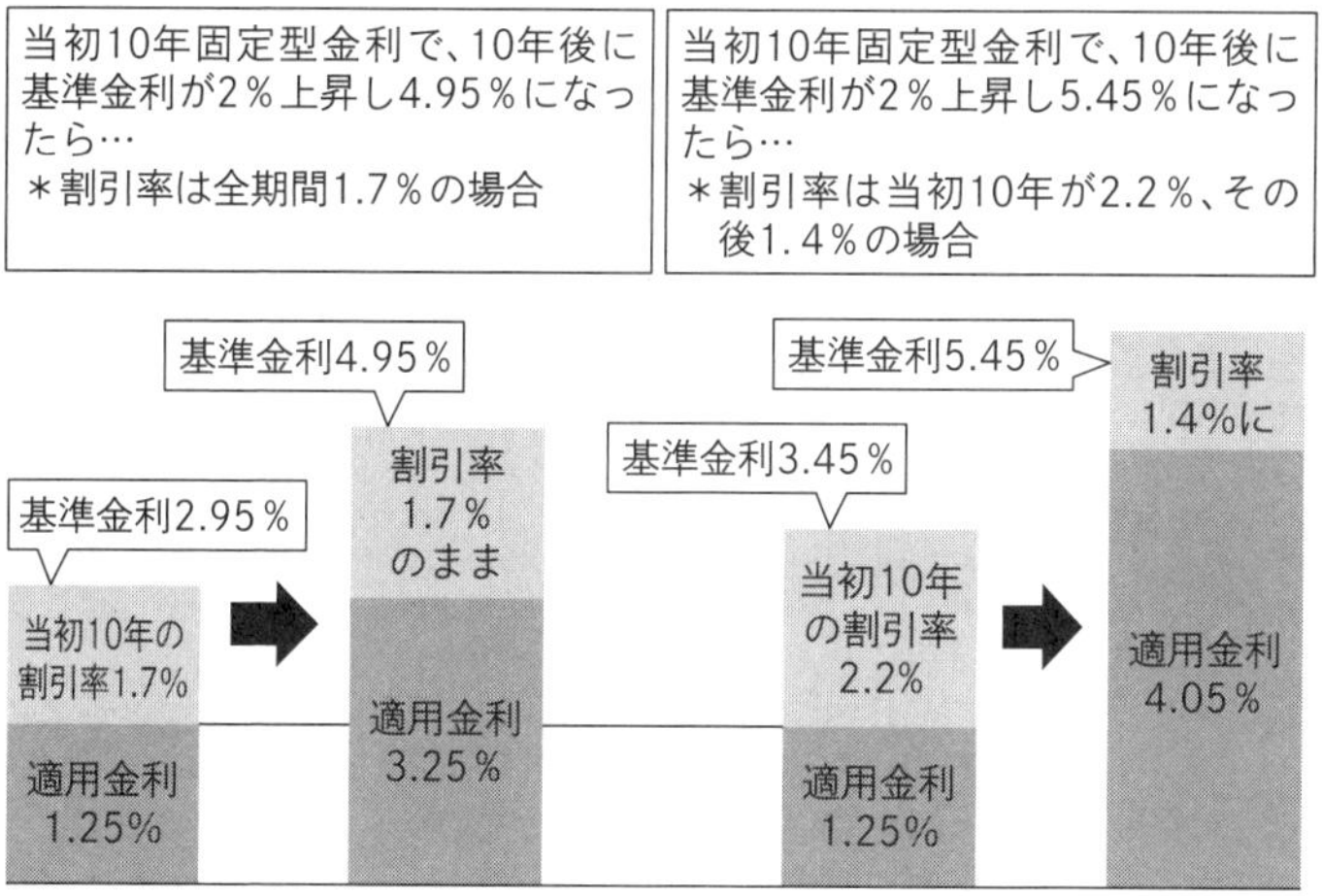

ハナ　ええと、左側は基準金利が2％上がって4・95％で、割引率が1・7％のままだから適用金利は3・25％か。でも右側は基準金利が5・45％に上がって、割引率も1・4％に縮小するから適用金利は4・05％になるわ。だいぶ違いますね。

老後博士　実は、左側はみずほ銀行の金利で、右側は多くの都市銀行の金利（2014年末時点）。つまり当初10年の適用金利が1・25％と同じでも、中身は実は大きく違う。適用金利を見るだけでなく、それが基準金利からどれくらい割引されているか、そして割引幅が全期間同じか、あるいは固定期間終了後にどれくらい縮小するか、借り入れるときにきちんと見るのが大事だよ。

ハナ　見た目は同じイケメンでも、中身がお金持ちかどうかで大きな差があるのと同じですね。

老後博士　男性の多くを敵に回すぞ（笑）。

ハナ　まあまあ、で、その結果どうなったの？

老後博士　もう一度図表5－2を見て。〈ケース3の1〉〈ケース3の2〉〈ケース3の3〉ともにがんばって期間を圧縮して20年にしている。11年目以降、みずほのように全期間同割引型なら、基準金利が1％上がる〈ケース3の1〉でも総返済額は3088万円ですむ。

ハナ　20年の全期間固定〈ケース1〉より安いわ。

老後博士　当初の10年間、金利を抑えられる効果は結構大きいってこと。では、基準金利が2％上がったらどうなるか。割引率が縮小する〈ケース3の3〉は適用金利が4・05％まで上がるので、11年目以降の毎月返済額が14万4000円になり、かなり苦しそう。一方で全期間同割引の〈ケース3の2〉は、同じ2％上昇でも11年目以降も13万8000円と、借り換え前より1万2000円の上昇にとどまる。同じ当初10年固定でも、ローン商品の選び方で違ってくるんだ。

ハナ　ひとつ疑問が。そもそも金利って2％も上がるの？　第1章で「金融抑圧」という言葉を聞きました。政府は金利を上げずに抑え込む方針なんでしょ？

老後博士　正確に言うと、物価上昇率よりも金利を低く抑え込めれば財政的にはもつ。金利が多少上がっても、物価上昇率がそれ以上に上がっていれば、税収は物価に伴って増えがちなので、なんとかなるからね。それに、変動金利と違って固定金利は日銀が決める政策金利じゃなくて、市場が決める長期金利を反映して動く。日銀が金利上げに動かなくても、例えば日本の財政リスクに焦点が当たって長期金利がある程度上がっていくような事態も、長期間の住宅ローンではリスクとして考えておくべきだと思うよ。

ハナ そういう意味でも、やっぱり低金利の今は、なるべく固定型を活用して老後貧乏を防ぐ大きなチャンスですね。

変動金利に潜む「毎月返済額は5年間変更なし」という罠

ハナ あの……いっそのこと、変動金利を使う手は？　今、変動金利ってすごく安いんでしょ？　適用金利が0・775％って聞いたわ。

老後博士 図表5－5を見て。やはり3000万円を変動金利で、5年前に1・05％で借りていたとする。現在の毎月返済額は9万8000円。これを0・775％の変動で借り換えると、期間が25年のままだと毎月の返済は9万4000円に減り、総返済額も2822万円に抑えられる。

ハナ さすが超低金利。

老後博士 でも、この先25年間金利が変わらないというのは楽観的すぎる。ケース4では金利が、

図表5－5　現在変動で借りている人が、返済額削減や金利上昇リスク回避を狙い借り換えると

＜前提＞5年前に期間30年、変動金利（全期間同割引型）1.075%で3000万円を借り入れ。現在のローン残高は約2550万円

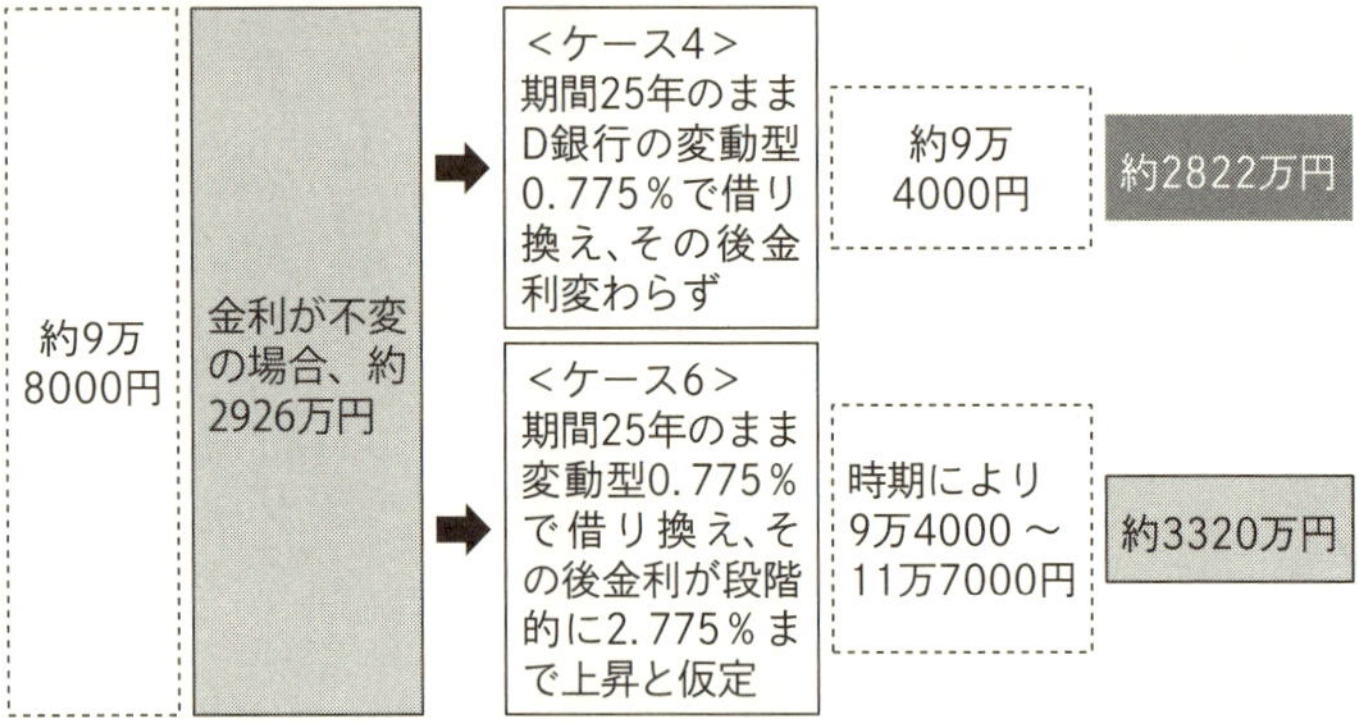

借り入れ8年目から半年ずつ段階的に0・25%ずつ上昇し、計2%高い2・775%になってそのまま推移すると仮定して試算してみた。

ハナ　でも変動金利は日銀が上げない限り、上がらないって言ったじゃないですか。

老後博士　確かに、少なくとも目先数年は上昇確率は低いかもしれない。でもさっきも言ったように、国の債務を抑えるには金利の絶対水準じゃなくて、物価との対比が大事。税収に影響を与える物価上昇率より低い利率でなら、金利を上げる選択肢はある。物価が大きく上がるような事態がもし起きたら、日銀はそれを抑えるために政策金利を上げざるを得ない。金利上昇リスクを考えておくことは不可欠だよ。

ハナ　金利が2%上がったら総返済額は3320万円に大きく膨らんでしまうわ。どうすれば？

老後博士　すべては金利の行方次第ではあるけ

ど、金利の2%程度の上昇がありうると考えるなら、先ほど固定金利で見たケース2や3のように最初から固定金利で固めてしまうのも選択肢。

ハナ　変動金利で借りている現在より、月々の返済額が上がりますけど。

老後博士　**住宅ローンの見直しは、返済額の圧縮だけが狙いじゃない。仮に月々の負担が上がっても低金利のうちに固定型の比率を高くし、将来のリスクを減らすというのも今どきの借り換えの大きな目的の1つ**なんだ。返済額の負担に余裕があれば、取り組んだほうがいいと思うよ。

ハナ　難しいところですね。変動金利の低さも捨てがたいですし。

老後博士　変動金利は確かに魅力的なんだけど、その仕組み上、金利上昇の負担増に気づくのが遅れがちなところがある。というのも、**金利は年に2回、4月と10月に見直すけど、総返済額は5年間は変えない**ことにしている。たびたび返済額が変わると家計が不安定になるからとされる。

ハナ　金利は上昇しているのに総返済額が変わらないとどうなるの？

老後博士　住宅ローンの計算では残額と金利、期間からまず月々の返済額が決まり、毎月、残額に金利をかけた利息分を優先して差し引き、残りが元本の返済になる仕組み。支払額のうち、金利上昇で利息の占める比率がどんどん高くなっていくと、元本の返済額と比率がその分減るんだ。図表5－6で〈ケース5〉の8年目以降でどんなことが起こったか試算してみた。

ハナ　ほんとだ。返済額は増えてないのに、元本の割合が減っていっちゃってる！

老後博士　そして5年後に返済額が見直される場合も、従来の25%増が上限。図表5－6の場合

図表5－6　変動金利は利息負担増に気づくのが遅れがち――ケース5の8年目以降の状況

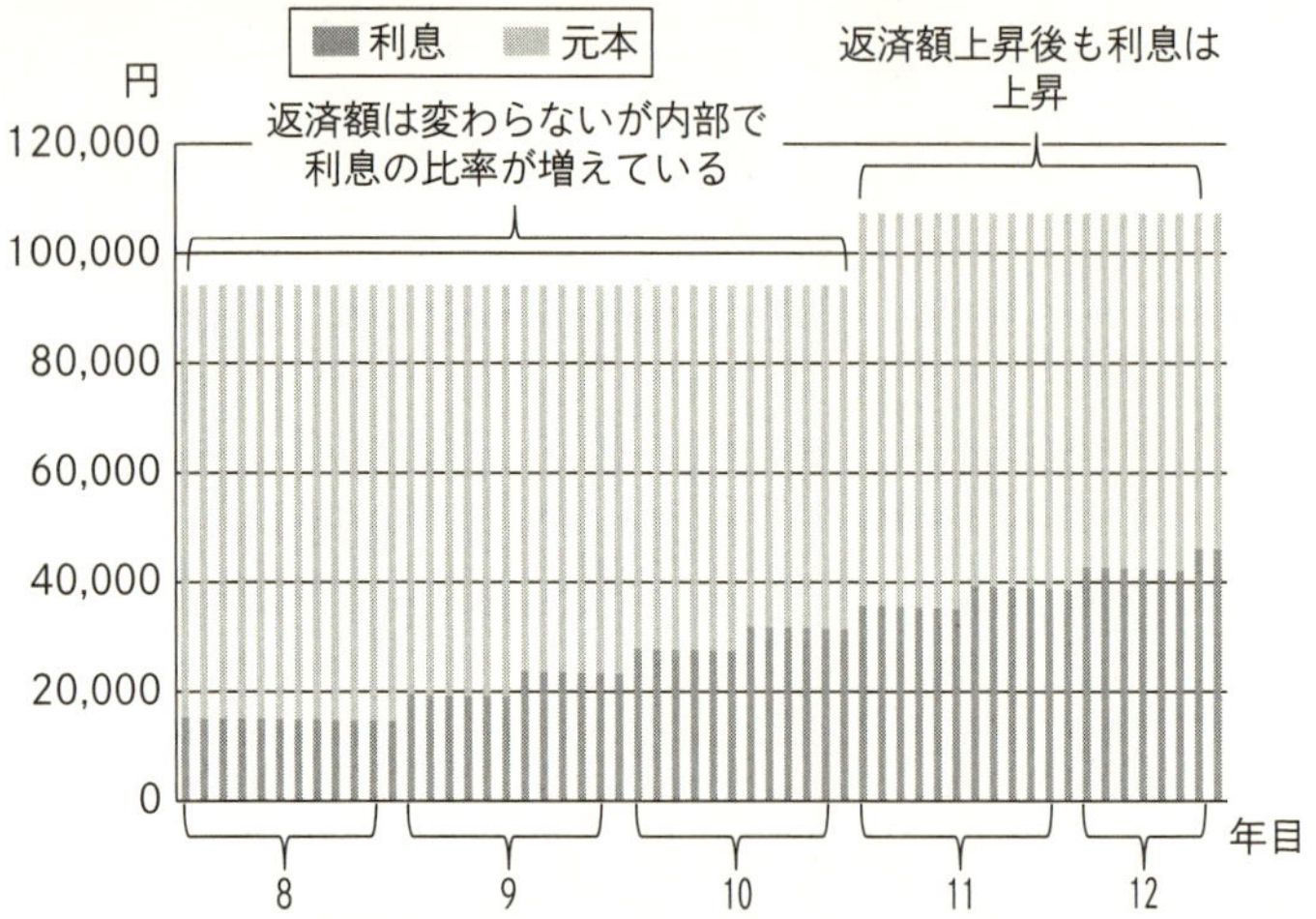

は返済額の増え方が25％増までは達していないけど、金利の上昇幅次第では、返済額が25％増えても間に合わず、何十年か後の返済期間終了期日に元本が返せていない状態になることさえありえる。その場合は、その時点で残高を一括返済するのが大原則だよ。

ハナ　数十年間、必死でローンを返済してきたにもかかわらず、最後になってまた大きな金額の支払いが必要となったら、老後の資金計画は狂ってしまいますね。

老後博士　こうした様々なリスクがあることを、変動金利で借りている場合は十分認識することが重要になる。定期的に銀行から送られてくる「返済予定表」は、だんだん封を開けなくなったりするものだけど、きちんと元本と利息の構成比を確認しておいたほうがいいよね。

全期間固定で6年前より返済額900万円減も

ハナ　今まで借り換えのケースを教えてもらったけど、今の時点で家を持っていない人も低金利はチャンスですね。昔から家を買う派と賃貸派、どちらが有利かっていう議論は多かったみたいだけど、実際のところどうなの？

老後博士　確かにどちらが有利かというシミュレーションをいろいろ目にするよね。でもシミュレーションは、金利や家賃、購入価格の前提などで、いかようにも結果を変えられるので頭から信じ込むのは危険。ただし多くの場合に共通しているのは、ある程度の年齢までは賃貸派のほうが住宅関連費用が少なくてすむけど、長生きすると購入派が挽回していく、という結論。

ハナ　賃貸派は老後も賃貸費用を払い続けなきゃいけないけど、購入派はローンが終われば固定資産税や修繕費などだけですむってことね。

老後博士　そう。一**概にどちらが有利かは言いづらいけど、現在の、①長生きリスクがどんどん高まっている、②インフレに転換すると家賃も今後は上がっていく可能性がある——という状況を考えると、購入しておいたほうが安心な状況がだんだん強まっている気はするよ。**

ハナ　確かに私も、将来の賃貸資金までちゃんと貯めていく自信はないなぁ。

老後博士　購入するにしても、金利が最低水準の今はチャンス。例えば3000万円を35年ローンで借りるとき、2009年の金利2・95%で借りたら総返済額は4800万円だったのに、15年2月時点で35年全期間固定の安さが目立つ三菱東京UFJ銀行の金利はなんと1・57%。この場合総返済額は約3900万円ですむ。900万円もの違いだ。6年前に借りた人に比べ、老後資金が900万円も余裕ができるという恵まれた状況だ。

ハナ　変動なら？

老後博士　まず、金利がずっと上昇しないと仮定して、09年と15年を比べると、やっぱり500万円以上お得。

ハナ　ずっと0・775%のままなら、総返済額は3400万円ですむのね。

老後博士　でもこれは、逆に怖いことでもある。今の変動金利なら、返済負担が小さいから、以前では買えなかったような身の丈に合わない高額物件も、その気になれば買えてしまう。でもその後金利が上がってきたら、返済が滞りかねない。

ハナ　金利が上がったら負担はどれくらい増えるの？　固定より高くなっちゃう？

老後博士　全期間固定と、金上昇ごとの変動の場合は今後の金利上昇を3パターン試算してみたのがグラフ図表5－9。

ハナ　ずっと金利が上がらなければ変動がいいけど、0・25%ずつ4回、1%上がったらすでに固定を超えちゃうのか。3%上がれば変動はさらに負担が増えるってことね。……あのー、いい

図表5－7　3000万円を35年全期間固定で借りたら

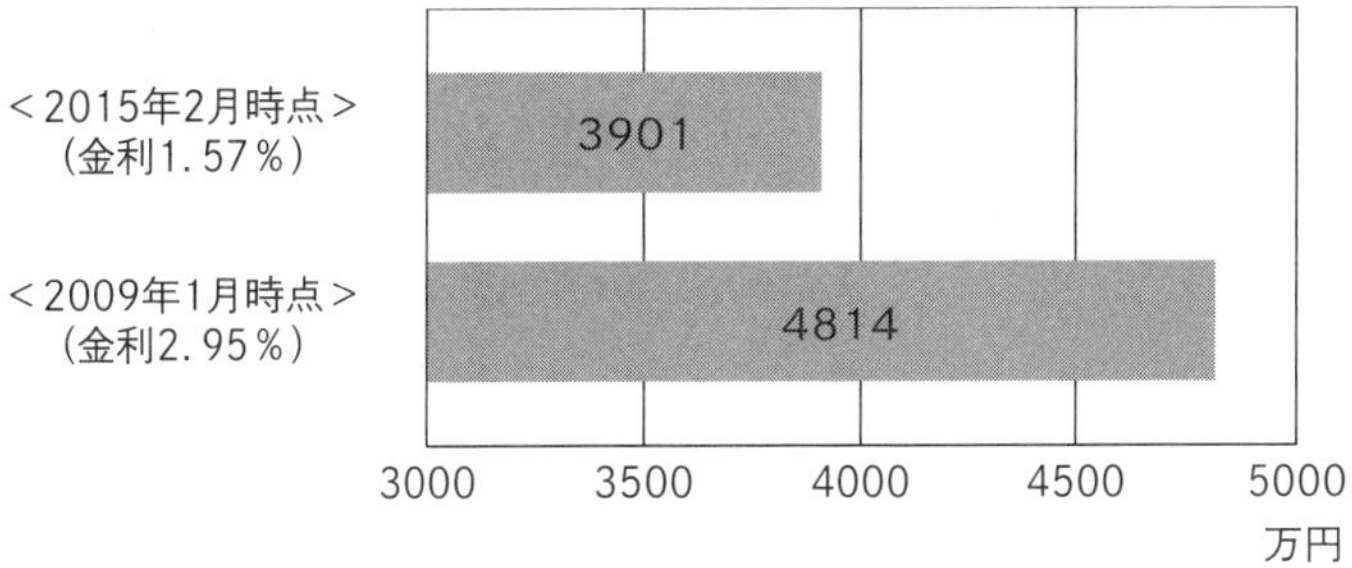

図表5－8　変動金利で3000万円を35年で借りたら

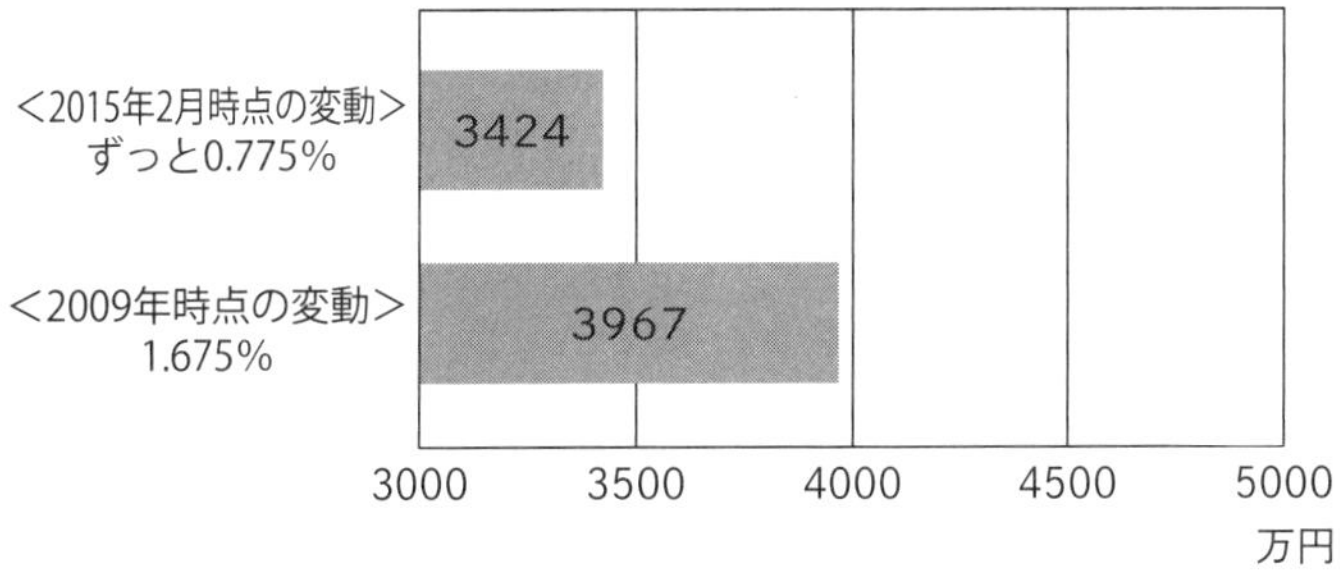

図表5－9　固定と変動、どちらがお得？

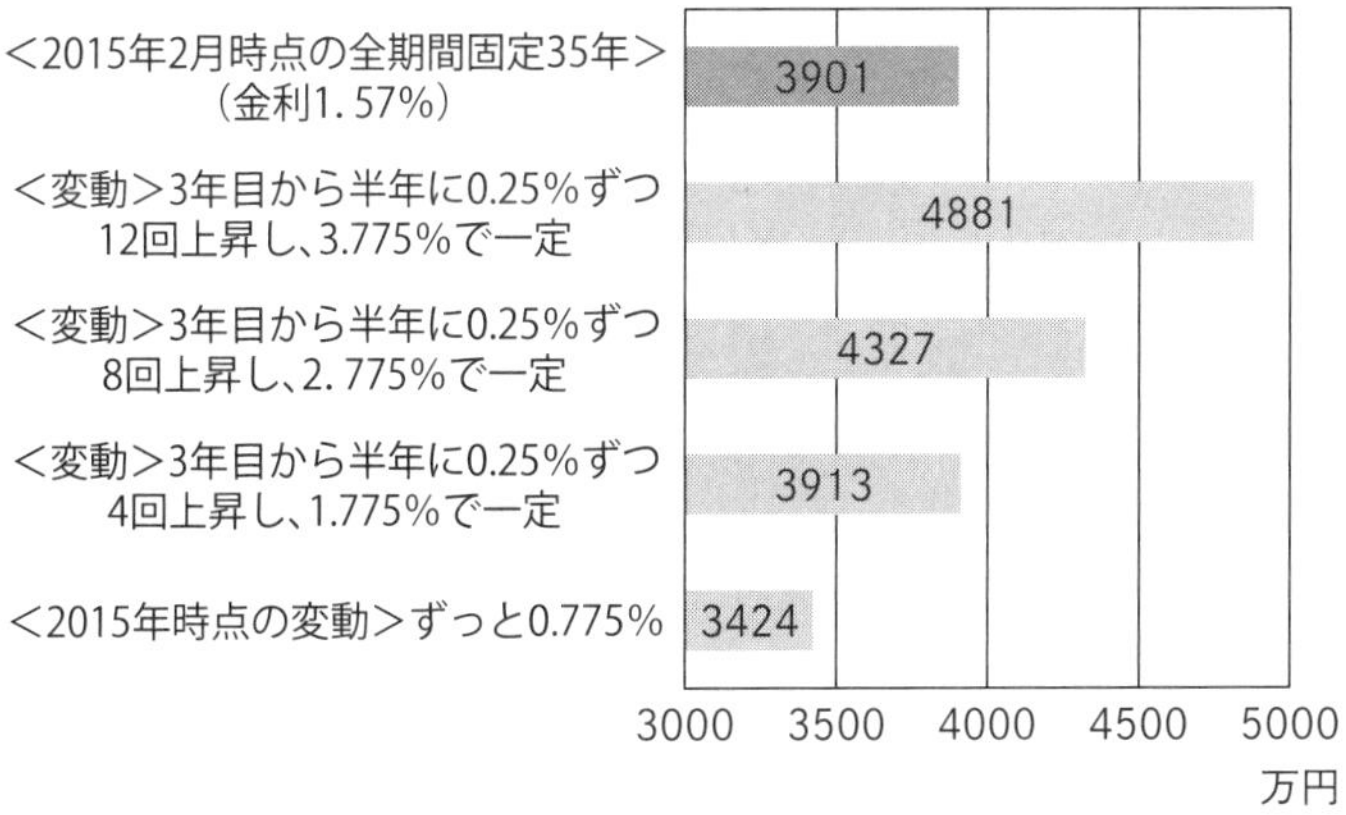

こと考えたんですけど。

老後博士　なんとなくダメっぽい予感があるけど、言ってみて。

ハナ　結構失礼ですね。まず最初は変動で借りておいて、金利が上がってきたら、固定に乗り換えればいいんだわ。

老後博士　それ、よく住宅の展示場とかですすめられるけど、実際は無理！

ハナ　なんで？

老後博士　固定金利は市場で決まるっていったでしょ？　**変動金利が上がり始めるような時期には、市場は先行して動くので、固定金利はもう上がってしまっている。**過去の変動金利の上昇局面もそうだった。もともと変動金利より固定金利のほうが高いのに、その固定金利がさらに上がっている。**変動から乗り換えると負担が大きくなりすぎて借り換えるのが困難っていうことが起こる可能性が高いよ。**

ハナ　いとこのお姉さんが、家を買うときに迷ったら、固定金利と変動金利を組み合わせて借りるミックスプランっていうのをすすめられたらしいわ。

老後博士　ミックスプランも1つの選択だけど、せっかく固定金利がこんなに安いんだから、固定金利の比率を高めにしておくのが、個人的にはおすすめだよ。

「変動金利で家賃並みの返済」は破綻のもと

ハナ　今回の初めのほうで、金利が低いから借りすぎちゃう人もいるっていったでしょ。それ、多いんですか？

老後博士　今の変動金利はすごく低くて、当初の返済負担が少ないからね。例えば今の家賃が月10万円だと、ローンを組んで毎月の返済が10万円ちょっとなら大丈夫と思っちゃう。実際、4000万円を変動金利0・775％で35年で借りると、当初の返済額は10万8000円になる。

ハナ　それなら、いけるかもって思いますね。でも、それってやばいの？

老後博士　まず忘れがちなのは、購入すると**管理費や修繕積立金のほか、固定資産税もかかる**こと。これらがマンションで月に4万円とすると、14万8000円。この時点で、現在の家賃よりだいぶ負担は増えてしまう。

ハナ　それでさらに金利が上がったら？

老後博士　あくまでリスクシナリオだけど、2％上昇したときの負担の変化を試算してみた（図表5－10）。さっきと同じように返済額に占める金利の割合が高まり、5年たつごとに返済額も

図表5－10　変動金利が2％上昇した場合の毎月返済額の変化と内訳

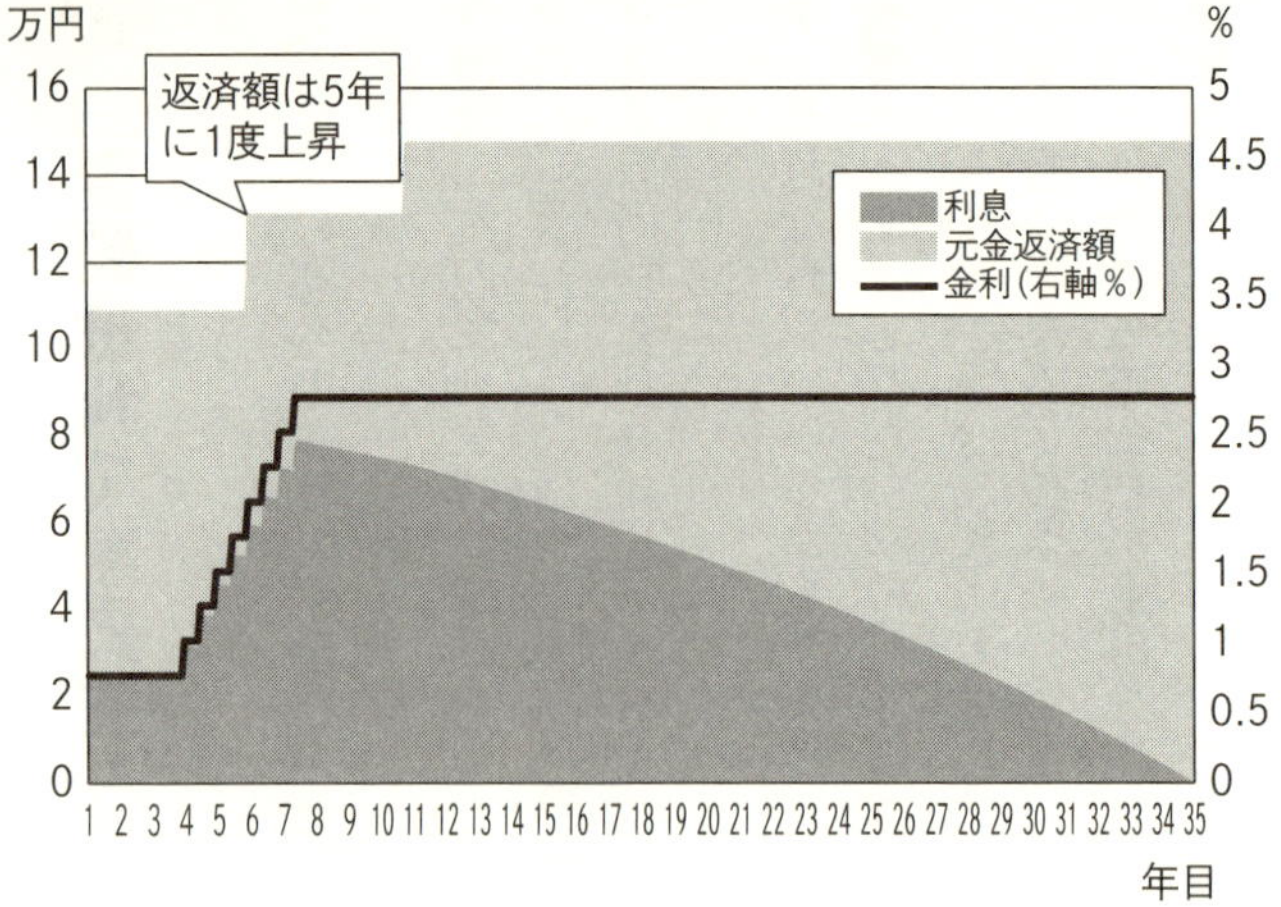

上がっていき、15万円近くになる。管理費など4万円を足すと19万円弱。収入がかなり大きくなっていない限り、破綻の可能性が強まる。

ハナ　私なら、歯を食いしばってでも払うわ。

老後博士　根性論じゃ解決できないよ！　このローンを開始したのが35歳としたら、この「2％上昇シナリオ」の場合、金利返済が大きくなって元本がなかなか減らない結果、60歳時点でまだ1660万円もの元本が残ってしまっている。返し続けたとしても、ひどい老後貧乏になる可能性が……。

ハナ　前言撤回します。

老後博士　住宅ローンに詳しいFPの深田晶恵さんは、まず、①期間を65歳までと決めて、最長で今の年齢からの残り時間を返済期間と設定、②2％程度の金利を想定してローン返済額を試算し、管理費などを月4～5万円上乗せして毎月の負担額を計算、③そのうえで年に50万～１００万円の貯蓄ができるか考える――というプロセスをすすめている。①の点から考えると、非常に若い人を除いて「基本的に35年ローンは最初から考えないほうがいい」（深田さん）ということになる。

ハナ　①から③のプロセスで、金額的に無理、と思えば？

老後博士　残念だけど、将来の老後貧乏を呼び込まないためには、買う物件の金額を減らすなどの検討が必要かもね。

ハナ　それも寂しいですね。

老後博士　奥の手があるよ。

ハナ　教えて！

老後博士　石油王にお金出してもらう。

ハナ　だから紹介してくださいってば。

老後博士　それは冗談だけど、実際にとても役立つのは、親からの援助。住宅取得資金なら、親が贈与税非課税で子供に贈与できる制度がある。２０１５年中は最大１５００万円だ。16年以降は消費税の導入前後で変わるけど、19年6月までの間なら、１２００万円から３０００万円の間で非課税枠が継続される（２９６ページに詳細）。１０００万円規模の援助があるかないかで、ローン支払いは激変するので、頼める人は頼むってのが大事だよ。

意外に大きな老後の賃貸資金。賃貸派は、退職時点までに2800万円の「賃貸ファンド」を

ハナ　ところで、賃貸派は老後も住居費を払い続けるんですよね。どうやって準備すれば？

老後博士　何度か言ったように、家計調査では高齢夫婦世帯の家賃支出は1万6000円だけど、家計調査は9割強が持ち家。賃貸派は、上積みで老後資金を見ておかないと。65歳以降、仮に家賃を月10万円として、家計調査との差額8万円分を、女性が4人に1人生き残る年齢の95歳まで30年間払い続けるとすると、必要家賃が約2800万円強。

ハナ　ひえ〜。これって、今まで見てきた老後の支出額とは別なんですよね。

老後博士　そう。バブル崩壊後に地価の下落が続いたこともあって、「土地神話が崩れたなかではこれからは賃貸派が優位」「収入の右肩上がりが壊れた今、ローン負担は危険」「身軽に転居できる賃貸は魅力」という論調もかなり多かった。それはいずれも正しいし、今も基本的に変わってない。しかし賃貸派の老後の賃貸資金については、驚くほど議論が少なかった気がするんだ。

ハナ　確かに、高齢者になると大家さんが貸してくれないかも、とか、保証人がみつけにくいかも、という議論は多かったけど、賃貸費用そのものの話はあまり聞かないわ。

老後博士　老後がどんどん延びていくなかで、しかもデフレからインフレに向かうなら、家賃も

図表5－11　60歳時点で2800万円の賃貸ファンドをつくるには早いスタートを

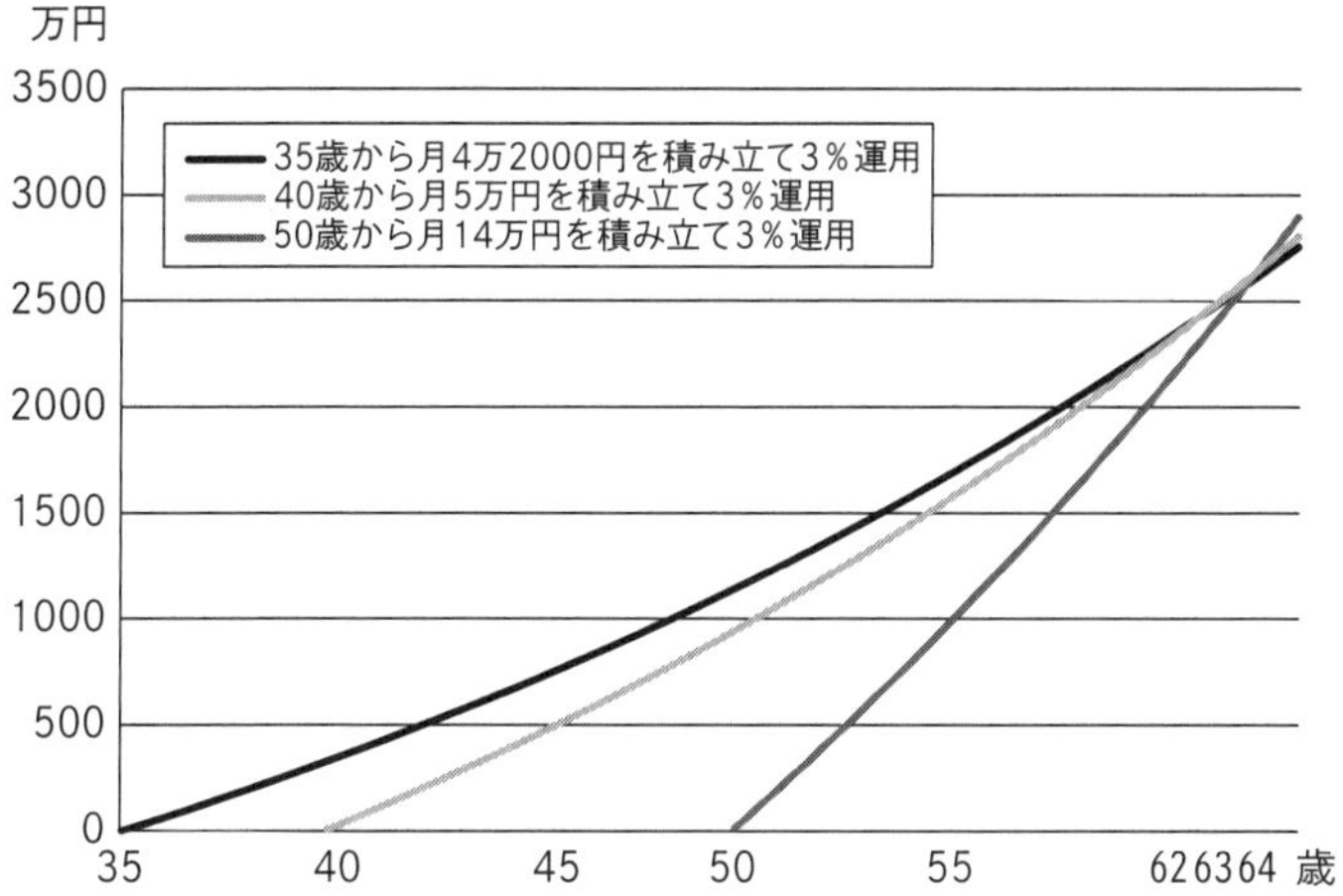

今後は上がるかもしれない。**だんだん増えてきている賃貸派で、老後の賃貸資金を準備していない人は、老後貧乏の入り口に立っている**と言えるかも。だから、賃貸派は働いている期間に、通常の老後資金とは別に老後の「賃貸ファンド」を作っておかないと。

ハナ　どうやって？

老後博士　図表5－11を見て。35歳から賃貸ファンド作りを考えるなら、年約50万円を積み立てて3％運用が必要になる。月々4万円強だけど、これを通常の老後資金向けにプラスして毎月積み立てるのは難しいかもね。例えばボーナスを25万円ずつ年に2回、この賃貸ファンド向けにとっておくなど意識しておかないと。

ハナ　40歳から始めると年に60万円か。

老後博士　50歳からだと年に170万円になって、ボーナスを全部入れてもかなり苦しくなる。

ハナ　間に合わなくなってから気づいたら？

老後博士　例えば水準を落とした賃貸住居や地価の安い地方での暮らしを考える、60歳以上になれば自立した高齢者が共同で暮らす「ケアハウス」を考えるなど、いくつか選択はある。でも、慣れない地方の暮らしはそれなりに大変だし、ケアハウスの暮らしでは満足できない人も多いと思う。それまでの暮らしの水準を守りたいなら、老後も賃貸という選択のコストをなるべく早いうちに知り、準備を始めないと。

ハナ　住宅を買うのも知識と覚悟がいりますけど、**老後も賃貸というのも、それなりに知識と覚悟のいる選択**と言えるかもしれないですね。

譲渡損なら所得税が軽くなる！　住み替えは税金の知識が不可欠

ハナ　うちの叔父なんですけど、「子供が増えたのでマンションの買い替えをしたい」って言ってるの。家って一度買ったらそれきりじゃないのね。

老後博士　確かに。でも家を売る際には、税金の知識が不可欠なんだ。知識がないばかりに不必要な税金を何百万円も払うことになりかねない。特に値下がりしているときには、救済してくれる税制が結構ある。

ハナ　それ、いい感じ！　叔父さんの場合、買ったのが11年前で、すごく値下がりしてて、1600万円くらいの損になりそう、って悩んでたから。

老後博士　そういうときに使えるのが**「損益通算と繰越控除」**（図表5－12のa）。**給与など他の所得から損失を差し引けるし、引き切れなかった額は翌年以降、3年間繰り越せる。**ただし今の自宅の所有期間が5年超で、買替先の自宅に10年以上のローンを組んでいることが条件なんだ。

ハナ　えっ、損を、給与から引けるの？

老後博士　仕組みは図表5－13。この例だと、譲渡の年の給与所得が500万円なら、損益通算すると所得税はゼロ。まだ1100万円の損失が残っているので、翌年以降も3年間繰越控除でき、税金は3年後から発生する。この制度は、新たに買う自宅の住宅ローン控除との併用も認められているよ。図表5－13の例では課税所得が発生する3年後から住宅ローン控除を受けられる。

ハナ　給与から引けるんなら、収入の多い現役時代に思い切って売るのがいいかも。叔父さん、定年が近いから教えてあげようっと。

老後博士　ただし注意点もある。所有期間などの条件を間違えないようにすること。**単純に5年超所有していればよいのではなくて、譲渡の年の1月1日現在で所有期間が5年超必要なんだ。**間に正月が6回以上必要、と理解すると覚えやすいよ。

ハナ　ややこしいわ。

老後博士　なかには単純に5年超持っていればよいと勘違いして、この条件を満たさないうちに

図表5−12　自宅を売るときの税制は？

＊1は所有期間5年超、＊2は所有期間10年超が対象

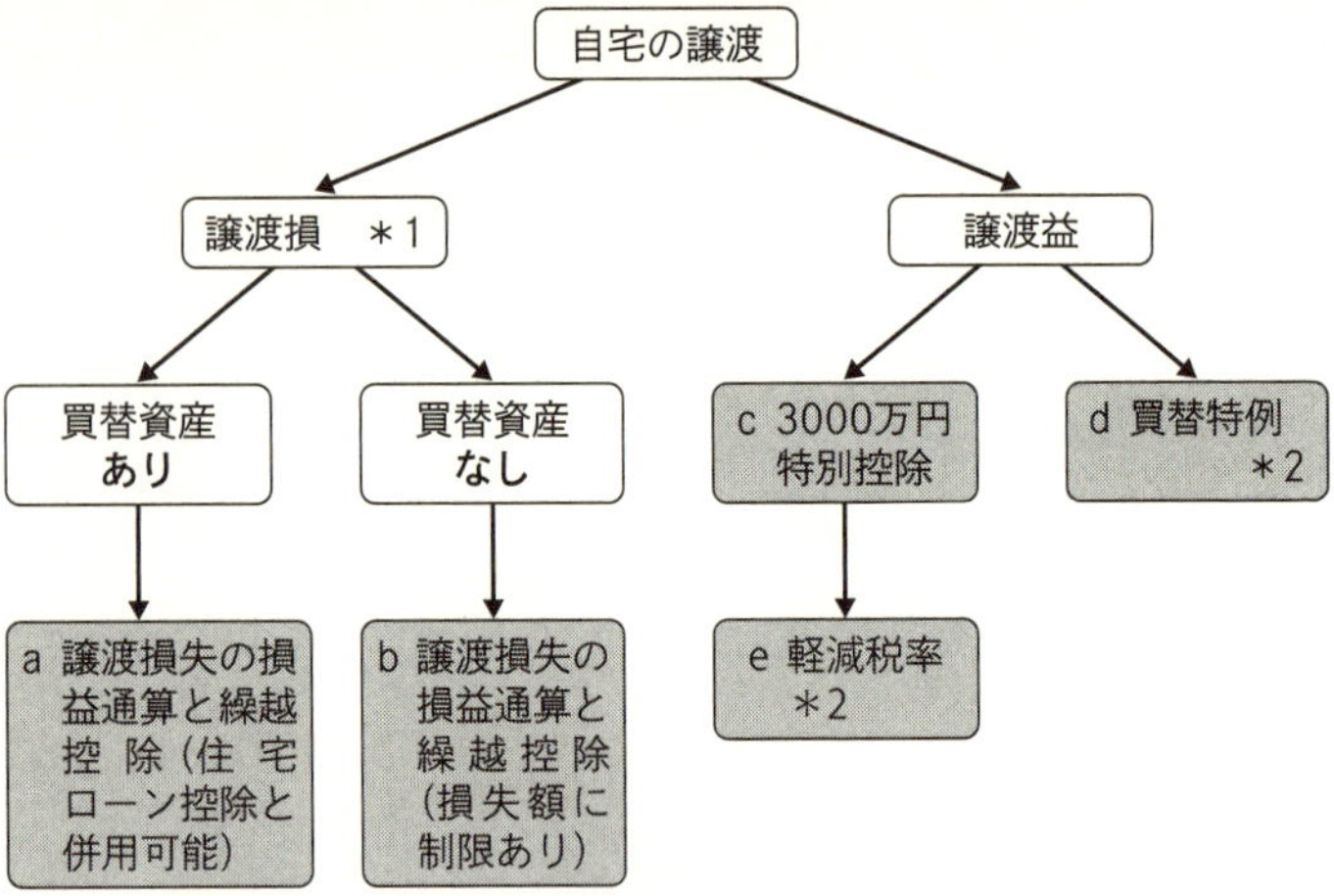

（注）ほかにも過去に適用を受けた他の制度との関係、物件内容や譲渡相手、時期など様々な条件があり、税務署などで詳細確認を

図表5−13　損益通算と繰越控除の仕組みは？

	譲渡の年	翌年	翌々年	3年後
給与所得	500万円	500万円	500万円	500万円
損失額	▲1600万円	▲1100万円	▲600万円	▲100万円
総所得	0	0	0	400万円
譲渡損失の繰越額	▲1100万円	▲600万円	▲100万円	0

＊給与所得500万円の人に1600万円の自宅譲渡損失が出たケース、▲はマイナス

譲渡してしまう人もいる。すると損益通算と繰越控除という有利な税制を使えないことになってしまうので要注意だよ。ちなみにこの「1月1日時点で計算」という数え方は、後で話す図表5－12のd、eの「所有10年超」の場合も同じだ。

ハナ　買い替えの予定がないときに売ったら損が出る場合はどうなの？　だって、さっき聞いたように住宅ローンが払えなくなって家を手放す人もいるんでしょ？

老後博士　その場合「やはり5年超の所有で、売る価格より今の自宅のローン残高が大きいことが条件」で、買い替えの場合とは少し違った損益通算と繰越控除の制度が用意されている（図表5－12のb）。

ハナ　……ダメだ、眠りそう。

老後博士　対象になるのは、⑴譲渡損失の金額、⑵住宅ローン残高から譲渡価格を引いた金額――のうちどちらか小さいほうだ。図表5－14Cの例の場合、5000万円で買った家が2000万円でしか売れなかったから譲渡損は3000万円。一方で、ローン残高から売った金額である2000万円を引くと500万円なので、このときは500万円が損益通算の対象。やっぱり同じように給与から引けるよ。

ハナ　……。

老後博士　起きようね、ハナちゃん。

ハナ　……ごめんなさい。逆に値上がりしてたらどうなるの？　うちの祖父母なんですけど、郊

図表5－14　買い換えしない場合の譲渡損失の損益通算と繰越控除の対象額は？

次の小さいほうが対象 ➡

①譲渡損失の金額
②住宅ローン残高から譲渡額を引いた額

例）譲渡額2000万円、取得費用など5000万円、
住宅ローン残高2500万円

①譲渡損失　3000万円
②2500万円－2000万円＝500万円

②が小さいので、対象額は500万円

外の一戸建てなんですが、祖母が膝が痛くて階段の上り下りがきつくなってきたの。祖父も病院通いが結構大変で、都心部のマンションに引っ越そうかって話してるわ。でも相続でもらった家だって言ってたから、売るとすごく値上がりしてそう。

老後博士　図表5－12のcかdにあたる、**⑴譲渡益の3000万円の特別控除、⑵買い替え特例——のどちらかを選択できるよ。3000万円の特別控除ってのは、仮に5000万円の利益が出ても、そのうち3000万円は引いてくれるっていうありがたい制度。これは所有期間の制限はないんだ。**しかも、所有期間が10年超なら軽減税率の特例（図表5－12のe）というのと、併用が可能だよ。

ハナ　なんですか？　軽減税率って。

老後博士　本来、土地や建物の譲渡所得は他の所得と分離課税になっていて、短期（所有が5年以下）の税率は所得税と住民税を合わせて39％、長期（5年超）なら20％だ。

ハナ　税率、高いっすね～

老後博士　でも所有が10年超で3000万円控除と併用する場合

は、譲渡益の6000万円以下の部分が14%に軽減される。6000万円を超える部分は20%だけど。

ハナ　いろいろ変わってくるのね。結局、3000万円の特別控除を使う場合、所有期間によって実際の税金はどうなるんですか？

老後博士　例えば1億円の譲渡益が出て、3000万円を引いて7000万円の利益が残るとする。もし10年超の所有なら今話した軽減税率で6000万円までは14%、これを超える1000万円部分は20%なので、税額は合計で1040万円となる。

ハナ　えっと、じゃあ、所有期間が5年超10年以下なら税率は20%だから、税額は1400万円で、5年以下なら同39%だから税金は2730万円か。所有期間の違いで、むちゃくちゃ差が大きいじゃないですか。

老後博士　これ知ってると、例えば5年まであと少しだったら、5年が過ぎるまで待とうと思うでしょ？　でも、知らないとそのまま売っちゃうかも。家の税制は金額が大きいから、知らないと大損。税金が数百万円規模で違ったら、まさに老後貧乏かそうでないかの境目になりかねない。

ハナ　お金のことって、ほんとに知らないと怖いことが多いんですね。注意点はないんですか？

老後博士　3000万円の特別控除の対象は住まなくなってから3年がたった日の属する年の年末までの譲渡であること。長期間住んでいなければ対象外になっちゃう。3年以内に考えないと。

ハナ　これも怖いなぁ。もう1つの「買い替え特例」という選択肢はなんですか？

老後博士　今の自宅の10年超の所有などを条件に、課税を繰り延べられるというもの。今の自宅を売った金額よりも買い替える自宅が高ければ、現段階で税金はかからない。今の自宅を売った金額のほうが高い場合も、買い替える自宅との差額部分だけが現段階では課税対象になる。

ハナ　優しい制度ですね。わたし、男性も優しい人が好き。

老後博士　家の話ね。ただし今の家の取得費が新しい家の取得費として引き継がれるので、新しい家を将来売ると、その時点で多額の譲渡益が発生する可能性もある。差額部分が課税される場合などは、買い替え特例を使わず、3000万円の特別控除と軽減税率の特例を併用するほうが有利なことも多いよ。ただし状況によるので税理士など専門家に相談したほうがいいけど。

ハナ　住宅って、ローンにしても売買にしても、失敗すると老後貧乏に直結するんですね。卒論にきちんと書いておこうっと。

老後博士　章のタイトルは？

ハナ　とりあえずローンのほうを打ち出して、「今が最後のチャンス?」とか。

老後博士　あんまり卒論らしくないタイトルだね。

コラム

地震保険、東日本大震災ではマンション「共用部分」の契約が再建の分かれ道に

東日本大震災から3年が過ぎた2014年、被害を受けた仙台市を訪れ、被災したマンション

の方々から話を聞いたことがあります。皆さんが口々に言われたのは**「分譲マンションの修復は、管理組合が共用部分の地震保険に入っていたかどうかで大きく左右された」**（宮城県マンション管理士会）ということでした。これは地震で住宅が被害を受けたときにどうなるかを考えるうえで非常に重要な指摘です。地震保険の知識を身につけておきましょう。

住宅を持つうえでの大きなリスクが地震です。あまり知られていませんが、実は**住宅再建への国の支援は薄く、資金の給付は「被災者生活再建支援」くらいで最大３００万円。これでは生活再建は困難**です。融資制度はいろいろありますが、すでにローンを抱えている場合は二重負担になってしまいます。まさに老後貧乏のリスクが極端に増します。

個人も死亡には多額の生命保険をかけていても、住宅への備えは意外に薄いのが現状です。通常の火災保険では地震の被害は基本的に保障されません。地震に備えるには地震保険に上乗せで入る必要があります。

地震保険は政府と損害保険会社が共同で運営。単体では加入できず、火災保険とセットで入ります。保険金額は火災保険で契約する額に対して30～50％。火災保険が１０００万円なら地震保険は３００万～５００万円です。

支払いは損害により異なります。建物の土台や柱など主要構造部の被害が時価の5割以上と著しければ「全損」と認定され契約額の１００％、「半損」なら50％、「一部損」なら5％です。

２０１３年度末の全国の世帯数に対する地震保険加入件数の割合を示す世帯加入率は28％、13

年度に新たに火災保険を契約した人が地震保険にも併せて入った比率（付帯率）は58％でした。

174ページでも考えたように、保険が適しているのは「めったに起きないが起きた場合の損害が大きい」場合です。家を失った場合の家計への影響を考えると、地震保険は必要性の高い保険であるように思えます。

マンションの場合、知っておくべきは、自分の部屋など「専有部分」だけの地震保険の加入では十分でないケースが多いこと。というのは柱や廊下、エレベーター、エントランスなど「共用部分」の地震保険は、管理組合が契約する必要があるのです。そして共有部分の加入率（付帯率）は13年度で37％と、専有部分よりかなり低い比率にとどまっています。

しかし冒頭に書いたように、東日本大震災に見舞われた仙台市で、被災したマンションの方々は口々に、共用部分の地震保険の大切さを指摘されていました。地震保険がなければ、住民は自分の住居に当たる専有部分とは別に、共用部分について修復や再建のための一時金を出し合わないといけません。「負担を巡って揉めやすくなる」（同）というわけです。

もちろん全損のような事態なら、専有部分と共用部の両方に入っていたとしても、地震保険の金額だけでマンションを建て直すのは困難です。しかし仙台市で全損認定を受けた大型マンションの管理組合理事長は「それでも生活再建には大切だった」と言います。「建て直しはできなかったが、保険金の使途は共用部の修復に限定されず何にでも使える。このため新たに自宅を買った人が頭金の一部にするなど、あるとないとでは大違いだった」そうです。

地震保険料は建物や地域によってまちまち。ただFPの清水香さんが都内の500世帯入居の分譲マンションを例に試算したところ、建物全体の評価額は100億円で共用部分はその6割、60億円でした。つまり専用部分より高額で、このことからも共用部分の保険の大事さがわかります。

この場合、地震保険金はその半分の30億円が契約可能です。単純に1戸あたりの地震保険料を計算すると（東京で81年以降建築の割引率10%を適用）、年間で約1万900円でした。住宅再建に対する国の支援の薄さを考えると、高すぎるとは思えないのですが、どうでしょうか。

もちろん修繕積立金が十分にたまっている場合などは、共用部の地震保険は必要ないかもしれません。しかし実際の被災地からの「マンション共用部分の地震保険加入が生活再建の分かれ目になった」という言葉は、老後貧乏のリスクを少しでも抑えるうえで覚えておきたいと思います。

第6章

年金は大丈夫？

年金増額で老後貧乏回避へ

ハナ　公的年金制度がアブナイって、いろいろ話題になってますよね。老後資産に関する私の卒論の大きなテーマだわ。

老後博士　公的年金はまさに老後の大きな支え。「破綻する」というのは大げさで、あり得ない話だけど、インフレ率に比べて受給額が伸びないという実質減額に加え、受給開始年齢の引き上げの可能性も出ている。でも不安がってばかりじゃ仕方がない。仕組みをよく知って、自分のできる範囲でなるべくたくさんもらえるようにするのが老後貧乏を防ぐために大事だよ。

ハナ　エッ！　自分で増やすこともできるの？

老後博士　図表6－1で見るように増やせる仕組みはいろいろあるけど、まずその前に、制度の全体像をざっと頭に入れておこう。図表6－2のように、公的年金制度は国民全員が加入する

図表6－1　実はたくさんある年金増額の方法

自営業者など第1号被保険者

会社員

付加年金に加入
上積みで掛け金を払えば、2年でもとがとれる！

60歳以降も国民年金に任意加入または追納（未納期間がある場合）
1年分多く納めれば受給開始後約9年半でもとがとれる！

国民年金基金に加入
・老後の年金額が増えるだけでなく、働いている時期に税金が大きく減る！　所得400万円の人がフルに使えば年に24万円強の節税！

小規模企業共済に加入（個人事業主か役員）
・老後の年金額が増えるだけでなく、働いている時期に税金が大きく減る！　所得400万円の人がフルに使えば年に25万円強の節税！

個人型確定拠出年金（2015年時点は自営業者と、企業年金がない企業の会社員だが、今後全国民に拡大へ）
・老後の年金額が増えるだけでなく、働いている時期に税金が大きく減る！　所得400万円の会社員がフルにかければ年に8万2800円の節税！

受給開始の繰り下げ
・5年繰り下げれば受給開始後毎年42％増

60歳以降も会社員として働く
・月20万円で5年働けば年金が年に10万円増も！

企業型確定拠出年金のマッチング拠出
・老後の年金額が増えるだけでなく、働いている時期に税金が大きく減る！　所得400万円の会社員が年に20万円マッチング拠出すれば6万円の節税

企業型確定拠出年金の運用対象を預貯金から株・債券の投信に切り替える
・過去35年の実績では増え方は約3倍に！

「国民年金（基礎年金）」があり、よくこれを建物になぞらえて「1階部分」と呼ぶ。ちなみにざっくり言うと、国民年金というのは、1階部分を払うときの名称で、基礎年金は受け取るときの名称。ときどき、新聞などで「第○号被保険者は……」などという書き方がされているけど、これは国民年金のなかでの種別で、**第1号は自営業者や学生など、第2号は会社員や公務員、第3号は第2号被保険者に扶養される配偶者**のことなんだ。

ハナ　呼び方自体が堅苦しくて、もうそれがイケテナイわ。自営業者は「花組」、会社員は「月組」とかにすれば身近なのに。

老後博士　宝塚じゃないので……。2階部分はサラリーマンやOLが加入する「厚生年金」と、公務員などが加入する「共済年金」。ただし2015年10月からこの2つは一体化され、両方とも厚生年金になる。

ハナ　つまりサラリーマンや公務員などは、1階部分の国民年金と、2階部分の厚生年金に二重に入っているので、その分自営業者などに比べてもらえる年金額が多くなるってことね。

老後博士　そう。厚生労働省が示す公的年金のモデル世帯の年金月額は約22万6000円（2014年末）。ちなみにモデル世帯というのは40年間会社員をしてきた夫と専業主婦の世帯のことね。内訳は、夫の老齢厚生年金が約9万8000円、老齢基礎年金が約6万4000円、妻の老齢基礎年金が約6万4000円となっている。よく老後に年金はいくらもらえるか、という試算を目にするけど、多くはこのモデル世帯の受給額をベースにしているよ。例えば月22万

図表6－2　日本の年金の仕組み

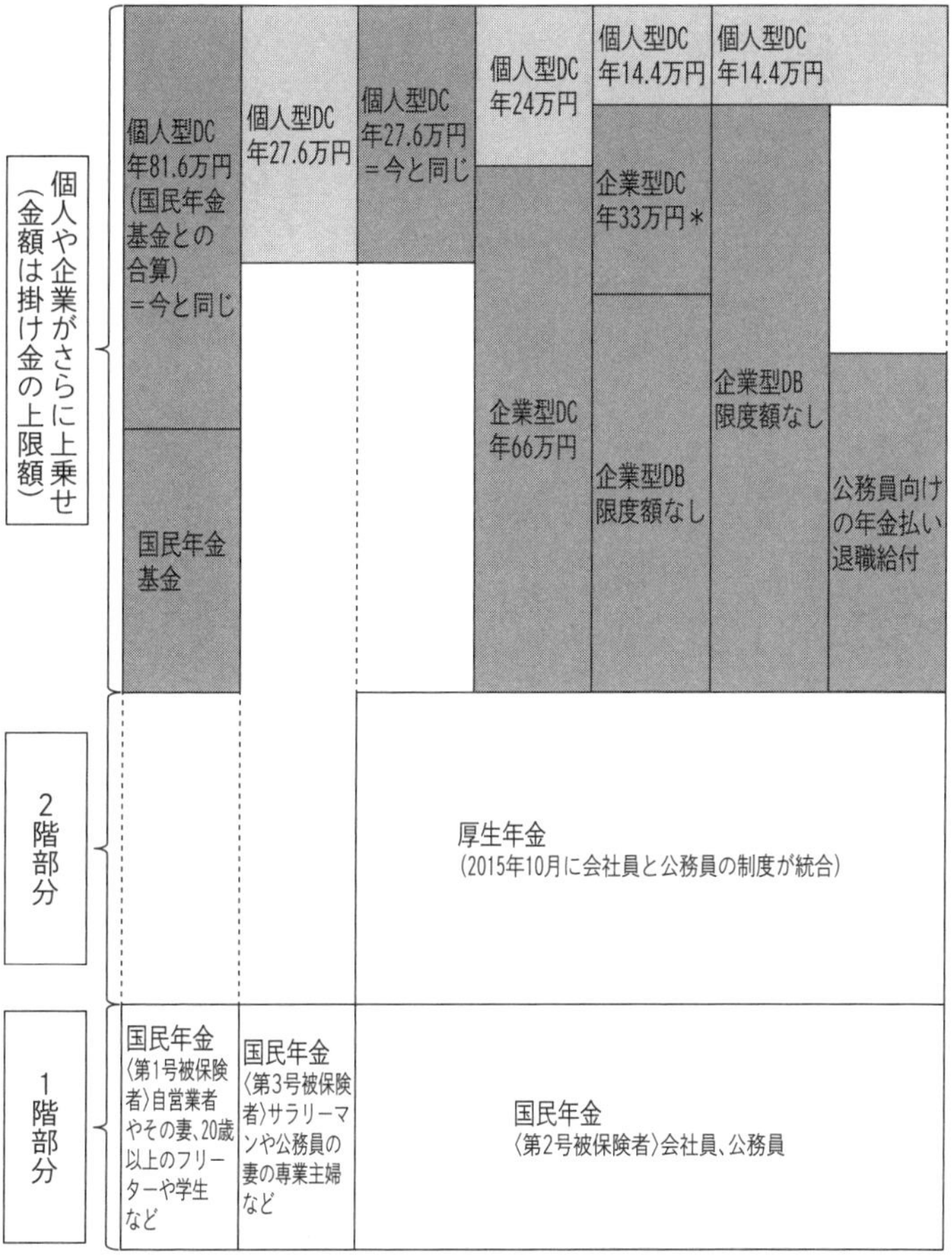

（注）薄いアミかけ以外が2015年末時点、薄いアミかけは早ければ2016年から新たに加わる。DBは確定給付年金、DCは確定拠出年金、＊は個人型を実施する場合は年18.6万円に上限が下がる。

6000円で90歳まで25年もらうなら6780万円、などと計算するわけ。

ハナ　でも今後は実質的に減っていく可能性があるので、自分で少しでも上積みしようってわけですね。どうするの？

「隠れた優遇税制」個人型確定拠出年金

老後博士　まずは個人型確定拠出年金（DC）をみよう。少額投資非課税制度（NISA）に関心が集まっているけど、**税制の有利さという意味ではNISAを上回るお得な仕組みなんだ。でも、あまり知られていないので「隠れた優遇税制」とも呼ばれる。**NISAとの違いは図表6－3を見てね。

ハナ　聞いたことないんですけど。そもそも「確定拠出」って何？

老後博士　ちょっと長くなるけどいい？

ハナ　できれば10秒で。

老後博士　無理！　従来の日本の企業年金は、確定給付型（DB）と呼ばれるタイプだった。将来いくらもらえるか、つまり給付が確定しているタイプの年金。だけどこれだと、運用環境が悪くて思ったように増やせなかったとき、足りない分は企業が自腹を切って補てんしなくちゃいけ

図表6－3　個人型DCとNISAはどう違う？

	個人型DC	NISA
誰が使える？	〈2015年時点〉自営業者など国民年金の第1号被保険者と、企業年金がない会社の会社員（第2号被保険者）。掛け金の上限は自営業者が月6万8000円、会社員が同2万3000円 〈2016～17年〉公務員、企業年金のある会社の会社員、第3号被保険者も加入可能に	20歳以上
運用対象	預貯金や投資信託など	株や投資信託など
掛け金の所得控除	全額控除	なし
その他の税制優遇	運用期間中は非課税。引き出し時は一時金なら退職所得控除、年金なら公的年金等控除	〈2015年時点〉年100万円、最大500万円の投資の運用益非課税。期間は原則5年 〈2016年〉年120万円に拡大へ
引き出し時期	原則60歳以上	いつでも可

ない。それが耐えられなくなって、確定拠出型に切り替える企業が増えているわけ。これは拠出、つまり企業が月々出す掛け金が決まっていて、将来いくら受け取れるかは、加入者自らが選択する預貯金や投信などの運用によって変わってくる。

ハナ　10秒たちましたけど。

老後博士　無理だって。

ハナ　要するに運用のリスクを加入者にまわしたってわけ？

老後博士　まぁそうだね。でも企業は本業でのみリスクをとるべきで、さらに年金の運用でリスクをとるのは本末転倒という考え方も、これはこれでおかしくない。米国を始め、世界的に確定給付型から確定拠出型への流れは強まっている。

ハナ　で、個人型ってのは？

老後博士　確定拠出年金が日本に導入されたのが２００１年。ほぼ同時期に、別途、個人の資産形成手段として個人型ＤＣの制度もできた。こちらは、掛け金は加入者が出すんだけど、その後はやはり預貯金や投信などで運用し、運用次第で将来もらえる年金（給付）は変わってくる。

ハナ　確定しているのは自分が出した掛け金で、もらえる年金（給付）は確定してないのね。

老後博士　そう。**個人型ＤＣは、15年現在では自営業者など第1号被保険者と企業年金のない会社員が入れる。だけど14年末の税制改正大綱で大幅拡充が打ち出され、今まで加入できなかった公務員や専業主婦、企業年金のある会社員も加入できるようになる。つまり国民全体だよね。国が「自助努力で上積みする老後資金」の中心部分に個人型ＤＣを明確に位置づけたとみていい。**

ハナ　公務員などが入れるのはいつからですか？

老後博士　法改正次第だけど、早ければ16年、遅くても17年じゃないかな。だけど、今でも自営業者のほか企業年金のない会社員も入れるって言ったでしょ？　企業年金というのは厚生年金基金、企業型確定拠出年金、確定給付年金などのことで、これがない会社員は会社員全体の約半分。つまり、かなり多くの人が今でも使える。**老後に備えて積み立てるという点では生命保険会社の個人年金保険に似ているけど、税制や商品内容など様々な面で個人型ＤＣの方が比べものにならないほど有利。使える人は今からでもぜひ使うべき**だよ。

ハナ　厚生年金基金って、会社員は基本的に入っているんじゃなかったっけ？

老後博士　みんな入っているのは厚生年金で、厚生年金基金じゃない。「基金」という言葉がついているかどうかに注意してね。ここは間違えやすいんだけど、厚生年金はさっきの図表6－2でいえば2階部分。企業年金はその上の、さらに企業が上積みする部分のことで、厚生年金基金はこの上積み部分のことなんだ。この2つは違うので、厚生年金に入っている会社員でも、その上の上積み部分がない人は個人型ＤＣに入れる。

ハナ　わかりましたけど、制度の説明が長すぎますって。もっとコンパクトにまとめる勉強をしたほうがいいですよ。私、帰ろうかと思っちゃった。

老後博士　僕が帰るよ。さよなら。

ハナ　冗談ですって。先輩なしでは卒論書けないので、……ほんとに頼りにしてます。

老後博士　……ハナちゃんが、例えばこんな勧誘を受けたらどう思う？　「うまい資産形成の方法がありますよ。例えばあなたが年に81万6０００円貯金したとします。すると、あなたの所得次第ですが、半分の40万8０００円を、御褒美に差し上げることもあります。やってみませんか？」って。

ハナ　話がうますぎる！　そういうおいしい話には、絶対乗らないわ。

老後博士　まぁ、それが妥当な感覚かもね。でも実は、個人型ＤＣはこの通りのおいしい話なんだ。図表6－2でわかるように、掛け金の上限額は自営業者で月6万8０００円、会社員で月2

万3000円。**最大の魅力は掛け金がまるごと税金の対象から控除されて、税金が減ること**。所得控除という仕組みで、この結果税金が減る。その仕組みを、図表6－4で見てみよう。

まず個人型DCを使う前の課税所得が400万円の人がいたとする。税金は所得全体にかかるんじゃなくて、所得から様々な控除を引いた後の課税所得に税率をかけて算出される。つまり所得控除が増えると課税所得が減って、税金が減る。

ハナ　言葉が難しそうだから、具体的に数字で言ってください。

老後博士　この所得の人だと、一番高いところの税率が所得税（20％）と住民税（10％）を合わせて30％。会社員の上限、月に2万3000円を1年間かけると年に27万6000円。これが所得控除されるので、個人型DCを使った後の課税所得は372万4000円に減る。減った27万6000円に税率30％をかけた8万2800円が本来ならかかっていた税金で、この分がなくなる。つまり税金が減るわけ。30年続ければ節税の金額だけで248万4000円。しかも運用対象に選んだ投信の値上がり益が加われば、老後資金に大きな上積みになるだろうね。

ハナ　結構なメリットですね。税金が減るのはみんなこの同じ金額？

老後博士　税率が高く掛け金が多いほど税の削減効果も大きくなる。例えば同じ掛け金27万6000円でも、所得税・住民税が50％の人なら、税金が減る金額は27万6000円×50％で13万8000円だ。

ハナ　でもさっき聞いた40万8000円と比べると大きくないわ。……あっ、自営業者の人だと

図表6－4　所得控除で税金が減る仕組み

毎月2万3000円、年間27万6000円を拠出した場合

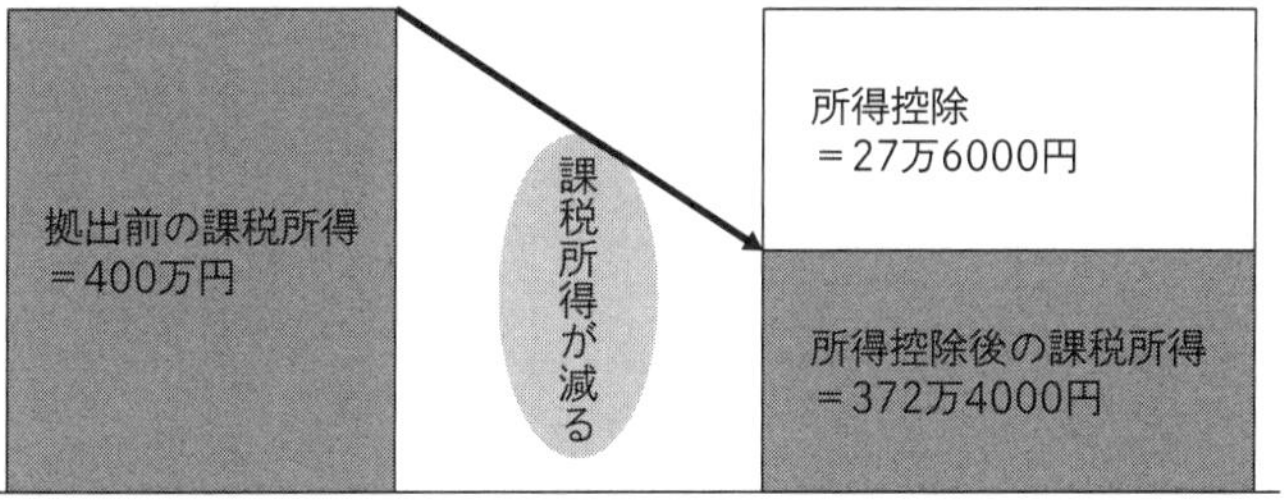

年間の節税額は？

所得400万円（本文のケース、所得税と住民税の合計税率が30％、
復興税は省略）なら→27万6000円×0.3＝8万2800円

掛け金が大きいからもっと節税になるってこと？

老後博士　さすがハナちゃん。例えばハナちゃんがこれから高収入のお医者さんなんかと結婚することがあれば、ぜひこの制度を使うようにすすめたほうがいいよ。

ハナ　目標はアラブの石油王ですってば。

老後博士　それはおいといて、今から話すのは僕の知り合いの静岡県の開業医、井出さん（仮名）の話。彼は２００７年から実際にこの個人型ＤＣを使って外国株などの投信で運用している。収入が多く、彼の上限税率は50％。自営業者の掛け金の上限である月６万８０００円を掛け続けているので年間の掛け金は81万６０００円だ。税率が50％ということは、81万６０００円分の所得控除があると、税金はその半分、つまり40万８０００円減るということ。30年やれば、節税効果だけで１２２４万円だよ。さっきの話はこのことだったんだけどね。

ハナ　こういう制度を知っていると、お金持ちはますますお金持ちになるってことか。だけど、どれだけ節税効果があっても、投資で失敗したらもっと大きな損が出そう。

老後博士　**個人型DCは、NISAと違って預貯金も対象。投資の損が怖い場合は、預貯金を対象にして節税メリットだけを受ける手もある。**ただし老後までは長期だから、おすすめはやはり低コスト投信を使って世界全体に分散投資して資産を増やしていくことになる。

ハナ　個人型DCって、コストはどうなんですか？

老後博士　運営管理機関ごとに定められた手数料が、拠出期間中、通常は年2000～6000円程度かかる。これは各運営管理機関と、実施主体である国民年金基金連合会などの合計。ただ大半は所得控除に伴う節税効果が大きく上回るよ。SBI証券やスルガ銀行のように、一定の条件で運営管理機関分の手数料がゼロのところもある。あと、ほかに投信の信託報酬などがかかる。

ハナ　投信って、長期運用では、日々差し引かれるコストである信託報酬が成績に大きな影響を与えがちなんでしたよね。

老後博士　そう。**個人型DCで、金融機関の投信の品揃えは玉石混交。信託報酬が年に2％前後に達する割高な投信が選択肢に入っていることもある。**信託報酬が高くても良い成績をあげるものもあるけど、長期になるほどその比率は低くなりがちで、事前にそれを選ぶのが難しいことが様々なデータで知られている。長期運用なら低コストのインデックス（指数連動型）投信が基本。

ハナ　低コストの投信が扱われている金融機関はどこなんですか？

老後博士　おすすめは野村證券、琉球銀行など。国内外の株と債券という代表的な4資産の分野で、信託報酬が年0・2％前後という非常に低コストのインデックス投信がそろっているからね。

ハナ　琉球銀行って……。沖縄なんていちいち行けない！

老後博士　いや、個人型DCは基本的にネット中心に様々な手続きができるので、特に不便はないよ。ただし運用資産が高額の場合は信託報酬の差が大きいけれど、少額なら運営管理機関の手数料の低さを重視したほうが有利だから、いくつか比較してみるといいよ。

ハナ　掛け金の節税メリットはわかったけど、運用期間中の税金は？

老後博士　運用期間中、運用益には課税されない。株や債券の投資信託を使い、運用益を元本に加えていくことによる複利効果で、大きく資産を増やすことも可能。ただし、運用に失敗すると元本割れするリスクもあるのは普通の投資と同じだよ。

ハナ　受け取りは60歳からでしたっけ？

老後博士　そう。原則60歳以降、一時金と年金形式の両方を選べる。例えば一時金で受け取る場合は退職所得控除がある。控除額は20年までは年間40万円、その後は70万円なので、30年積み立てれば1500万円（40万円×20年＋70万円×10年）まで、元本と運用益を合わせて非課税。実はこうした退職所得控除は通常、会社員しか受けられない。個人型DCを使うことで退職所得控除を使えるのは、自営業者にとって大きな利点じゃないかな。

ハナ　会社員で個人型DCを受け取るとき、本業での退職金をもらった場合は、退職所得控除は別々に使えるの？

老後博士　鋭い視点だね。退職所得控除の枠は1つだけだから要注意。つまり個人型DCに使える退職所得控除があまり残っていない場合は、一時金で引き出す分を減らして年金でもらう比率を多くするほうが税金上は有利になりやすい。

ハナ　年金で受け取ったら？

老後博士　年金で受け取る場合も、公的年金等控除があって、税金はかからないか、あるいは大きく軽減される。つまり**「拠出時＝所得控除で節税、運用時＝非課税、受給時＝非課税か若干の課税」というおいしい制度**なんだ。

ハナ　それじゃあみんなに大人気でしょうね。

老後博士　**個人型DCに加入できる対象者は自営業者のほか、企業年金のない会社員は全体の半分に及ぶので、合わせると4000万人弱に達する。でも2002年の導入後十数年たつのに、加入者はまだ20万人強。つまり0・5％しかやっていない。**

ハナ　なぜ？

老後博士　節税メリットなどが十分知られていないためで、もったいない話だと思う。金融機関にとっては、少しずつしか残高が増えないので手間の割にうまみが少ないビジネス。このため積極的にPRしなかったことも大きいみたい。「隠れた優遇税制」とも呼ばれるのは、こうしたメリットの割に知られていないせいなんだ。ただ、注意したほうがいい点もある。

ハナ　それは？

老後博士　**個人型ＤＣの注意点は原則60歳まで引き出せないこと。**最近は突然のリストラなどで急に資金不足になり、金融機関などに「個人型ＤＣで貯めたお金をどうしても出させてくれ」と訴える人もいる。でも残高50万円以下など非常に限られた場合以外は法律上不可能。老後まで使わないでいい余裕資金を充てるべきだよ。

ハナ　それはすごく不便なような……

老後博士　あくまで老後の資金形成の手段なので、引き出せないのはかえっていいことだと思うよ。この点を知ると、ＮＩＳＡとの使い分けが見えてくる。教育資金や住宅資金のように途中で引き出すお金はＮＩＳＡが向いているし、個人型ＤＣは老後資金向けに絞るってこと。

ハナ　せっかくの優遇税制なんだから、目的を分けてなるべく2つとも使いたいところですね。

企業型ＤＣの「元本確保型運用」は老後に暗雲

老後博士　あと、税制の有利さが個人型ＤＣとまったく同じなのが、**企業型確定拠出年金のマッチング拠出。**

ハナ　うわぁ、またややこしく……。

老後博士　そうでもないよ。さっきも話したけど、確定拠出年金には企業型と個人型がある（図表6－5）。個人型が自分で掛け金を払うのに対し、企業型は原則、企業が掛け金を払ってくれる。だけど企業が出した掛け金の範囲内で、従業員が自分で掛け金を上乗せできるマッチング拠出という制度が2012年から始まっているんだ（図表6－6）。企業が出してくれる掛け金の額を超えない範囲で、という制限はあるけどね。マッチング制度を導入している企業は4000社近くあるよ。

ハナ　導入企業の従業員は、やったほうがいいの？

老後博士　そう思うね。個人型DCと同じで、自分が上乗せした掛け金は全額所得控除になるので、節税しながら将来の自分の年金を増やせる。最優先でマッチング拠出の枠は使うべきだよ。

ハナ　ところで企業型DCのマッチング拠出でない本体の部分は、自分ではどうしようもないの？

老後博士　掛け金の額自体は企業が決めるので自分ではどうもできない。だけど運用の中身は別。DCでは自分の運用次第で将来の年金が変わってくるんだから、自分がどう運用するかがとても大事。

ハナ　みんなどうしてるのかしら。

老後博士　残念ながら日本人は投資に慣れていないので、「損をしたら怖い」という意識が根強い。この結果、企業型DCの運用残高の約6割が預貯金や保険など元本確保型。株や債券などで運用する投信などは4割しかない。その結果、図表6－7でわかるように、14年9月現在で、通

図表6－5　確定拠出年金の仕組み

	企業型	個人型
対象	導入企業の従業員	自営業者、 企業年金のない会社員
掛け金の出して	企業	加入者
掛け金の月限度額	確定給付年金がない企業＝5万5000円、確定給付年金がある企業＝2万7500円	自営業者＝6万8000円、企業年金のない会社員＝2万3000円
受取時期	原則60歳以上	

(注) 2016～7年以降、個人型は対象が大きく拡大する予定

図表6－6　マッチング拠出って何？

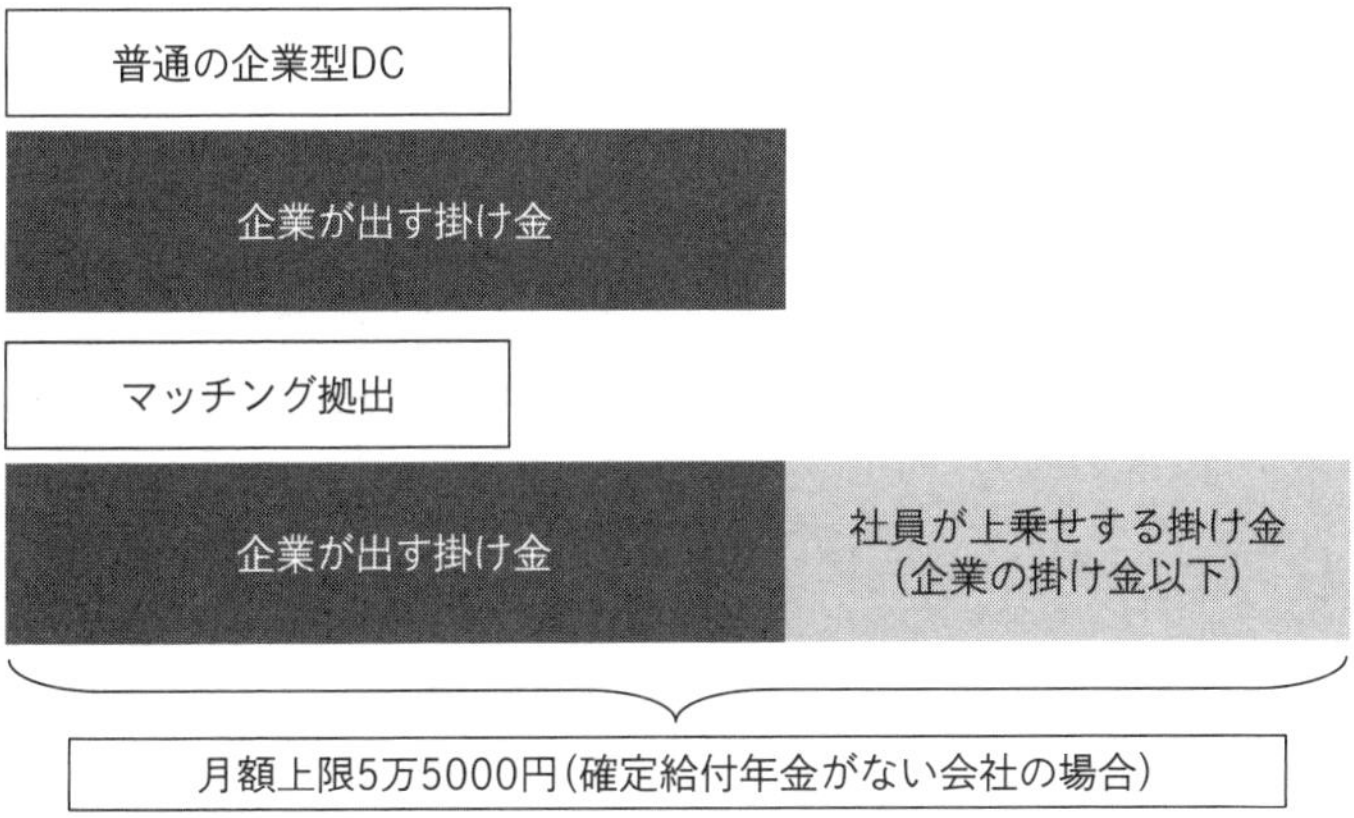

図表6－7　確定拠出年金の通算利回りは1％未満が最多

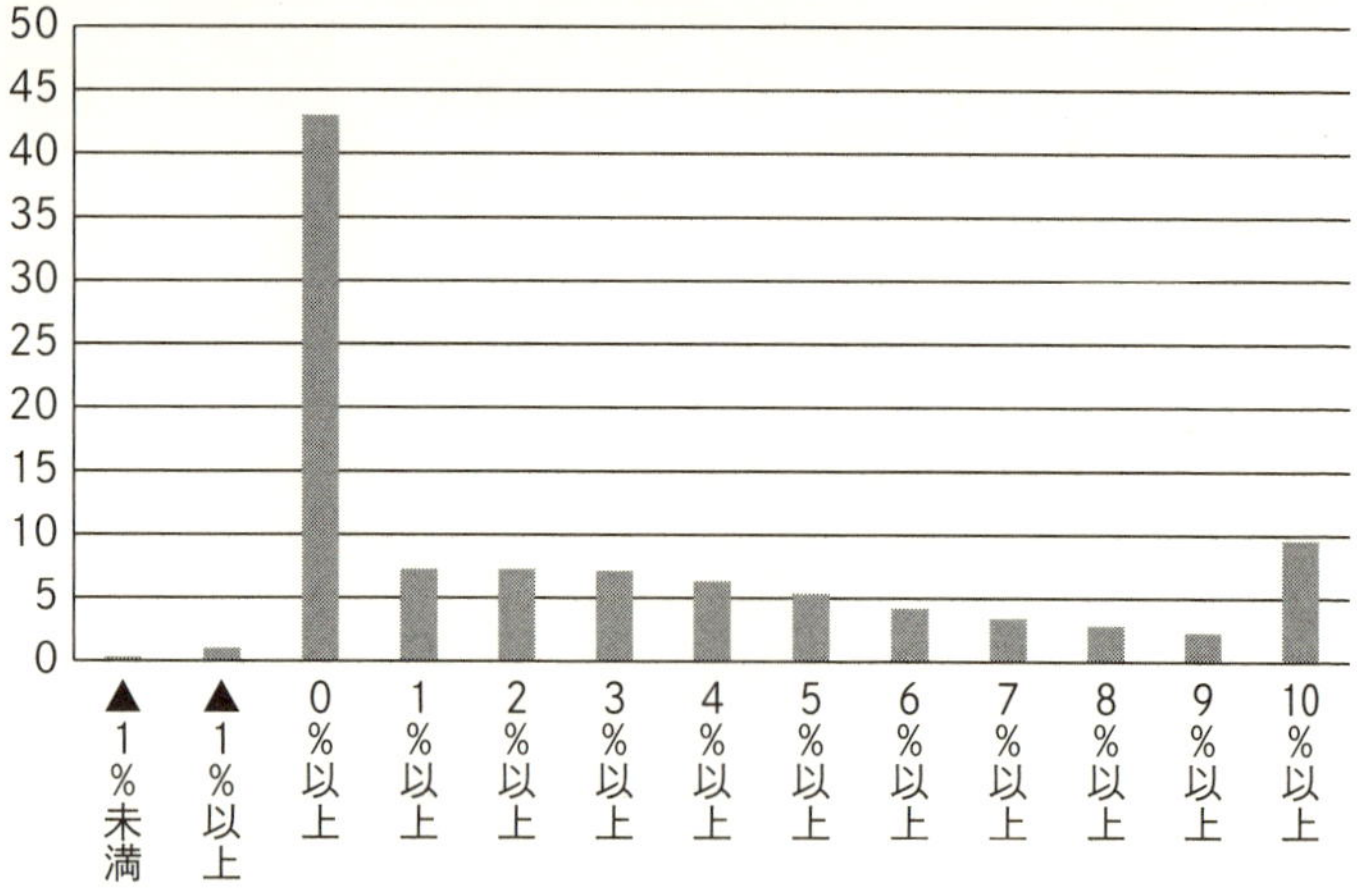

（注）2014年9月末時点、年金情報調べ

算運用利回りが0～1％の範囲にとどまっている人が全体の43％と最多なんだ。預貯金金利はゼロに近いから、預貯金を選べば当然そうなるよね。

ハナ　少しでも増えてるんだからいいのでは。

老後博士　いや、これは**老後貧乏の温床**。なぜかと言うと、さっきも言ったようにDC導入企業の多くは、従来あった退職金や、将来の年金額が確定している確定給付年金からの移行。企業は移行の際に、従来の制度と同水準の年金を得られるようになる「想定利回り」を決めていて、想定利回りから逆算する形で企業型DCの掛け金を決めている。従業員の運用が想定利回りに達しないと、もともとあった年金の水準に届かないわけ。想定利回りは企業によって違うけど、平均では2％程度だ。

ハナ　エットー……やばいじゃないですか。

図表6－8　日本株、日本債券、外国株、外国債券の4資産に均等に月2万円ずつ積立投資していたら……

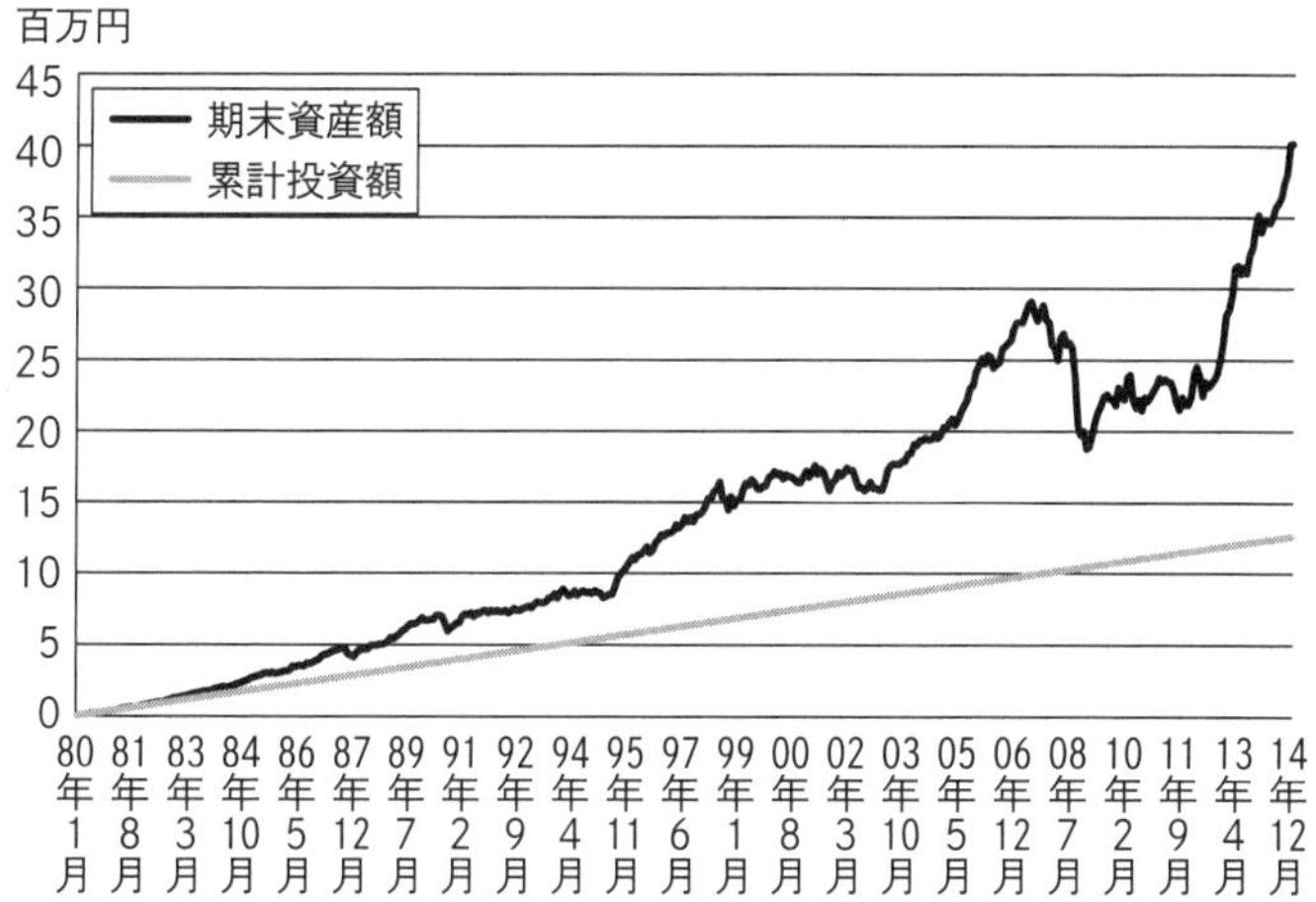

老後博士　しかも、想定利回りはＤＣ導入時点で予測した従来型の制度の年金額が目標で、その後の物価上昇までは織り込んでいない。**本来は想定利回りに物価上昇率を足した利回りが必要ってこと。**少なくとも０～１％の水準にとどまっている人はこの水準に届かない。

ハナ　どうすればいいの？

老後博士　やはり株や債券を組み込んだ投信に運用を切り替えたほうがいい。今後もおそらく何度となく株の大きな下落は訪れる。**特に、米国の利上げが進んでいった場合、２０１６～17年ごろはかなり大きな下落局面もあり得るとの見方も市場には多い。だけど毎月一定の額を積み立てていくＤＣの仕組みは、下落局面は安く資産を買える好機ということになる。**

ハナ　前に見たグラフ（図表６－８）でも、１９８０年以降、様々なバブル崩壊や金融危機があったけど、例えば国内外の株と債券の4資産に均等に分散投資で積立していたら、2014年末の資産は累計投資額の約3倍に増えていましたよね。企業型DCこそ、やり方次第で自分の年金を増やせるってことか。

老後博士　そう。ただし年齢が上がっていけば、値動きの激しい株式の比率は減らしくいくほうが安心だということも思い出してね。

ハナ　株の比率の目安は「100マイナス自分の年齢」という目安（60ページ）でしたね。

老後博士　人それぞれでとれるリスクは違うから、あくまで目安だけどね。

60歳以降、月20万円で5年働くと、65歳以降の上積み額が年間10万円前後に

ハナ　厚生年金そのものを増やすやり方ってあるんですか？

老後博士　効果が大きいのは60歳以降も働くこと。会社員の厚生年金って、1階部分の基礎年金と、その上に報酬によって変わる厚生年金が乗っかっているんだったよね。60歳以降も働くと、厚生年金部分がその分増えるのに加えて、基礎年金に関する部分も増えることが多い。

ハナ　増える仕組みが知りたいな。

老後博士　ちょっとややこしいので、ザックリ言うと、基礎年金の部分は、最大で40年加入で、

フルに加入すると、年金が2015年度で78万100円。ややこしいから年に80万円としよう。つまり加入期間が1年足りないごとに、2万円基礎年金は少なくなる。学生時代に任意加入だった時期がある人なんかは、60歳時点でも基礎年金が40年に達していないことが多いので、60歳以降も働くことでこれが40年に近づくと、基礎年金が満額に近づいていく効果がある。実は、正確には基礎年金ではなく、経過的加算という名前で増えていくんだけど、ザックリと基礎年金に関する部分が増えていくという理解でもいいよ。

ハナ　とにかく1年あたり2万円増えていくってことね。

老後博士　そう。例えば大学時代に国民年金を2年間払っていなかったので60歳時点で基礎年金が満額に2年分足りなかった人が、60歳以降も働くと基礎年金の部分が2年間増えて満額になる。1年納めるとだいたい年に2万円増えるから4万円増える。5年足りなかった人なら5年分、10万円増える。

ハナ　年金の2階部分は？

老後博士　厚生年金部分は、40年という上限はなくて、基本的に働いた期間に応じて、報酬に比例する形で増える。

ハナ　基礎年金に関する部分と合わせてどれくらい？

老後博士　図表6－9は社会保険労務士の小野猛さんによる試算。60歳までの収入がいくらだったかによっても違ってくるけど、月収が20万円で60歳から5年間働けば65歳以降、年金が年に10

図表6－9　60歳以降5年間の働き方で、65歳以降の年金（年額）はどう変化？

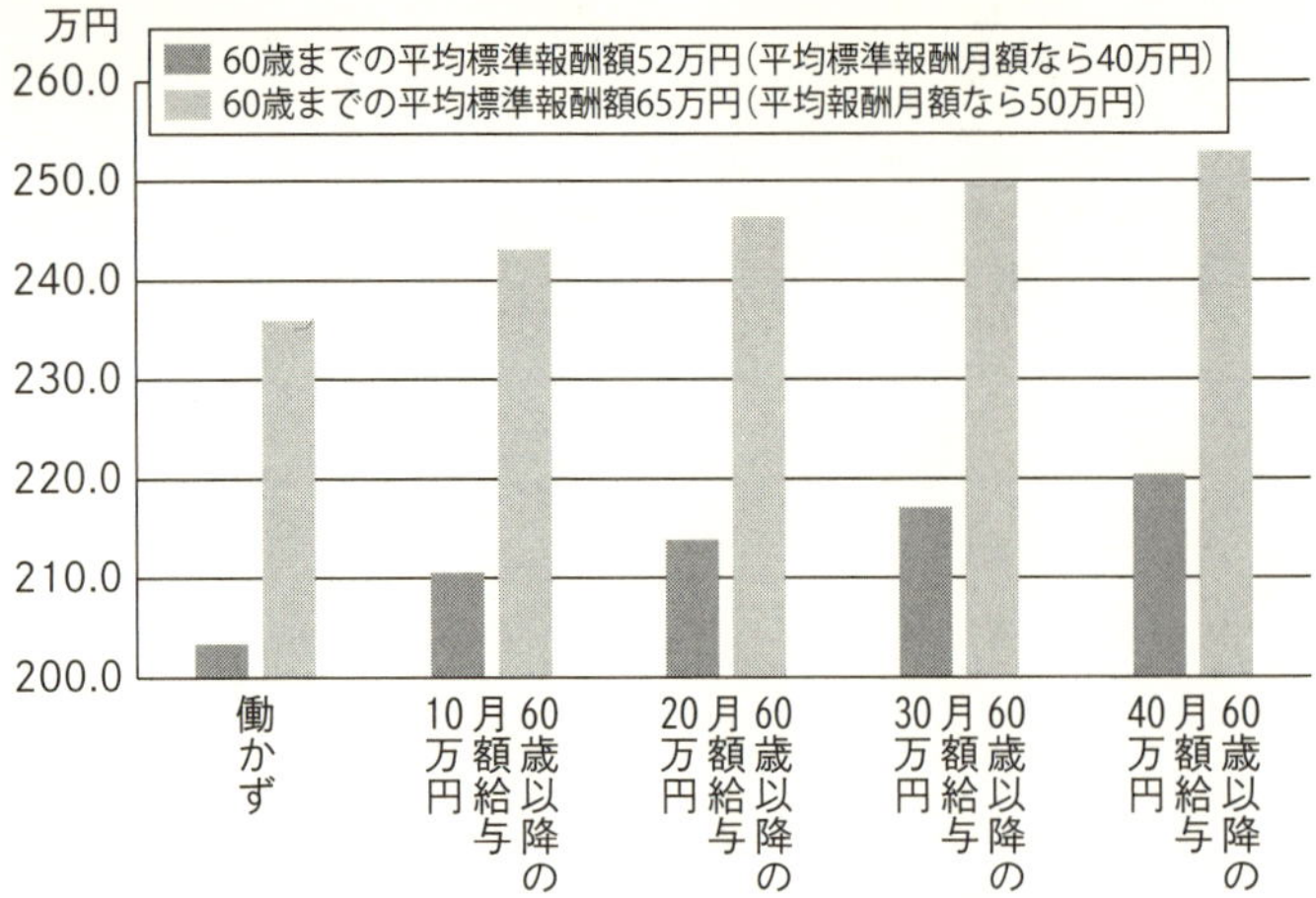

（注）社会保険労務士の小野猛さんによる試算。60歳まで38年間サラリーマンとして勤めた男性の場合。

万円程度増えてくる。

ハナ　結構大きいですね。

老後博士　図表6－9では収入別にどれくらい増えるかわかるから見てね。一方で60歳以降も働くと、厚生年金保険料は払い続けることになるし、年金をもらいながら働くと、在職老齢年金という仕組みで、給与次第では年金額の一部をカットされたりもする。それでも60～64歳の間に一定の金額は手元に残っていき、65歳以降は年金額も増えるわけなので、**総合的に考えると、60歳以降も働き続けたほうが有利なのは間違いない**よ。

ハナ　もし石油王と結婚できずに普通の人と結婚した場合、夫には絶対60歳以降も働いてもらおうと思いますね。

老後博士　ていうか、まずは自分がバリバリ働くことを考えるように。会社員の場合、奥さんがどれだけ働くかが、老後貧乏になるかどうか、大きな差になることが多いんだ。

妻の働きが老後貧乏を遠ざける

ハナ　働くって……。私、バラの花より重いもの、持ったことないし。

老後博士　……。会社員の奥さんでパートをしている人のなかには、君と違って「もっと働きたい」と思ってる人も多い。でもそこで「収入が一定限度を超えると、家計全体の手取りが逆に減ると聞くので……」という不安。ハナちゃんの卒論でも、このあたりは書いておいたほうがいいよ。

ハナ　なんか聞いたことがあるわ。「えっと、なんとかの壁」とか。

老後博士　その「壁」というのは、妻の収入によって妻自身の税金とか、夫の控除とかが変わってくる境目のことだよね。全体像は図表6－11を見てね。ハナちゃんが言おうとした壁はどれ？

ハナ　えっと……ギャグがわからない先輩との心の壁？

老後博士　帰るよ。

ハナ　あ、すみません。確か103万円の壁っていうのを聞いたことがあります。

老後博士　103万円の壁は、103万円を超えると夫の配偶者控除がなくなることなどを指す。

図表6－10　妻の年収と夫婦の税・社会保険料の関係は？
——一般的なケース

<table>
<tr><th>妻の年収</th><th>妻の所得税</th><th>妻の住民税</th><th>妻の社会保険料＊</th><th>夫の税金</th></tr>
<tr><td>100万円以下</td><td rowspan="2">かからない</td><td>かからない</td><td rowspan="3">かからない</td><td rowspan="2">配偶者控除がある</td></tr>
<tr><td>100万円超
103万円以下</td><td rowspan="4">かかる</td></tr>
<tr><td>103万円超
130万円未満</td><td rowspan="3">かかる</td><td rowspan="2">配偶者特別控除がある</td></tr>
<tr><td>130万円以上
141万円未満</td><td rowspan="2">かかる</td></tr>
<tr><td>141万円以上</td><td>なし</td></tr>
</table>

（注）2016年10月から厚生年金の適用が拡大され、従業員501人以上の企業などで労働時間により130万円から106万円に下がる

図表6－11　配偶者控除と配偶者特別控除

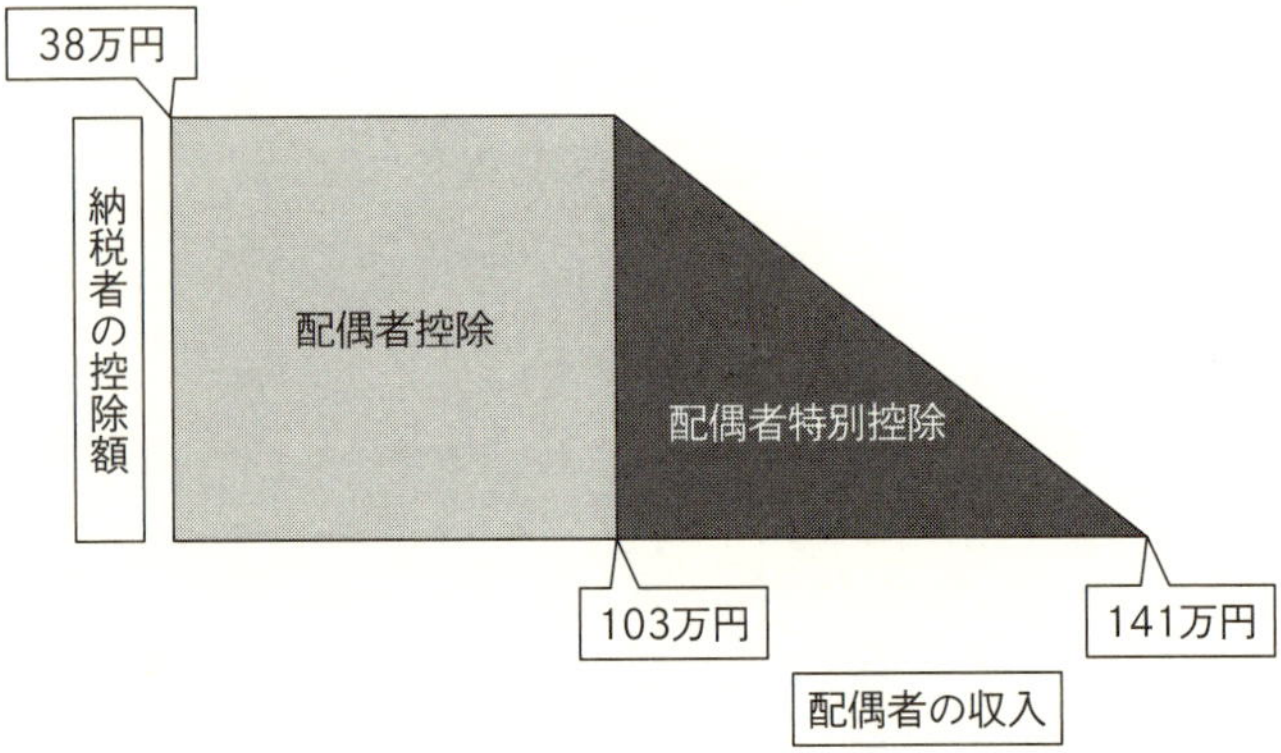

さっきも言ったように税金は収入全体にかかるんじゃなくて、控除を引いた後の課税価格にかかる。配偶者控除は所得税で一律38万円。控除が減ると、減った額に所得税率をかけた分だけ税負担が増える。

ハナ　やばいじゃないですか。

老後博士　いや、103万円の壁は普通、それほど気にしないでいい。103万円を超えると図表6―11のように別途配偶者特別控除が適用になるから。例えば妻の収入が104万円なら特別控除は38万円で従来と変わらない。配偶者特別控除は妻の収入が増えると段階的に減り、141万円以上はゼロになる。この間、夫の税負担は少しずつ高まる。

ハナ　どれくらい減るの？

老後博士　社会保険労務士の井戸美枝さんが作った表（図表6－12）を見て。この例で妻の収入が103万円よりも129万円のときのほうが手取り分の増加の効果が大きく、世帯合計の手取りは22万円増える。配偶者特別控除があるので、夫の手取り減少がゆるやかなことが大きい。

ハナ　何が重要なの？

老後博士　いわゆる**130万円の壁。会社員の妻の場合、130万円以上になると夫の扶養が外れる。労働時間で正社員のおおむね4分の3以上働いていれば社会保険に自ら加入し、厚生年金や健康保険の保険料などがかかる。**

ハナ　社会保険で扶養からはずれるとどうなるの？

図表6－12　妻の収入で手取りはどう変わる？

社会保険料発生（129万→130万）

（単位：円）

妻の給与	100万	103万	104万	129万	130万	140万	160万
税金や保険料を引いた妻の手取り額	100万	102万5000	103万5000	127万2000	110万6000	118万7000	135万
税金や保険料を引いた夫の手取り額	397万3000			395万6000	394万6000	390万5000	390万2000
夫婦(世帯)の合計手取り額	497万3000	499万8000	500万8000	522万8000	505万2000	509万2000	525万2000

手取り減少（129万→130万）

手取り収入純増に（129万→160万）

井戸美枝さんによる一定条件下での概算、1000円単位で四捨五入。健康保険は協会けんぽ（東京都）で夫婦ともに40歳未満。2016年頃から一部企業で厚生年金の適用が106万円になるが、この試算は適用が130万円のままのケース。

老後博士　厚生年金、健康保険などは会社と本人が折半する。妻の給与が１２９万円から１３０万円に１万円増えると、この試算のケースだと新たに約18万５０００円の社会保険料が発生する。妻の手取りが大きく減るので、世帯の手取りも17万６０００円減ってしまう。現時点での手取りだけで考えるなら、１３０万円を少し超えてしまうのはデメリットが大きいよ。

ハナ　たくさん働いたらデメリットって、いやですね。

老後博士　一方で知っておきたいのが、社会保険に加入するメリット。まずは老後の厚生年金の増額だ。税・保険料が今後も一定として概算で考える。130万円で10年働くと、129万円のときより家計の手取りが総計176万円減る。だけど妻が130万円で10年働けば、上積みされる厚生年金は年7万1000円。受給開始後約25年で厚生年金が手取りの減少分を上回る。受給開始の65歳まで生きた女性の平均余命は約24年だから、ギリギリだね。井戸さんは「**129万円から130万円に増えたとき、手取りの減少を将来の年金増で取り戻すのは簡単じゃない**」と話しているよ。

ハナ　奥さんの収入が140万円なら？

老後博士　129万に比べて世帯の手取りは約13万6000円、10年で136万円減る一方、厚生年金が年約7万7600円増えるので、厚生年金を18年受ければ上回る。さらに妻の給与が160万円までいけば、現時点の夫婦の手取り合計が129万円のときを上回る。年金8万8000円強は純増だ。

ハナ　**130万円を超えるなら、いっそ大きく超えたほうがいい**いってことね。

老後博士　社会保険への加入は、ほかにも様々なメリットがある。**会社員が入る健康保険なら病気の休みなどに月収の3分の2がもらえる傷病手当金などがあるほか、出産手当金も受給できる**よ。こういうのは自営業者や専業主婦では得られないメリット。

ハナ　老齢年金だけじゃないのか。

老後博士　ただし130万円を超えても、労働時間が正社員のおおむね4分の3未満なら社会保険に加入はできず、扶養だけがはずれて自分で国民健康保険料と国民年金保険料を払う。厚生年金の上積みなどがなく、保険料負担だけ生じるってわけ。通常は130万円を超えるなら『4分の3要件』も満たすことが多いけど、そうでないケースもあるので要注意かもね。

ハナ　ところで、厚生年金に入る対象が拡大するって、新聞で読んだことが。

老後博士　16年以降、一定条件の場合に社員の労働時間の半分で社会保険への加入義務付けが予定される。保険料負担を嫌い、労働時間を抑えることを考えがちだが、保険加入のメリットも考えて判断したいね。

ハナ　働く効果っていろいろ大きいんですね。

老後博士　そもそも世帯の手取りを増やすなら、夫だけが収入を増やすより、共働きで増やしたほうが税制上は効率的だ。だって所得が高いほど税率が上がるから、夫が頑張って収入を100万円増やしても税金でだいぶとられちゃう。それより、専業主婦の妻が100万円稼ぐほうが、税負担が小さい分手取りの増加は大きい。男性の生涯賃金は減る傾向にあり、夫だけでは家計を支えきれなくなりつつある。夫の家事分担と妻の働きが欠かせないと思う。

ハナ　私、なんだかいろいろ考えちゃった。……みんなこうやって、夫婦で一生懸命、将来のことを考えてがんばってるんだな、って。自分が、若き石油王と婚活って、バカみたい。

老後博士　やっと気づいたか。

ハナ　私、すぐ忘れますけどね。

老後博士　……。

ハナ　ところで233ページでは、ほかにも、年金の繰り下げっていう増やし方が図示されてますね。

老後博士　これについては、今から自営業者の人の年金上積み策について話すなかで、あとでまとめて説明するよ。

付加年金は払った保険料を2年で回収でき、その後もずっと上積みが続く

老後博士　自営業者の方などの第1号被保険者は、20歳から60歳になるまでずっと保険料を納付しても、もらえる年金の額は年に80万円弱（2015年は78万100円）。1か月あたりだと毎月6万5000円弱になる。保険料を納付していない時期があればさらに金額が減るから、実際には平均で5万円台となっている。

ハナ　どっちにしろ、その金額では安心できないわ。

老後博士　会社員より低いだけに、上積みの必要性は高いよね。いろいろな手法の詳細を図表6―13にまとめたから見てね。

ハナ　うわっ！　たくさんあるじゃないですか。

老後博士　そう。自営業者のほうが会社員より増額の選択肢は多いんだ。まずは上積みして保険

料を払うやり方から。

ハナ　上積みして払うなんて絶対にイヤ！

老後博士　いや、お得なんだってば。例えば**付加年金**という制度。払った保険料を、2年で回収できる。この制度は、毎月国民年金の保険料を400円ずつ上積みして払うことで、65歳以降、付加保険料を払った月数に200円をかけた金額を、年間で受け取ることができるんだ。

ハナ　それって本当にお得？

老後博士　例えば毎月400円の付加保険料を10年、120か月払えば4万8000円。一方で65歳以降上積みしてもらえる額は、毎年120か月×200円だから毎年2万4000円。2年でもとがとれるでしょ？　その後もずっと同額の上積みが続き、10年間なら上積み額は24万円、20年間なら48万円となる。

ハナ　もっと期間が長いと？

老後博士　40年付加保険料を納めると、払った金額が40年で計19万2000円。もらえる金額は1年で9万6000円になり、やはり2年で回収できるね。当然3年目からは毎年9万6000円ずつ負担なしでもらえる計算になる。

ハナ　なんでいつも2年なの？

老後博士　数式でわかるよ。Xか月払うとすると、払う金額は月400円×Xか月だよね。もらうほうは1年間につき200円×Xか月なので、2年もらえば400円×Xか月だから、ここで

図表6－13　公的年金の増やし方――自営業者など第1号被保険者

パターンA――自分で公的年金の掛け金（保険料）を上乗せする				
	付加年金	国民年金基金	個人型確定拠出年金	小規模企業共済
制度の概要	月々400円を国民年金に上乗せして払えば、上乗せした月数に200円をかけた金額が将来、毎年上乗せされる	一定の掛け金を払えば、将来決まった額の年金がもらえる	一定の掛け金を払い、運用成果次第で将来上積みできる年金が増減	一定の掛け金を払えば、将来決まった額の年金がもらえる。いわば事業主の退職金制度
対象者	自営業者など第1号被保険者。個人型確定拠出年金は企業年金のない会社員も可			従業員が20人（サービス業・商業は5人）以下の個人事業主又は会社の役員など
税の優遇	拠出額全体が所得控除、運用・受け取り時も優遇			
利回り	2年でもとがとれる	年1.5％（確定）	運用次第	年1％（確定）
毎月上乗せできる掛け金の上限	400円	2つ合わせて6万8000円		7万円
受給開始年齢と受け取り方法	原則65歳。一時金としては受け取れず年金方式だけ		原則60歳。一時金と年金のどちらも可	60歳前にも受け取れるが元本割れも。一時金と年金とどちらも可
手続きの窓口	市区町村など	国民年金基金など	銀行、証券など金融機関	商工会議所、商工会など

パターンB――受給額を満額（納付期間40年分）に近づける
未払い分を納付する。未納期間は2年、免除期間などは10年さかのぼって納付が可能

パターンC――繰り下げ受給
1年繰り下げると年に8.4％、5年繰り下げると年に42％分だけ、需給額が生涯にわたって増える

もうもとはとれてるでしょ？

ハナ　先輩って、見た目より意外に頭いいですね。

老後博士　……付加年金の申込窓口は市区町村。ただしこの後で説明する国民年金基金という制度と両方は使えず、どちらか1つを選ばなければならないことになってる。1つ気をつけたいのは、将来増える額は決まっているので、大きなインフレになれば実質的に若干目減りする可能性があること。でも2年でもとがとれるほどの仕組みなので、お得なのは間違いないよ。

税優遇の年金制度をフルに使えば年50万円の節税も

ハナ　図表6－13を見ると、ほかにもいろいろありますね。

老後博士　保険料を納付する時期に節税効果が大きいのは、国民年金基金と個人型確定拠出年金、そして小規模企業共済。この3つの制度には、将来の年金受給額を増やせることに加えて、掛け金を納めている間、税金を減らせるというメリットがある。

ハナ　さっき、個人型確定拠出年金のとこで聞いた話？

老後博士　そう。掛け金が所得から控除される結果、税金が少なくなるのはみんな共通。個人型DCはさっき説明したから、国民年金基金について話すね。国民年金基金は、付加年金と同様にサラリーマンなどに比べて低い国民年金の上乗せを狙いとした制度で、20歳から60歳までの第1号被保険者が対象。掛け金の上限は個人型ＤＣと合わせて月６万８０００円。これが全額所得控除される。

ハナ　利回りってどれくらい？

老後博士　２０１５年春現在の予定利率は年１・５％。５年に１度見直される。本来は高利率のときに加入しておきたい制度だけど、さっき話した税の軽減効果の大きさを考えると、やはり活用に値する仕組みと言えるんじゃないかな。

ハナ　図表を見ると、小規模企業共済というのもありますね。

老後博士　小規模共済は小規模企業の個人事業主や会社等の役員が事業を廃止した場合や65歳になった場合などに、それまで積み立てた掛金に応じた共済金を受け取れる制度。いわば国が作った「経営者の退職金制度」だね。毎月の掛け金は１０００円から最高７万円までで自由に設定できる。

ハナ　これもやったほうがいいの？

老後博士　ポイントは掛け金の「所得控除枠月7万円」が、「国民年金基金と個人型ＤＣ合わせて月６万８０００円」とは別枠ってこと。両方フルに使えば、月13万８０００円で年に１６５万６０００円。例えば税率が３割の人なら年に50万円もの節税になる。

ハナ　お金に余裕があれば、併せて使えばお得ですね。でもやっぱり利率は低いんでしょ？

老後博士　確かに現在の利率は低い。ただ、国民年金基金のほうは、将来利率が上がっても今入れば低い利率のままだけど、小規模企業共済は「5年に1度利率を見直す際、従来からの加入者にも、それ以降の掛け金については新しい利率がそのつど適用される」（制度を運営する中小企業基盤整備機構）ので、利率が上がるのを待ってから入る必要はないと思うよ。

ハナ　受け取りは？

老後博士　年金方式だけでなく一時金でももらえるので、65歳のときにまとまったお金が欲しい場合は、国民年金基金より小規模共済が向いているかもね。

自営業者の年金　1年多く納めれば受給9年半で回収

ハナ　次に図表6－13のパターンBは、納付期間を満期の40年に近づける方法ね。

老後博士　国民年金は40年納付して年に80万円弱だから、1年足りないごとに受給額が約2万円減る計算。さまざまな理由で未納期間がある人はかなりの割合に達していて、ただでさえ少ない国民年金がさらに減額されてしまいがちなんだ。

ハナ　納付期間を満期に近づけると、どんな効果があるの？

老後博士　逆に考えればいい。1年間の保険料は18万7030円で、これに対し年に受給額が2

万円弱増えるので、利息などを度外視して考えると、受給開始後ほぼ9年半でもとをとれることになる。65歳の男性の平均余命は18年。つまり83歳まで生きる可能性が高いので、9年半後の74歳でもとをとったあとも、増額された年金が続く。

ハナ　年金ってお得なのね。

老後博士　国民年金の保険料は、このうち半分が税金でまかなわれている。だからこそお得に作れるんだ。国民年金を払わないと将来受け取れない。ということは自分の払う税金でみんなの保険料の一部を払う一方で、自分には税金が還元されない。もったいない話だよ。**しかも年金は老後にもらえるだけじゃない。若くして心身に障害を負えば障害年金がずっともらえるし、働き手が亡くなって子どもがいれば遺族年金も給付される。人生をまるごと保障してくれている制度なんだ。保険料を払っていなかったために、こうした給付が受けられなくて後悔している人は多い**よ。

ハナ　今まで払っていなかった場合、追加で払えるの？

老後博士　経済的な理由などで免除申請をしていた期間については10年間さかのぼって払える。何もせず滞納していた未納期間については、2年しかさかのぼれないけど、その分だけでも支払っておいたほうが将来的には有利になる。

ハナ　黙ってぶっちぎるのがよくないのは、恋愛でも年金でも同じね。

老後博士　今まで黙ってぶっちぎってきたの？

ハナ　過去のことは忘れたわ。

老後博士　……。ちなみに追納に関して特例措置もある。未納分の保険料は本来、過去2年分しか払えないけど、2015年9月までは10年分の追納が特例で認められている。その期間が終わった後も、本来の2年とせず、5年分の追納が認められているよ。

ハナ　追納したほうが得なのだから、やれる人は急がないとね。

老後博士　あと、本来の国民年金への加入は60歳になるまでなんだけど、60歳から65歳未満まで任意で加入することも可能だから、これを使って加入期間を長くして、40年に少しでも近づけることもできるよ。

繰り下げ受給、特に女性の長生きに安心感

ハナ　パターンDとして、繰り下げ受給によって年金を増やすってありますね。これって何？

老後博士　年金は基本的に65歳からもらう仕組みだけど、繰り上げや繰り下げも選択できる。これは会社員の厚生年金も同じ。繰り上げは60歳までできるけど、1か月繰り上げるごとに年金は0・5％減額されて、それが一生続く。逆に繰り下げは70歳までできて、1か月遅くするごとに一生にわたり0・7％の増額、例えば70歳に繰り下げれば5年分だから60カ月×0・7％で生涯

42％の増額だ。

ハナ　お得の境目ってあるの？

老後博士　難しいのは、それが得になるかどうかは自分の寿命次第だということ。例えば68歳まで3年間繰り下げた場合、65歳から受給していた場合と受給総額がだいたい等しくなるのは80歳頃。繰り下げ期間3年でもらえなかった分を１００％×３＝３００％として、３００％を68歳からの増額分約25％で割ると12年だから……。

ハナ　つまりこの年齢を超えて生きると繰り下げたほうが受給総額は増えるけど、その前に亡くなるのなら繰り下げなかったほうがよかったことになるわけね。

老後博士　そういうこと。今と同じ考え方で、図表６－14で繰り上げと繰り下げでお得度がどう変わるか試算してみた。厚生年金は収入の額によりややこしいから、基礎年金で計算しているけど、お得度の判定は厚生年金でも基本は同じ。

ハナ　結局、長生きすればするほど、繰り下げのお得度が高まるってわけ？

老後博士　結論を言えば、繰り下げれば何歳から受給を始めても、総受給額は開始後12年で65歳から受給した場合を逆転する。70歳から受給すると81歳だ（図表６－14）。ずっと前に話した、「生存確率の表」（14ページ）と見比べて欲しいんだけど、81歳だと現在でも男性は5割強、女性は8割弱が生きている。

ハナ　長く生きる女性にとって特に繰り下げのメリットは大きいですね。

図表6－14　受給開始年齢を変更すると基礎年金合計ではいくらに？

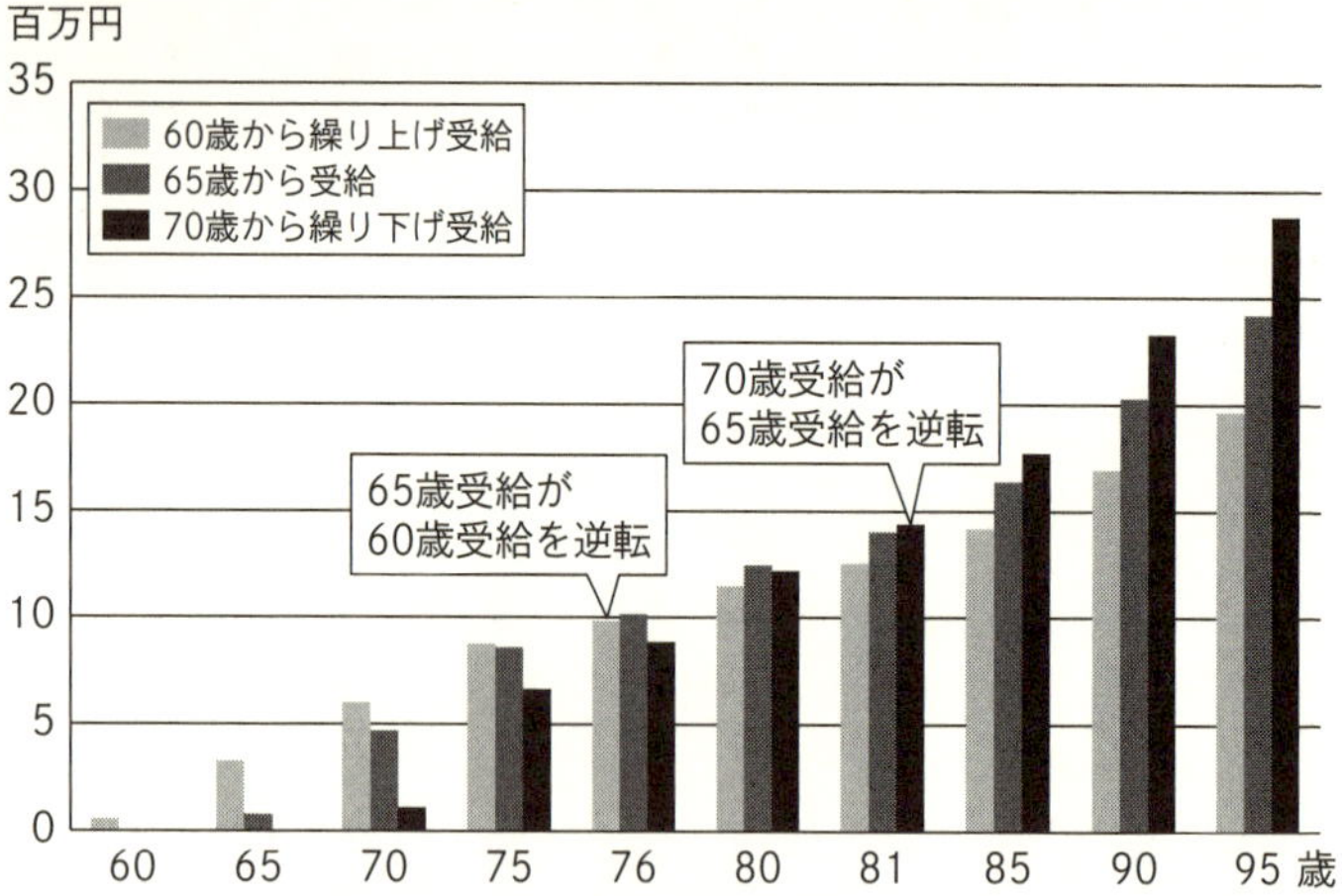

(注) 65歳時の受給額を月6万5000円として試算

老後博士　ただし厚生年金の場合、注意点もある。厚生年金には家族手当とも言える**「加給年金」という制度があるんだけど、これがもらえなくなってしまうケースもある**んだ。加給年金というのは、厚生年金に原則20年以上加入した人に、厚生年金の、満額受給が始まる時点で65歳未満の扶養している妻がいれば、妻が65歳になるまで受給できるお金。要するに妻に年金が出るようになるまで収入が減ると大変だから補助しておいてあげましょう、という趣旨の制度。金額は意外に大きく、夫の年齢などによっても違うけど、年に40万円弱になることも多い。

ハナ　それがどうなるんですか？

老後博士　**厚生年金を繰り下げれば、この加給年金の受け取りも先送りされる。**また繰り下げた後の受給開始時に妻が65歳を超えてしまえば、受け取れなくなる。金額が大きいだけに慎重に考える必要がある。この点も含めて、年金事務所などと相談したうえで繰り下げを検討しよう。

ハナ　年金事務所ってそういう相談に乗ってくれるんだ。で、繰り上げの場合は？

老後博士　繰り上げると受給開始後17年で65歳受給に逆転される。例えば60歳まで繰り上げれば、総受給額は76歳で65歳受給を下回る。この時点では男性の7割あまり、女性の約85％が生きている。繰り上げは慎重に考えたほうがいいと思うよ。

年金分割でも妻の老後貧乏は救えない

ハナ　女性が老後を考えるとき、離婚の影響というのも知っておきたいわ。年金分割という仕組みがあるって聞いたんですけど。

老後博士　離婚後、夫の厚生年金の一部を受け取れるという制度だね。これは2種類あって、1つは2007年から始まった合意分割制度。分割割合は2分の1を上限に話し合いとなり、合意ができなければ裁判になる。08年4月以降は、第3号被保険者（会社員の妻の専業主婦など）なら、これ以降の結婚期間だけが対象だけど、話し合いもいらず、自動的に2分の1が分割されるという3号分割制度。

ハナ　年金が分割されるって、女性にはうれしいわ。

老後博士　でも制度の中身をよく見ると、過剰な期待は禁物だとわかるよ。まずは金額。どれくらい増えるのか。厚労省のモデル世帯で見ると、40年会社員を勤めた夫の平均的な年金は夫の老齢厚生年金が約9万8000円、老齢基礎年金が約6万4000円、妻の老齢基礎年金が約6万4000円となっている。でも、離婚分割の対象は厚生年金部分の9万8000円だけ。

ハナ　えっ、夫の年金全額が対象じゃないの？

老後博士　そう。だから上限でも半分の4万9000円がもらえるだけだよ。妻の基礎年金と合わせても11万3000円。しかも現在60歳前後の専業主婦のなかには、年金加入が任意だった時期もあるので、基礎年金が月3万～4万円程度にしか過ぎない人も多い。夫から年金分割を受けても月に10万円に満たないかもしれないんだ。自分の基礎年金だけだったのと比べればかなり助かるとはいえ、これだけで暮らしていくのは容易じゃない。そうした実態をまず認識することが大事だよね。

ハナ　女性の老後、厳しいっすね。私、婚活とか言ってないで、自分でバリバリ働こうという気になってきたわ。

老後博士　ようやくわかってきたか。

ハナ　決心してもすぐ忘れちゃうんですけどね。

図表6－15　離婚分割の仕組みって？

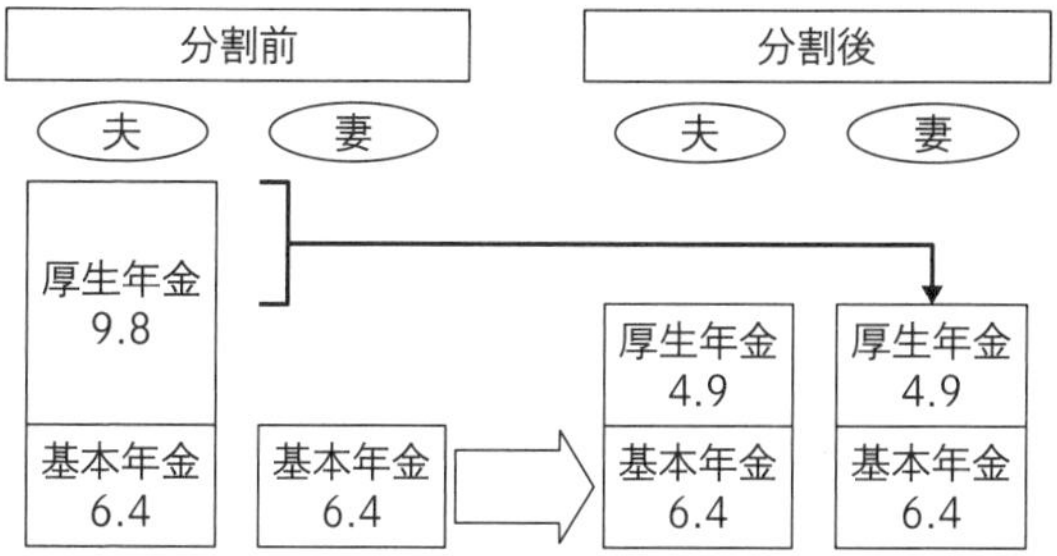

厚労省モデル世帯の場合。夫は勤続40年の会社員、妻は40年間専業主婦

離婚分割は2種類
①2007年4月からの「合意分割」制度――専業主婦（第3号被保険者が対象）も女性会社員も対象。結婚期間全体について、夫もしくは夫婦合計の厚生年金を分割。分割割合は2分の1を上限に話し合い
②2008年4月からの「3号分割」制度――専業主婦（第3行被保険者が対象）。2008年4月以降の結婚期間について、夫の厚生年金を自動的に2分の1分割

老後博士　とにかく年金事務所などに年金手帳**などを持っていって聞くと、50歳以上なら年金分割でいくらもらえるか教えてくれるよ。**50歳未満でも分割の対象になる夫の年金記録などの情報を、夫に内緒で教えてくれる。こっちはちょっと具体的な金額をはじくのが難しいけど、それをもとに、社労士さんなどにどれくらい年金分割でもらえるか計算してもらう手もある。

ハナ　分割されるからって、バラ色じゃないのね。

老後博士　注意点はほかにもある。分割後の年金は妻が受給年齢に達してからでないと受け取れないし、受給ができる加入期間の要件を満たしていないと、そもそも対象にならない。それに、もし離婚しなかった場合、夫が先に亡くなれば厚生年金の4分の3がもらえるけど、離婚すればこの権利もなくなる。

ハナ　それは痛い。

老後博士　それでも離婚したい場合は、話し合って、せめて上限の２分の１をきちんともらいたいよね。その際覚えておきたいのは、**離婚分割も実際に裁判になれば２分の１が認められるケースが多いこと**。そうした事実を夫によく説明し、できれば無駄な裁判などは避けたいね。

ハナ　先輩、意外にフェミニストっていうか、リベラルですね。

老後博士　惚れ直した？

ハナ　前に惚れていたわけじゃないので、惚れ直すことはないですけど。

老後博士　卒論の年金の章、なんとかなりそう？

ハナ　最後は離婚分割の話で締めるわ。

老後博士　……そのまんまじゃん。

第7章　相続と贈与も賢く考える　老後資金の最後の逆転策

賢い相続で老後資金は10年分の増額も

ハナ　卒論、教授が「老後貧乏を避けるために、あともう一章加えたほうがいい」って言うんですけど、「まず自分で考えろ」って、ヒントしか教えてくれないの。

老後博士　ヒントって何？

ハナ　「だれかをあてにしろ！」。

老後博士　えっ！　すごいヒントだな。ハナちゃんはそれで何を考えた？

ハナ　婚活。

老後博士　正解。

ハナ　でも婚活で一章まるごと書くのって難しいわ。

老後博士　冗談だよ。きっと先生の答えは相続。老後資金を考えるうえで、いかにうまく相続財

図表7－1　相続資産額（相続税がかからない場合も含む）は年間50兆円規模で、今後も拡大予想

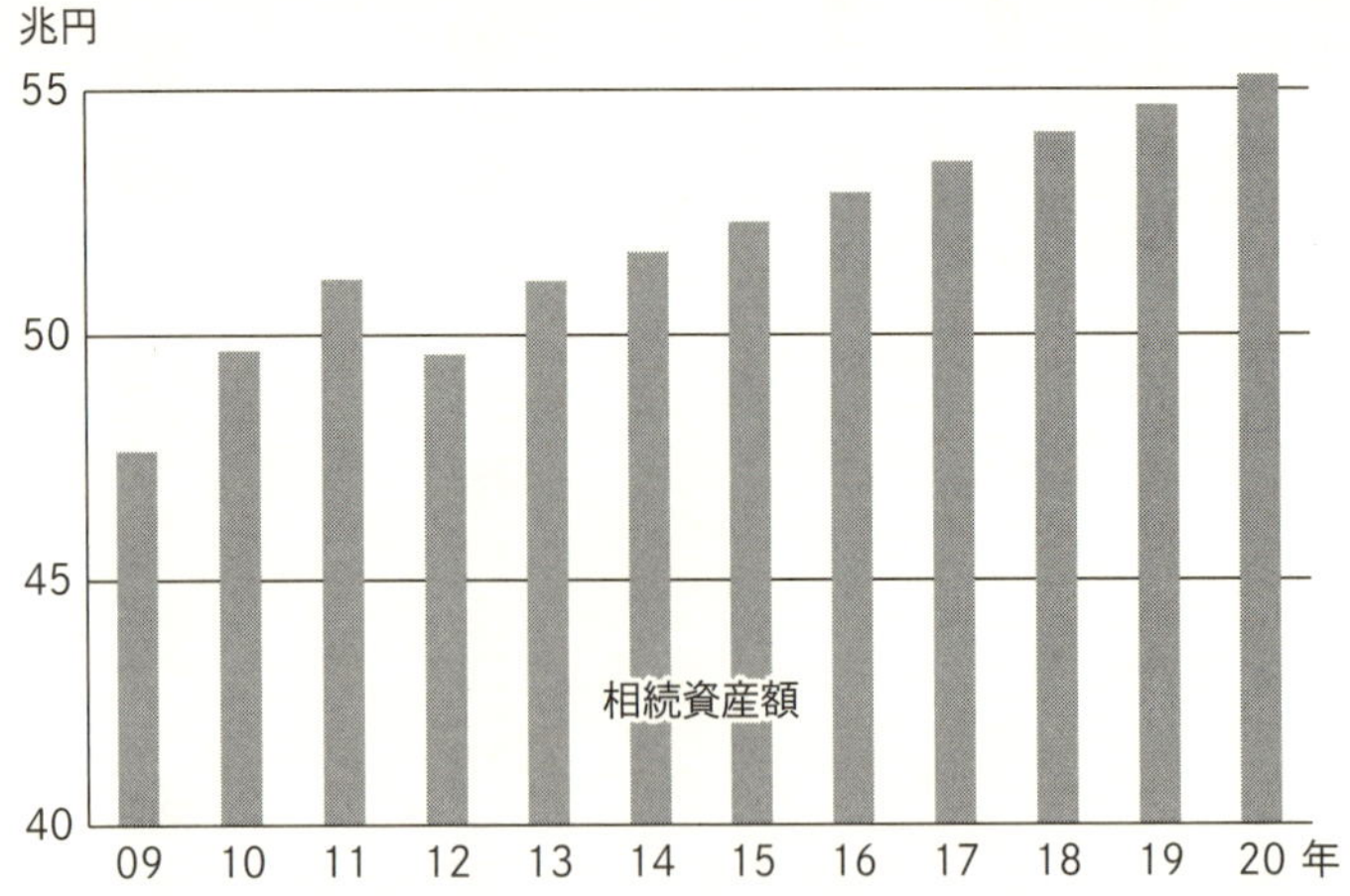

（出所）国税庁、総務省、国立社会保障・人口問題研究所の各統計より野村資本市場研究所推計。資産額は2012年の値に基づいて計算

産を受け継ぐかが大事なテーマになっているんだ。

ハナ　相続が老後貧乏防止につながるってわけ？

老後博士　野村資本市場研究所の宮本佐知子主任研究員の試算だと、**現在、相続で親から子に受け継がれていく財産の規模って年間で約52兆円**（図表７－１）。これって農業出荷額の7～8倍の規模だぜ。もらうほうにも大きな影響がある。図表７－２でわかるように、65歳時点で２５００万円あった場合、74歳まで１％で運用しても、月10万円取り崩してしまえば83歳で底をつく。でも、同じときに相続で１０００万円を得た場合、95歳まで老後資金はもつ。

ハナ　確かに「だれかをあてにしろ」って感じだわ。

図表7－2　相続で老後資金が長持ちするかも

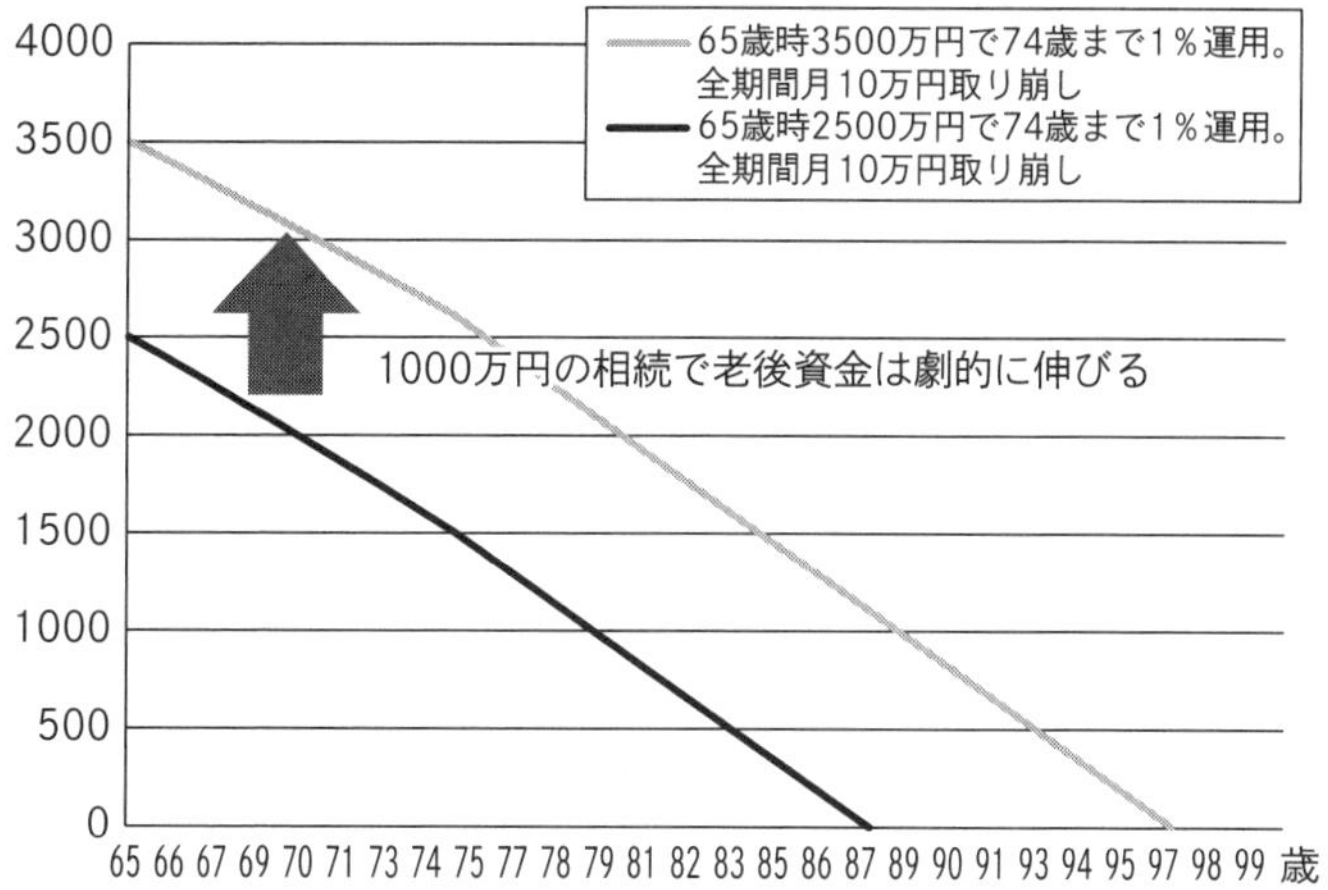

老後博士　相続だけでなく、**住宅、教育、結婚・出産・育児などの資金を子や孫に非課税で贈与できる仕組みもある。全部合わせれば数千万円規模の非課税枠だ。**主に祖父母から孫への生前贈与を想定しているけど、実質的にはこれは、孫ではなく子世代への贈与になる。例えば教育資金を1500万円出してもらえれば、本来は子世代が自分で出すはずだったお金を出さなくてよくなるから。

ハナ　そのまま子世代の老後資金になるわけね。

老後博士　実はみんな、相続こそが老後をなんとかもたせる最後のチャンスだと思い始めているのかもしれない。だからこそ、相続をめぐって争いが増えている。相続をめぐる裁判所の相談件数は年間17万件で、10年前のほぼ2倍なんだ。

ハナ　そういう争いが多いって、なんか寂しい……。

老後博士　そうなんだけど、考えてみるとそもそも老後貧乏の不安の大きな要因は年金の実質減額で、その背景にあるのは少子高齢化でしょ？　しかし、少子化で子どもが少なくなるということは、一方では1人当たりの相続財産は増える。これって、少子化というキーワードを軸にして裏表の関係にある話じゃないかな。少子化で年金が減るからこそ、逆に1人当たりの取り分が増える相続で取り返そうと、みんな必死になるのかもね。親の財産をいかにうまく受け継ぐかは、老後資金づくりの重要なテーマだよ。

ハナ　どうすれば？

相続増税で都内は5人に1人が相続税

老後博士　相続はきちんと話せば、それだけで本の何冊分にもなってしまう。ポイントだけ説明するね。まず全体像。相続税は2015年から増税になったのは知ってるね？

ハナ　なんか新聞で見たような。

老後博士　大きなポイントは、基礎控除の4割削減。相続税って遺産全体にかかるんじゃなくて、遺産から基礎控除を引いた後の課税遺産に対してかかる。この**基礎控除が**14年までの「一律5000万円＋法定相続人1人当たり1000万円」から、**「一律3000万円＋法定相続人1人当たり600万円」に減った。**

図表7－3　基礎控除が下がる影響は？

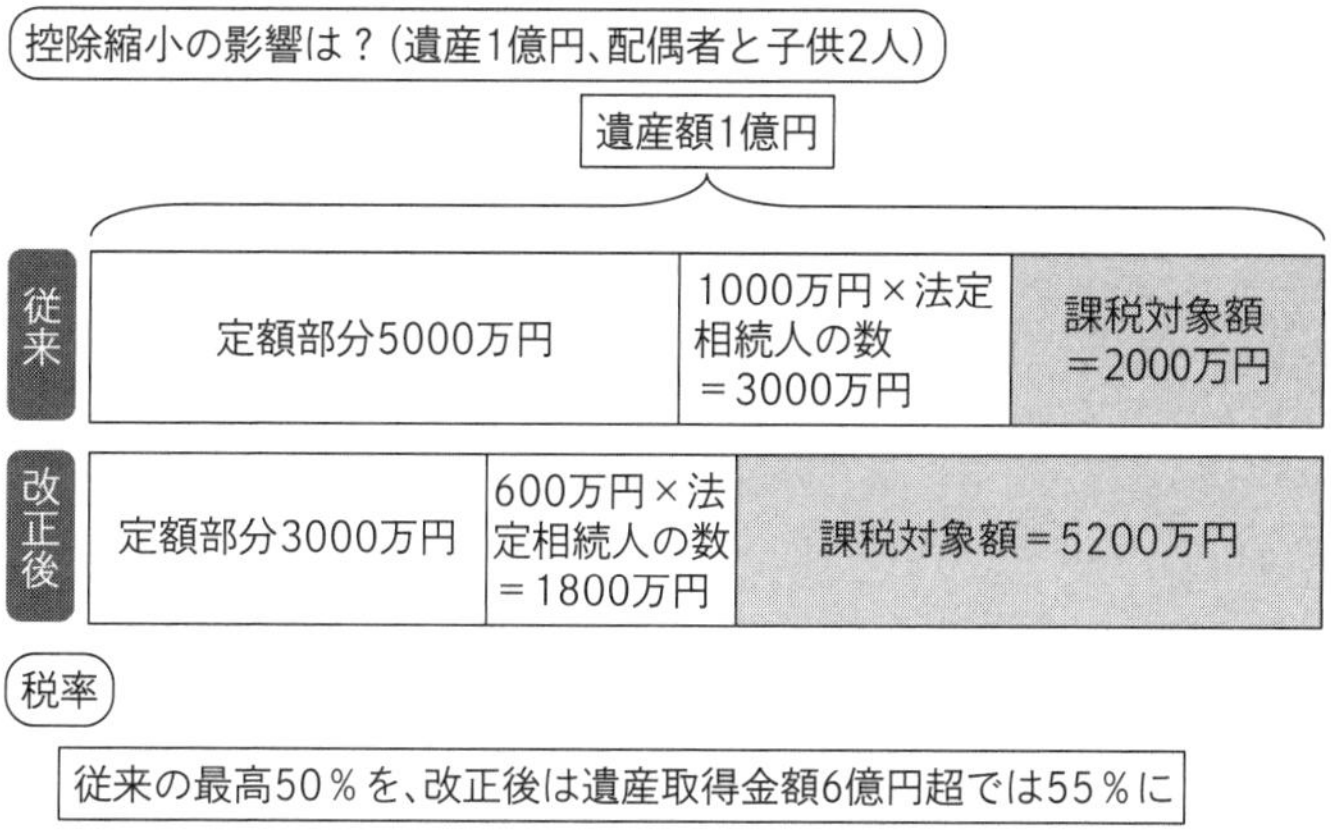

ハナ　そうすると……

老後博士　図表7－3でわかるように、例えば遺産が1億円で法定相続人が配偶者と子ども2人の計3人の場合、14年までなら基礎控除が8000万円だから残り2000万円に対して相続税がかかっていた。でも15年からは基礎控除が4800万円に減り、5200万円に対して相続税がかかるようになる。つまり増税。全国ではこれまで相続税がかかる人は亡くなった人の4％強だったけど、6～7％に高まりそうなんだ。税理士法人のレガシィは、地価の高い東京都内だと、亡くなった人の5人に1人が相続税の対象になるとみているよ。

ハナ　いいこと思いついたんですけど……。養子をいっぱいとれば、法定相続人が増えて相続税が減るわ。

老後博士　確かに養子を迎えれば、その分、法定相続人が増える。基礎控除の額も大きくなるし、1人分の課税遺産の額が減って相続税率が下がることもある。

例えば、介護で子どもの奥さんに苦労をかけているとき、彼女は法定相続人ではないので、そのままでは相続を受けられない。子どもの奥さんを養子にすることで感謝の心を表し、同時に相続税の節税につながるという対策もあり得るよ。実際、富裕層の間では相続増税をにらんで養子をもらう人が静かに増えている。

ハナ　えっ！　ほんとにそうなってるのか。

老後博士　ただし注意すべきは、**相続税の計算上、法定相続人の増加を認めてくれる養子は、実子がいる場合は1人、いない場合でも2人まで。**無制限に養子を迎えても相続税対策にはならない。

ハナ　ところで相続税っていくらくらいかかるの？

老後博士　速算表（図表7－4）というのを使って計算するやり方を覚えておこう。例えば法定相続人が妻と子ども3人で遺産が1億5000万円とする。ちなみに土地や建物などの遺産をどう評価するかは図表7－5を見てね。土地は普通、路線価という価格を使う。これって普通は実際の価格の8割程度で、国税庁のホームページなどで誰でも見られる。建物は固定資産税評価額といって、実際の価格の5～7割程度のことが多い。つまり、不動産は現預金に比べて評価が下がりやすい仕組みになっている。上場株式や死亡保険金にも評価を小さくできる仕組みがある。

ハナ　割引って大好き！

老後博士　相続財産が1億5000万円のとき、基礎控除（一律3000万円＋600万円×4

図表7－4　相続税の速算表

法定相続分に応じた取得金額	2015年以降	
	税率（％）	控除額（万円）
1000万円以下	10	－
3000万円以下	15	50
5000万円以下	20	200
1億円以下	30	700
2億円以下	40	1700
3億円以下	45	2700
6億円以下	50	4200
6億円超	55	7200

図表7－5　遺産はどう計算する？

土地	市街地は路線価
建物	固定資産税評価額
上場株式	相続開始の日、その月、前月、前々月の平均終値のうち最も低い金額
死亡保険金	死亡保険金－（500万円×法定相続人の数）
現預金	そのままの額

図表7－6　法定相続割合

配偶者と子	配偶者2分の1、子全体で2分の1（例えば子が2人なら4分の1ずつ）
配偶者と父母	配偶者3分の2、父母3分の1
配偶者と兄弟姉妹	配偶者が4分の3、兄弟姉妹全体で4分の1

人）を引くと課税遺産は9600万円だよね。ハナちゃん、相続税がいくらになるか、速算表で計算できる？

ハナ　1億5000万じゃなくて9600万で計算するわけね。とすると、速算表だと1億円以下のところだから、税率が30％で控除が700万円。9600万円×30％－700万円で2180万円。……どひゃ〜、高いですね。

老後博士　そういう間違いがすごく多いんだ。

ハナ　どこが違うんですか？

老後博士　**相続税は、〈STEP1〉課税遺産を法定相続割合**（図表7－6参照、民法で定めた、遺言がない場合の遺産配分の目安）**で分けたと仮定して各人の相続税を計算し、それを合算して相続税の総額を算出する。〈STEP2〉相続税の総額を実際の相続割合で案分して各人の納付税額を決める――という手順を踏む。**妻と子ども3人の場合、法定相続割合は妻が2分の1、子どもが6分の1ずつ（子どもの合計では2分の1）だ。**課税遺産全体に税率をかけるのは間違いなんだ。**

ハナ　先に言ってくださいよ。

老後博士　この場合、妻の法定相続分は9600万円の半分で4800万円なので速算表を使うと5000万円以下のところに該当する。4800万円×20％－200万円で760万円。子どもも1人当たりは1600万円なので、速算表で3000万円以下のところに該当、1600万円

図表7－7　相続税計算のよくある間違い

遺産1億5000万円、法定相続人妻と子3人（基礎控除5400万円）
→課税遺産9600万円
×…9600万円を早見表に当てはめる
○…法定相続で分けた場合の1人当たりの金額（妻は4800万円、子は1600万円）をそれぞれ早見表に当てはめて、相続税の総額を出す

×15％－控除50万円で190万円、3人分で570万円。相続税の総額は760万円＋570万円で1330万円になる。

ハナ　あれ？　さっきより安くなった。なぜ？

老後博士　相続税は金額が高いほど税率が高くなる累進課税。3人分をまとめて課税遺産全体で考えると税率が高くなるけど、本当は1人ずつ計算するから、低い税率が適用される。

ハナ　納める税額は1330万円ね。

老後博士　ちょっと待って。次が〈STEP2〉で相続税の総額を実際の相続割合で案分して各人の納付税額を決める。実際に相続した割合も法定相続割合通りだったとするね。妻の相続税の負担額は1330万円の半分で665万円だけど、実は**配偶者に関しては法定相続分までか、あるいは1億6000万円のどちらか多いほうの金額まで相続税額をゼロにしてくれる配偶者の税額軽減の特例がある。**つまりこの場合、妻の相続税はゼロ。

ハナ　ラッキー。

老後博士　ちなみに配偶者の特例を使う前の妻の本来の納税額は相続税の総額の半分だから665万円。さっき相続税の総額を算出したときの760万円とは違うから気をつけてね。とにかく実際の納税額は、子ども3人分、つ

まり1330万円の半分の665万円になる。

ハナ　ややこしくて一瞬眠りかけたわ。

老後博士　**相続税の計算をする時に間違いやすいのは、課税遺産の総額（この場合は9600万円）を速算表の該当部分（速算表の1億円以下のところ）に当てはめて計算してしまうこと。**相続税額が莫大な金額になってしまい、ハナちゃんみたいに「どひゃ〜」となっちゃう人が多い。法定相続割合で分けた1人当たりの課税遺産をもとに1人当たりの相続税額を出した後で、それを合算して相続税の総額を出すという手順を忘れないことが大事。

親の土地の「8割減特例」が相続貧乏回避のカギ

老後博士　問題はここからだよ。例えばいまの例、つまりさっきの図表7－3で見た遺産1億円、法定相続人3人の例だと、4800万円超だと課税対象なので、都心に一戸建てを持ってたら普通は該当してしまう。要はいかにこれを圧縮するか。

ハナ　方法があるの？

老後博士　相続財産の大半を占めるのは土地なんだ。だから、いかにこの土地評価を下げるかがキモになる。実は親が住んでいる土地の評価は、条件次第で8割引いてくれる「**小規模宅地の特**

図表7－8　小規模宅地の特例の対象は？

①配偶者が取得すれば無条件で使える
②被相続人（亡くなった人）の同居親族が取得し、申告期限まで引き続き所有し、居住
③①や②の対象者がいない場合、マイホームを持っていない子であれば別居していても適用。申告期限まで保有
④被相続人と生計を一にしていた親族が取得し、申告期限まで引き続き所有し、相続開始前から申告期限まで居住

図表7－9　小規模宅地の特例

<table>
<tr><th></th><th>上限面積（平方メートル）</th><th>評価の減額</th></tr>
<tr><td>居住用</td><td>330</td><td rowspan="2">8割減</td></tr>
<tr><td>事業用</td><td>400</td></tr>
<tr><td>貸付</td><td>200</td><td>5割減</td></tr>
</table>

例」という制度がある。

ハナ　8割減ってすごいっすね。1億円の土地なら2000万円に？

老後博士　そう。土地の評価が2000万円になれば、基礎控除の範囲内になって相続税がかからなくなるケースは多い。相続で自宅（居住用）や事業用の土地を売らなくてすむようにと作られた制度で、これを使えるかどうかは、相続税の大きなカギになる。ただし非常にややこしく、知っているかどうかで大きな差が出る。

ハナ　ややこしいのはイヤだな……特例を受けられる対象が図表7－8なのね。

老後博士　そう。例えば、配偶者が相続すれば8割減特例が無条件で使える。子どもなど同居親族の場合は、相続から10か月後の申告期限まで居住・保有を継続することが必要。これを知らずに申告期限の前に売ってしまう人もいるため、気をつけないとね。

逆に、**同居していない子どもは原則的には8割減特例の対象外なんだ。**

ハナ　え？　別居してる子はダメなの？

老後博士　原則はね。ただし、**別居の子でも被相続人に配偶者や同居親族がいない場合、子どもがマイホームを持っていなければ受けることができる。**これは通称、「家なき子特例」と呼ばれている。

ハナ　「家なき子特例」って、言葉が面白すぎるんですけど、自分で作ってません？

老後博士　ほんとにそう呼ばれてるんだ。「家がないなら、いつか帰ってくるかも」という温情なのかな。でも逆に言えば、別居でマイホーム買っちゃった子は受けられない。だから最近、相続が発生した別居の子が相続の手続きを始めると、税理士に「マイホームはもうお買いになりましたか？」と聞かれ、「はい、買ってますが、何か？」と答えると、「それは残念なことをしましたね」と言われてキョトンとする事例が頻発している。

ハナ　じゃあ、相続が発生しそうで自分が別居していたら、家を買うのを待つのも選択肢ってこと？

老後博士　まぁね。でも、待ってたら意外にそのまま何十年も亡くならないかもしれない（笑）。とにかく8割減特例の適用になるかどうかで相続税は大違い。例えば、遺言を書く場合も、マイホームを持つ別居の子に親の自宅土地を相続させる内容にしていてそのまま相続すると、子に相続税がかかることがある。この場合、配偶者がまだ存命なら、配偶者に自宅土地を相続させる遺言に変えて8割減特例を受け、その後生前贈与などで税負担軽減を進めていく選択肢もあるよ。

ハナ　マイホームを持つ別居の子どもは、絶対に特例を受けられないの？

老後博士　可能性がないわけではない。例えば、子どもが自分のマイホームに相続開始前3年以上住んでいなかった場合は適用対象になるという規定がある。このため、子どもがマイホームを賃貸に出し、相続まで3年以上たてば特例の対象。

ハナ　でもさっきと同じで、賃貸に出した後何十年も相続が起きなければ、なんのためのマイホームかわからなくなるわね。

老後博士　そう。あまり現実的じゃないかもね。あるいは、**まだマイホームを持っていない孫に遺贈（遺言による贈与）すれば、やはり対象にできる。**まだこっちのほうが現実的かも。ただし、他の孫との間にトラブルが起きやすいなど懸念材料も考えられるから、相続税が多額になりそうな場合に、慎重に考えたうえで取る選択肢だろうね。

ハナ　親と同居だと特例を受けられるってことだけど、二世帯住宅は親と同居とみなされるの？

老後博士　実は、2013年までは二世帯住宅でも玄関などが別々で内部でつながっていない「独立型」は同居とみなされず、特例の対象外だった。この点の不満が多かったので、税制改正で14年以降は独立型の二世帯住宅でも特例対象になった。でも大きな注意点がある。**8割減特例の対象は、区分所有の登記をしているなら、親の土地のうち区分所有に応じた分だけ。つまり建物全体で半分ずつの区分所有なら、8割減の対象となるのも土地の半分に限られる。**

ハナ　……難しいので寝ていいですか。

老後博士　君の卒論のために話しているんだけど。

ハナ　ごめんなさい。ババロアあげます。

老後博士　いちごだけじゃなくバナナも乗っけて。

ハナ　子どもですか。

老後博士　一方、**子どもが一部資金負担をした場合などで、区分所有にせず共有という形式にしておけば、親の土地全体が小規模特例の対象になるんだ。**今後何らかの見直しがある可能性も皆無ではないけど、土地全体で8割減特例を受けたいなら現状では区分所有の登記をせず、共有にしておいたほうがいいと思うよ。

ハナ　じゃあ、例えばこんな例は？　親と同居中に会社から転勤命令を受けて転勤中に親が亡くなった。この場合は、特例は受けられないの？

老後博士　さすが、鋭いね。これもなんか変な制度でさ。**それまで親と一緒に住んでいた息子が転勤で別の場所で暮らしていた場合に親が死亡すれば、家族連れで転勤していた場合はもう親と同居していないとみなされ、特例の対象外**になっちゃう。ただ、**家族が親の実家に残っていれば原則同居が続いているとみなされ、特例の対象**にできる。

ハナ　なんですって。じゃあ転勤命令が出たら、妻子はおいていったほうがいいってこと？

老後博士　8割減特例を受けるという点ではね。でも、代わりに家族間でほかの問題が発生するかもね（笑）。

ハナ　なんか、8割減特例って、知ってるか知らないかで大違いっていうのが多いですね。ちょっとおかしい気がするわ。

老後博士　僕もそう思うんだけど、とにかく現実にはこんなことで8割減特例が受けられるかどうか変わってくるので、知っておかないと危ないよね。

生前贈与は「早く、たくさんの人に」

ハナ　小規模宅地以外にも、相続税を軽減できる方法はあるの？

老後博士　「王道」は生前贈与。生前に子どもに財産を渡しておくことで、相続税を減らす方法。1年ごとに贈与を考える「暦年課税」と、贈与の際はいったん2500万円まで非課税にするものの、相続の際に税金をまとめて計算する「相続時精算課税」という2つの制度がある。まずは暦年課税を使った生前贈与の効果を考えてみるね。

ハナ　誰か私に3億円くらい生前贈与してくれないかな。

老後博士　僕もときどきそれは思う。でもそれはおいといて、図表7−10は遺産が1億5000万円、相続人が子3人のケース。何も生前贈与をしなかった場合の相続税の総額は1440万円

図表7－10　生前贈与の有無で税負担は？

前提
相続財産は1億5000万円
3人の子にそれぞれ毎年120万円ずつ、10年にわたり生前贈与

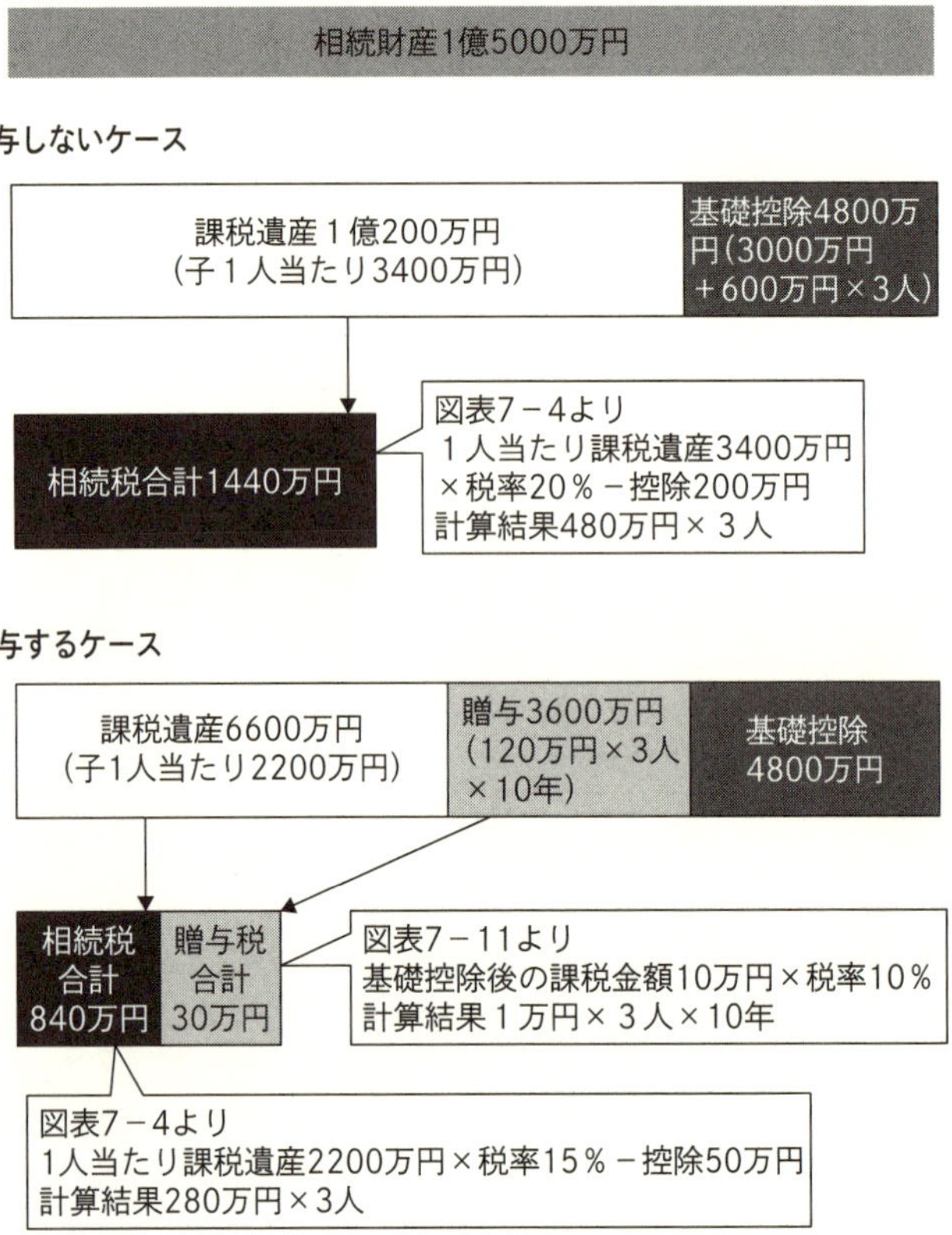

（注）相続財産は法定相続分に応じて子3人で均等に分けると仮定、死亡前3年間の贈与はないとした

図表7－11　贈与税の速算表

（20歳以上の者が両親や祖父母から贈与を受けた場合）		
110万円の基礎控除後の課税金額（万円）	税率（％）	控除額（万円）
0超～200以下	10	—
200超～400以下	15	10
400超～600以下	20	30
600超～1000以下	30	90
1000超～1500以下	40	190
1500超～3000以下	45	265
3000超～4500以下	50	415
4500超	55	640
例えば500万円なら、500万円×20％-30万円＝70万円		

になる。

ハナ　1440万円ですって！　エステの脱毛処理が1回5000円として、2880回処理できるわ。

老後博士　どうでもいい計算しないように。暦年課税では、もらう人1人当たり、1年間に110万円までが非課税。この非課税枠を使いながら、なるべく早めにたくさんの相手に生前贈与することで、課税遺産を減らせるんだ。

ハナ　図表7－10では、Bさんが3人の子に1人120万円ずつ、10年間贈与する前提ですね。

老後博士　そう。贈与の合計額は3600万円になり、課税遺産は6600万円（1人当たり2200万円）に減る。279ページの相続税の速算表を使って相続税を計算すると、総額は840万円に減る。

ハナ　でも、贈与すると贈与税がかかるのでは？

老後博士　うん。年間120万円の贈与は非課税枠の110万円を10万円超えているので、超えた分には贈与税がかかる。贈与税の速算表（図表7－11）で10万円のところを見ると、税率は10％。つまりもらう人１人当たり１万円の贈与税がかかる。３人で10年間だから贈与税の総額は30万円。贈与税と相続税を足したものが税負担の合計だけど、８７０万円ですみ、何もしない場合の１４４０万円に比べると大きく減る。

「なんちゃって贈与」は認められない

ハナ　５７０万円も違うと大きいわね。とにかくなるべく効率的に財産を親から子へ残そうと思えば、生前贈与が有効なのか。

老後博士　そうだけど、生前贈与したつもりが、実際に相続が起きたときに税務署に認めてもらえないことも多いので、要注意だよ。

ハナ　なんで認めてもらえないの？

老後博士　いわゆる「名義預金」。「なんちゃって贈与」とも呼ばれる。

ハナ　ほんとにそう呼ばれてるの？

老後博士　ゴメン、ちょっと作った。とにかく**親が子に黙ってその名義の預金口座に金を振り込み、通帳の保管さえ自分でしているようなケースは認められない**。実は贈与って本来、民法上の契約行為にあたる。契約っていうのは、お互いの意思表示が合致、すなわち、贈る側ともらう側が合意して初めて成立する。片方の子ども側が知らないなら、そもそも贈与にはあたらないんだ。

ハナ　ずいぶんと固いこと言いますね。

老後博士　２０１３年に相続税の税務調査を受けたのは全国で約1万２０００件。うち8割で申告漏れなどが指摘され、資産別で最も多額だったのが現預金（全体の39％）だった。現預金に関しては、こうした「なんちゃって贈与」が否認されるケースが多い。せっかく何百万円も贈与したつもりが認められず、そのまま親の財産として課税されちゃうってわけ。

ハナ　あちゃ。

老後博士　もう1つ気をつけたいことがある。前もって「１０００万円を年１００万円ずつに分け、10年かけて贈与する」などと約束すると、税務署から、最初の年に一括で贈与したのと実質的に同じだと判断されることがあるんだ。贈与税は金額が高くなるほど税率が上がるので、一括贈与と判断されたら不利。そうならないよう、贈る側ともらう側でその都度、契約書を交わすのが望ましいよ。

ハナ　うわ、メンドーくさい！

老後博士　いや、それほどでもないんだ。次ページの例に示すように、「贈与の事実」「贈与金額」「贈与年月日」「受贈者の氏名、住所」「贈与者の氏名、住所」とかを書けばいいだけだから。**より確実なのは、作成時期を明確にするため、公証人役場に作成した契約書を持っていって、「確定日付」を押してもらうこと。**相続直前に捏造したものじゃなくて、確定日付の押されたその日

図表7－12　贈与契約書

○○甲と、△△乙は、甲乙間で次のように贈与契約を締結した。

第1条　甲はその所有する下記の財産を乙に贈与することとし、乙はこれを承諾した。

1、現金2000万円

第2条　甲は当該財産を平成27年12月31日までに乙に引き渡すこととする。

以上の契約を証するため本書を作成し、署名捺印のうえ、各自その1通を保有する。

平成27年3月31日

甲（住所）●●県××市◇◇町11-14
（氏名）　　　　　印
乙（住所）■■県××市◇◇町14-11
（氏名）　　　　　印

に贈与契約書が存在していたことの証明になる。手数料は一通700円くらいだから、別に高くないよ。

ハナ　私、石油王ともし結婚できたら、早めに1億円くらいもらって、贈与契約書も作ってもらおう。

老後博士　石油王でたったの1億円？　まあ、石油王と結婚する可能性はないと思うけど、もし結婚した場合も1億円はもらわないほうがいい。贈与税は、金額が大きいと相続税よりむしろ税率が高くなる。その結果、生前贈与が逆に不利になる。一度に数百万円ほどなら相続税の軽減効果が贈与税より通常大きくなるので心配いらないけど、贈与が多額になるなら、相続税での課税とどちらが有利か、相続財産の規模で違ってくるので、税理士に相談しよう。

ハナ　いっぺんにたくさん贈与しなくてすむた

めにも、「早い時期から少額ずつ」が大事ってわけね。でもかなり高齢になって急に思いたち、10年も贈与し続けるのが難しそうだったら？

老後博士　対象を広げればいい。**贈与は法定相続人以外に対してもできる。**子ども3人の配偶者も対象にすれば1年に6人、それぞれに孫がいた場合は孫3人も対象にすれば1年で9人を対象にできる。この場合だと2～3年かければ、1人当たりの金額を大きくしすぎずにかなりの金額の生前贈与が可能だよ。

相続時精算課税制度はかなり慎重に

ハナ　さっき聞いた相続時精算課税って何？

老後博士　贈与した時点では2500万円まで非課税になり、これを超えた分だけ金額にかかわらず20％の税率がかかる。贈与の年の1月1日時点で60歳以上の親や祖父母が、20歳以上の子や孫に対して使える。

ハナ　お得じゃないですか。

老後博士　いや、これで終わりじゃない。相続が発生した時点で、精算課税での贈与分も相続財産に合算して相続税を計算する。例えば精算課税で1億円贈与していたら、相続のときにその1

億円も加えて計算し直すわけ。贈与時に支払った贈与税額があるときには相続税額から引いてくれるけど、相続税がかかる場合は単なる税の繰り延べに過ぎなくて、実質的な節税効果はないとも言えるよ。

ハナ　え、ではどんな意味が？

老後博士　ポイントは相続発生時に精算課税での贈与額を足し合わすとき、相続時点での価格ではなく、精算課税の贈与の時点での価格で計算されるということ。つまり、この制度が有利になるのは、例えば成長途上の企業の自社株など、価値が増えていく資産を贈与するとき。精算課税の時点では1株1万円だったのが、企業が成長して相続時点で10万円になっていても、精算時点の1万円で計算してくれる。

ハナ　なるほど。ということは、逆に会社が傾いて相続時に株価が1000円になっていても、1万円で計算されちゃうわけね。

老後博士　まあそうだね。だから「俺はこの会社を絶対伸ばすんだ」という自信があるときはいいかも。あと、賃貸マンションなどの贈与も有効だよ。親が賃貸マンションを持ったままだと賃貸料が親の財産に加わり続けて相続財産が増えちゃうけど、子どもに贈与しておけば、その後は子どもに家賃が入るから。

ハナ　なるほど。使いようなんですね。

老後博士　注意点は、いったんこの制度を選んだら、暦年課税制度は使えなくなること。精算課税とは別に贈与をした場合、たとえ贈与金額が暦年課税の非課税枠に収まる110万円以下の贈与でも、暦年課税が使えないので贈与税が発生し、申告が必要になる。精算課税制度はかなり慎重に選択すべき制度だとは言えるよ。

教育・結婚・出産・育児の贈与を受ければ自分の老後資金に余裕も

ハナ 教育や結婚資金の一括贈与という制度ができているそうですね。

老後博士 なかなかちゃんと調べてるじゃない！ 従来からあったのは教育資金を子や孫に非課税で、もらう人1人当たり1500万円まで渡せる制度。2015年からは「結婚・出産・育児」資金や孫の将来にわたる教育資金などまとまったお金を、やはりもらう人1人当たり1000万円まで非課税で一括贈与できる制度が始まった（図表7−13）。

ハナ なんかすごいですね。大盤振る舞い、って感じ。

老後博士 国はお金を持っている高齢者から、住宅や教育などでお金がかかる子や孫の世代に早くお金を移転させようとしてるわけ。子や孫の世代がお金を使ってくれれば、景気がよくなるから。でも、せっかくこういう制度が充実してきたんだから、親や祖父母にお金の余裕があるなら、おねだりしてみるのも手かも。

図表7－13　「教育」「結婚・出産・育児」の贈与が非課税でできる！

	教育	結婚・出産・育児	住宅取得資金
子や孫の条件	0～29歳	20～49歳	20歳以上で合計所得が2000万円以下
非課税枠（子や孫1人当たり）	1500万円	1000万円	・15年…1500万円 ・16年1～9月…1200万円 ・16年10月～17年9月…3000万円 ・17年10月～18年9月…1500万円 ・18年10月～19年6月…1200万円
対象	a学校など…入学金、授業料、給食費、学用品購入費などで上限1500万円 bその他…塾やスポーツ・音楽教室などの授業料などで上限500万円 a,b合わせた上限も1500万円	結婚式や披露宴の費用、出産の費用、子どもの医療費など	床面積が50平方メートル以上240平方メートル以下。上限額は省エネ住宅の例

（注）「教育」「結婚・出産・育児」は19年3月まで

ハナ　私、おねだり得意です。前にクリスマスプレゼントで、ボーイフレンド3人から同時にプラダとブルガリとグッチの時計をもらったことあるわ。

老後博士　そういう生き方はどうかと思うけど。

ハナ　で、具体的な対象は？

老後博士　教育資金は大きく、①学校、②その他――に分かれる。①は入学金や授業料、給食費などで上限1500万円。②は学習塾や予備校、音楽教室などの入学金や授業料などで上限は500万円。①と②を合わせて1500万円が上限だ。金融機関で非課税制度専用の口座を子や孫の名義で開き、贈与する資金を入金する。そのうえで大学進学時など教育費を払う必要を感じたら、そのときに口座から引き出して使う。

ハナ　0～29歳が対象となってるけど、30歳になったときに使い切れず余ってたら？

老後博士　残高は贈与税の対象。ただし、**贈与した後で贈与した人が亡くなってしまったら、残高がいくらあってもそれはもう贈与税の対象にはならない。**

ハナ　お得な制度ですね。もらえる人はみんなもらわないと。

老後博士　ただし、みんなが必ず使わなきゃいけない制度でもない。

ハナ　またハシゴはずしますね。

老後博士　祖父母が孫の教育資金として必要になったお金をその都度贈与する場合は、これまでも今後も、もともと非課税なんだ。ただし当面使わない分まで贈与すると、その部分は課税対象になる。この制度は、当面使わない部分まで一括で贈与しても１５００万円までは非課税というだけのこと。

ハナ　つまり祖父母が長生きしそうで、その都度資金援助をずっと受けられそうなら、あえてこの制度は使わなくていいってことね。

老後博士　うん。贈与するほうからしたら、その都度あげれば何回も感謝してもらえるから、あげがいがあるかもしれない。一方でもらう側にしてみれば、教育資金の一括贈与でまとめてもらえた安心感は大きなものがあるだろうし、あげる側も、短期間に課税遺産を大きく減らしたい人には有効と思うけど。

ハナ　「結婚・出産・育児」一時金は？

老後博士　文字通り、結婚式や披露宴の費用、出産費用などが認められる。

ハナ　石油王との婚活のためにアラブに行く渡航費は？

老後博士　アラブに限らず婚活費用は対象外。

ともかく、これも教育資金の非課税と同じで、金融機関に口座を開いて、その都度引き出す方式。だけど結婚・出産・育児費用も、孫にその都度あげるのは非課税になるのは教育資金と同じ。みんなが必ず使わなきゃいけないってものではないのも同じだよ。**教育資金と違うのは、あげた人が亡くなると、その時点で口座に残っているお金は相続財産にカウントされること。**

ハナ　つまり、亡くなる前に急いで相続財産を減らすという狙いでは使えないってことか。

老後博士　亡くなる前に使った分は相続財産から減るから、これに関しては相続対策になるけどね。この制度での相続対策は、早めに教育・出産・育児でお金を使うことかもしれない。

ハナ　図表7－13をみると、住宅取得資金の贈与の非課税枠って、時期によって増えたり減ったりするんですね。ややこしいわ。

老後博士　これは消費税の関係。２０１７年4月に消費税を上げる予定でしょ？　住宅は増税の半年前、つまり16年9月までに契約すれば、引き渡しが17年4月以降でも増税前の税率が適用される。だから増税のおおむね半年前までは駆け込みが起きる。16年1月から9月までは非課税枠を下げて駆け込みを抑制し、逆に反動減が始まる10月以降は非課税枠を一挙に3000万円まで増やして需要を刺激するんだ。ところで、住宅取得資金は、子や孫の合計所得金額が2000万円以下じゃないとダメだけどね。

預貯金を生命保険に変えれば相続税が減る

ハナ　老後資金をなるべく増やすために相続税を減らすやり方って、ほかにもあるんですか？

老後博士　例えば生命保険。生命保険は必要最小限で考えたほうがいいって前に話したけど、実は相続に関しては、生命保険を使ったほうが有利な面がある。そういうものは割り切って活用するのも選択肢だ。

ハナ　具体的には？

老後博士　死亡保険金には「500万円×法定相続人の数」の非課税枠がある。つまり2000万円の預貯金であれば、相続税の評価額はそのまま2000万円だけど、例えばこれを一時払い保険料にして死亡時に生命保険料を受け取ることにすれば、この非課税枠が使え、相続財産を圧縮できる。法定相続人が妻と子2人の3人なら、2000万円−（500万円×3人）＝500万円に相続財産が減るわけ。

図表7－14　生命保険は契約次第で税金が変わる

	契約者	被保険者	受取人	
契約者と被保険者が同じで、保険金受取人が契約者以外	夫	夫	子	子に相続税
保険料の負担した契約者と保険金受取人とが同一人	夫	妻	夫	夫に所得税
契約者と被保険者と保険金受取人がすべて異なる	夫	妻	子	子に贈与税

ハナ　現金を保険に変えただけで節税になるなんて……

老後博士　ちょっと変な話だと思うよね。でも、そうなっている以上、検討はしていいかも。生命保険は高齢者になると、終身死亡保険の数百万円だけしか契約が残っていないことがある。つまり保険の非課税枠を使い切っていない状態。例えば、法定相続人が2人いる場合、相続対策で1000万円の保険に加入して1000万円の保険金が出てもまるまる非課税だ。例えばこの人の相続財産が1億2000万円だった場合、税率から計算すると1000万円の保険加入による非課税枠活用で、相続税は200万円程度減る。もらう側はその分多くなり、老後資金に余裕が出る。

ハナ　具体的には、一時払い終身保険というやつがいいの？

老後博士　別に月払い方式の終身保険でもいいんだけど、高齢になると保険料がかなり高い。長生きするかもしれないので、終身払いだと、亡くなるまでの保険料総額が保険金を上回ってしまう可能性もある。一時払い終身なら、この場合、まとめて1000万円弱の保険料を払えば、いつでも1000万円の保険金がもらえる。保険料の累計がむやみに跳ね上がらない。

ハナ　一時払い終身保険って、何歳くらいまで入れるのですか？

老後博士　保険会社によっても違うけど、80～85歳くらいまで入れる。

ハナ　保険は、遺産分割の争いを避けることにも使えるって聞いたわ。

老後博士　例えば、遺産の大半が不動産の場合は有効かもね。長男が不動産を相続すると、長女に不満が出やすい。長男が潤沢な預貯金を持っていれば差額分を長女に渡せるけど、そんなケースはまれ。このとき父が保険に入って長男を受取人にし、保険金で差額分を長男から長女に渡させる選択もあるんだ。いわゆる「代償分割」って呼ばれる方法。……ハナちゃん？

ハナ　……すみません、瞬間的に眠りました。言葉が難しいんだもの。短い夢のなかで、石油王と結婚後、ドバイの超高層タワーの屋上でバラを一面に浮かべたプールで泳いでいたわ。

老後博士　泳ぎにくいだろ。そんなプール。ところでいまの代償分割のポイントは、保険の受取人を長男にすること。そのうえで遺産分割協議で、長男から長女に渡す保険金を「代償交付金」と明記すれば、贈与税などはかからない。

ハナ　えっ？　財産を少ししかもらえない長女を受取人にしたほうがいいじゃないですか？

老後博士　ややこしいのは、遺産分けに適用される民法では保険金は他の遺産と切り離し、受取人固有の財産とみなされること。長女を受取人とすると、長女は「保険金は自分の固有の財産」と主張できて、別途、「それ以外の財産を半々で」と求めることも法律上可能なんだ。この結果トラブルになることがあるので、長男を受取人にして、長男から渡すという方法が基本。

ハナ　ほんとにややこしいわ。

老後博士　最後にもう1つややこしい話。図表7－14でわかるように、保険は契約の仕方によって税金が変わるんだ。もしAさんに別れた妻子がいて、いまは新しい家庭があるとしよう。別れた子に、いまの家庭には内緒で保険で財産を残したい場合、契約形態をよく考えることが必要になる。例えばAさんが契約者かつ被保険者で、受取人を別れた子にした場合、この保険金は相続税の対象。

ハナ　相続税の場合、さっき言った500万円の控除が使えるんでしょ？　いいじゃない。

老後博士　ただし、相続税の計算には相続財産全体を法定相続人全員が知ることが必要なので、税務署からの連絡で別れた子への支払いがいまの家庭にわかり、別れた子との間にシビアな状態が起きる可能性があるよ。

ハナ　じゃあどうすれば？

老後博士　別れた子に生前に保険料相当の金額を贈与し、別れた子が契約者になり保険料を払うことで「契約者＝受取人」とすれば、別れた子への所得税課税となる。相続税ではないので新しい家庭にはばれない。相続税ではないので500万円の控除の仕組みはないけど、死後の「家内安全」まで考えるとこっちの選択もあるよ。

タワーマンション節税、「実需」で有効

ハナ　最近、タワーマンション節税っていう記事を見たことがあるんですけど、これ、何ですか？

老後博士　最初に話したように、相続のとき通常、土地は時価の約8割の路線価という価格で、建物は時価の5～7割の固定資産税評価額で評価される。現預金より不動産で残すほうが相続税の節税につながりやすいというわけ。しかも、最近人気の超高層マンション、つまりタワーマンション（タワマン）の高層階だと、一層その効果は高い。

ハナ　どういうこと？

老後博士　タワマンだと戸数が非常に多いので、土地の持ち分は小さくなる。しかも高層階でも低層階でも広さが同じなら、建物の固定資産税評価額は基本的に同じ。一方で、タワマンの高層階は、眺望の良さなどで価格は土地代や固定資産税評価額を離れて高額になることが多い。

ハナ　価格が高くて、評価額が低いということは……

老後博士　そう、効率的に評価を下げられるということ。僕の友人なんだけど、都心のタワマンの45階の約80平方メートルの中古物件を6200万円で買った。でも資金が足りなかったので、親に半分の3100万円を出してもらい、持ち分を半々にしている。

ハナ　それが何か。

老後博士　買った価格は6200万円なのに、相続財産としての評価額は土地・建物合わせてわずか約1500万円。約4分の1だ。友人のお父さんは、自分が出した分の3100万円の相続財産を、750万円の評価に変えられたってわけ。将来、その友人が相続を受ける場合、支払う相続税を抑えられるから、その分老後資金にまわせる金額が増えるよね。

ハナ　むちゃくちゃ効率的じゃないですか。

老後博士　もちろん、時間が経ってタワマンの時価が大きく下がってしまうというリスクはある。でも、都心部のタワマンであれば、他の物件に比べると相対的には価格下落のリスクは小さいという見方が多くて、最近はタワマンの購入が結構盛んだよ。

ハナ　買ってみんな子どもに住まわせるの？

老後博士　賃貸に出すケースも多い。評価がさらに下がるから。

ハナ　どういうこと？

老後博士　タワマンに限らず、**土地にマンションなどを建てて他人に賃貸すると、「貸家建付地」となる。その計算式はもともとの評価額×（1－借地権割合×借家権割合×賃貸割合）**。

ハナ　見ただけでややこしいわ。

老後博士　なんで下がるのかだけは一応知っておこう。借地権割合というのは、土地を借りた人の土地の価格に対する権利。そして借家権割合というのは、建物を借りた人の建物の価格に対する権利のようなもの。借地権割合は地域によって異なるけど、東京23区だとだいたい50～90％、借地権割合は原則30％。つまり、借地権や借家権を他人に持たれると、元の所有者の権利は小さくなるよね、だからその分、相続の際の評価額も引き下げようという考え方なんだ。

ハナ　意味がわかると、評価を下げるのも、まぁ不自然じゃない気がするわ。

老後博士　例えば、その土地の更地の評価額が1億円だった土地にマンションを建て、借地権割合が70％、借家権割合が30％で、全室（１００％）を貸しているとしよう。この場合の評価額は1億円×（1－0・7×0・3×１００％）＝７９００万円に下がる。借地権割合や借家権割合の分だけ減少したわけ。

ハナ　お得ですね。

老後博士　まぁでも制度上はそうなっているということと、実際うまくいくかは別。賃貸経営がうまくいかずに、空き室が出たりして収支計画が狂うこともよくある話だよ。しかも売買手数料だけでも巨額になる。相続税対策という面だけで不動産を買うということには、結構大きなリスクもあるんだ。

ハナ　残念。

老後博士　でもさっきの友人みたいに、自分が家を買いたいという「実需」があって親が豊富な現預金を持っているなら、タワマンに限らず資金を出してもらうというのは、将来の相続税を減らして老後資金を積み増すうえで、有効な選択肢になりうるんじゃないかな。

ハナ　いいこと思いついた。

老後博士　どうせダメだと思うけど言ってみて。

ハナ　ほんと感じ悪いですね。**子どもに賃貸すれば、さっきのように不動産の評価減も使えるんじゃない？**

老後博士　それについては正解。ただし、子どもがきちんと相場に見合った賃貸料を払ってることが必要だけどね。

ハナ　「実需」がある場合は、タワマン節税に落とし穴はないの？

老後博士　**国税庁の通達に「固定資産税の評価が著しく不適当な場合は国税庁長官の指示を受けて評価する」という項目がある。例えば、相続直前にタワマンを買って相続後に短期で売り抜けると、この条項が適用されてタワマンの節税効果が否定されるケースもありうる。**だけど、**普通に長期間子供が暮らしているようなケースなら、特に心配しないでもいい**という意見が税理士の間で大半だよ。

もめると相続税は高くなる

ハナ　親が死んでから相続税を払うまでには、どのくらい時間があるの？

老後博士　相続のスケジュールは図表7―15を見て。相続から3か月以内にしなくてはならないのが、①まるごと相続する単純承認、②資産の範囲で負債も引き継ぐ限定承認、③相続放棄――を選ぶ判断。資産より負債が多いのに単純承認すると、返済に大変な苦労をしてしまうから。

ハナ　借金が多いかどうかなんて、言ってくれないとわからないわ。

老後博士　言ってくれていない場合も、例えば亡くなった後で通帳などを見て、消費者金融などへの返済の履歴がある場合などは気をつけて調べたほうがいいね。

ハナ　そういう調べ方があるのか。

老後博士　遺言がある場合、原則として遺言に沿って遺産分割をするし、なければ相続人の協議で分割する。重要なのは相続税の申告・納税の期限が、10か月以内であること。相続税には、これまで見てきたように、①配偶者は1億6000万円まで非課税、②自宅など小規模宅地の評価は大きく軽減する――などの特例がある。だけど、特例を使うには申告期限までに分割協議がまとまっている必要があるんだ。

ハナ　分割協議が成立していないと特例が使えないの？

老後博士　そう。もめてしまって特例が使えないと相続税が高くなるってこと。よく話し合って期限内に分割協議を終えれば、税を低く抑えることにつながる。ちなみに特例を使った場合に、課税遺産が控除の範囲内となって相続税がかからなくなるケースでも、申告そのものは必要だよ。

ハナ　10か月以内にまとまりそうにない場合は絶対ダメ？

図表7－15　相続のスケジュールは？

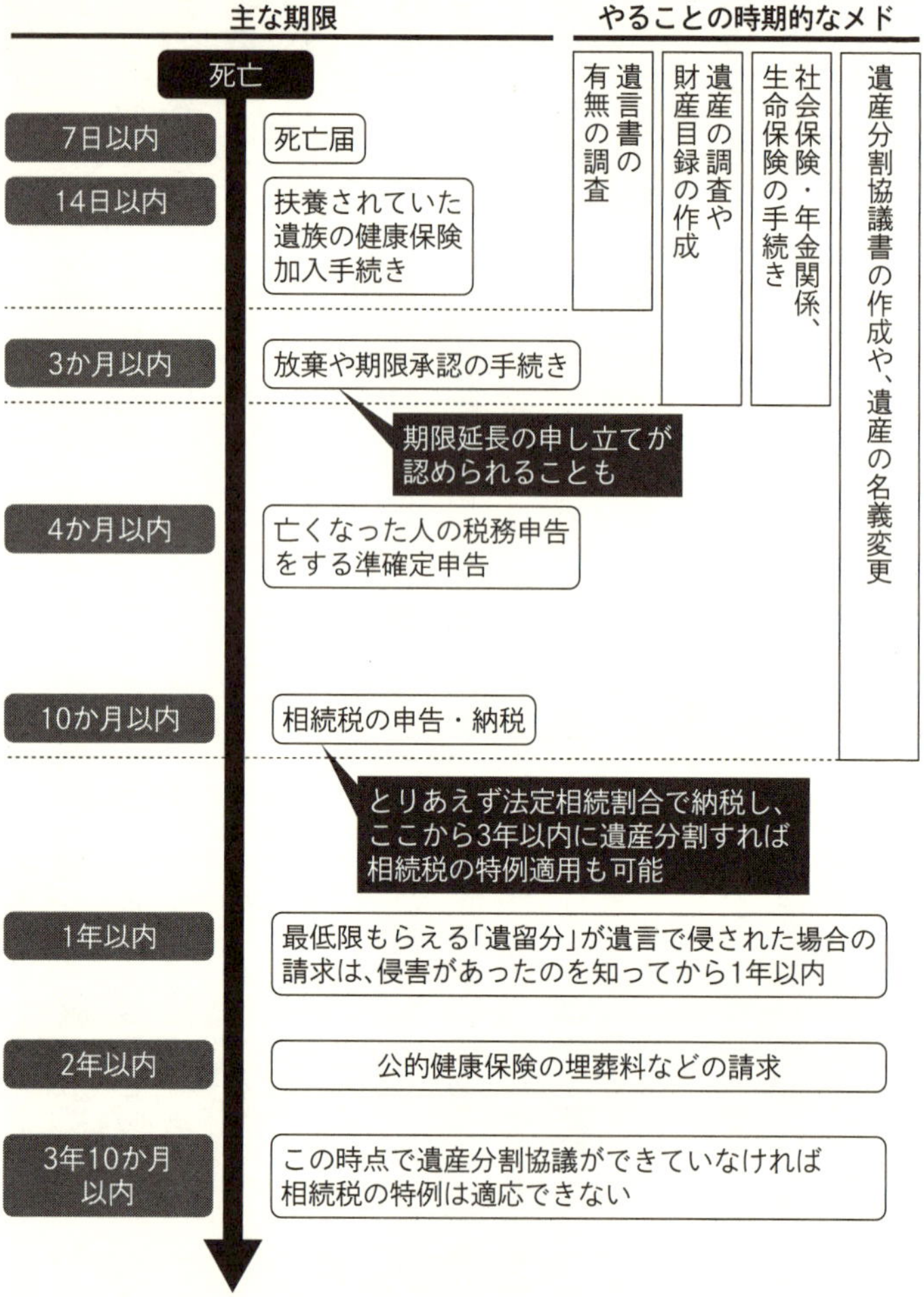
主な期限
やることの時期的なメド
死亡
7日以内
死亡届
14日以内
扶養されていた遺族の健康保険加入手続き
3か月以内
放棄や期限承認の手続き
期限延長の申し立てが認められることも
4か月以内
亡くなった人の税務申告をする準確定申告
10か月以内
相続税の申告・納税
とりあえず法定相続割合で納税し、ここから3年以内に遺産分割すれば相続税の特例適用も可能
1年以内
最低限もらえる「遺留分」が遺言で侵された場合の請求は、侵害があったのを知ってから1年以内
2年以内
公的健康保険の埋葬料などの請求
3年10か月以内
この時点で遺産分割協議ができていなければ相続税の特例は適応できない
遺言書の有無の調査
遺産の調査や財産目録の作成
社会保険・年金関係、生命保険の手続き
遺産分割協議書の作成や、遺産の名義変更

（注）期限の起算日は死亡日やその翌日など異なることがある

老後博士　とりあえず法定相続割合で分割したものと仮定した金額で申告・納税をすませ、その後3年以内に分割協議をまとめれば、遡って特例を使えるよ。だから、ぎりぎり3年10か月が限度ってこと。

ハナ　よし。この相続の章で、いよいよ卒論完成。私自身、自分の一生のマネープランを考えるうえでとても勉強になったわ。先輩って、見た目と違って実は頼りがいがあるってわかりました。

老後博士　前は僕のこと「貧相」だなんて言ってたもんな。

ハナ　貧相は貧相ですよ。

老後博士　……まぁ君は若き石油王と結婚するから、僕みたいな貧相な男に興味はないだろうけど。

ハナ　それが、ちょっと考えが変わったんです。私だけそんな生活していいのかって。

老後博士　そもそもそんな生活、実現しないから。

ハナ　とにかく思ったの。世の中のたくさんの人が、一生懸命に毎日を生きて、それでも老後が心配になるような状況って、おかしいって。

老後博士　ほんとそう思うよね。

ハナ　だから私も、せっかくパーソナル・ファイナンスをゼミで勉強したので、ドバイはあきらめます。かわりに先輩と同じような研究者になって、普通の人が安心して老後を暮せるようにするにはどうするか、考えていきたいなって。

老後博士　ハナちゃん……。

ハナ　なに？

老後博士　改心したのか。

ハナ　改心ってなんですか、失礼な！　とにかく、これからもいろいろ教えてくださいね。

老後博士　ババロアくれる？

ハナ　ババロアのかわりに、実は頼りになる先輩に、私のかわいい笑顔をプレゼント。

老後博士　どっちかっていうと、ババロアがいい。

ハナ　グーで殴りますよ。

コラム

遺言の「付言事項」が相続争いを防ぐ

相続があれば法定相続割合で遺産分けされるのが当然と思っている人がいますが、違います。遺言で遺産分けの比率を指示すれば、それが法定相続割合に優先されます。法定相続割合というのは、遺言での指示がない場合などに分け方の目安となる比率なのです。

相続のスケジュールで見たように、もめてしまって相続開始後10か月の申告・納税時期に間に合わないと、特例が使えず相続税負担が重くなってしまいます。一から遺産分割協議をまとめるのは結構大変で、しっかりした遺言があればスムーズに進みやすいと言えます。

図表7－17　遺言の種類

	自筆証書遺言	公正証書遺言（おすすめ）
特徴	手軽に作成できる。しかし偽造・隠匿のリスクに加え、記載内容の法的不備で無効になるケースも。	法律のプロである公証人のチェックを受けるため無効になる恐れが少ない。保管も公証役場でしてくれる。手数料が発生する
作成の仕方	全文と日付けを自分で書き、署名、押印。ワープロなどは無効	公証人と一緒に遺言書を作成。作成当日、証人2人以上の立会いの下、公証人、証人、本人がそれぞれ署名、押印
手数料	不用	財産の額に応じて数万円
保管方法	自分が保管	原本は公証役場で保管、謄本などは本人に交付される

遺言書の存在を相続人が知っているかどうかも重要なポイントです。ないと思って遺産分割協議をし、その後に遺言が見つかれば、紛争の種にもなりかねません。生前に遺言の存在と場所をきちんと相続人に伝えておくことが必要です。

遺言には、主に自筆証書遺言と公正証書遺言があります（図表7－17参照）。自筆証書遺言は、そもそも本物かどうかをめぐって争いになることも多いですし、法的な欠陥が見つかって無効になる場合も多く見られます。おすすめは、法律のプロが作成をチェックし、保管もしてくれる公正証書遺言です。

公証人が作る公正証書遺言なら、亡くなった人が遺言をどこかで作っていたらしいと思えば、全国すべての公証役場での公正証書遺言の有無が、オンラインで調べられるようになっています。

遺言の本体は財産の処分の指定などですが、法的に効力を持たなくても、相続人らに残す言葉を付加することができます。これを付言事項といいます。

どうしてこういう遺産分けの比率になったのかを説明し、家族への感謝の言葉を一緒に書くのです。そうすることで遺族に納得感が得られ、争いも少なくできるケースがよく見られます。

ある弁護士にお願いして、遺族4人の前で初めて遺言を読み上げる場面に立ち会わせていただいたことがあります。ご兄弟3人のうち3男の聡さん（仮名）だけが、相続割合が非常に低くなっていて、遺言で読み上げられるに従って聡さんの顔色が蒼白に変わっていきました。見ているこちらもハラハラしてきます。

しかし遺言の最後にこうした趣旨の付言事項がついていました（一部読みやすく変更）。

「聡は遺産分けが少ない結果になってしまった。しかし聡は大学時代、アメリカに留学し、学費と生活費で2000万円近いお金を出している。遺産分けが少ないのは兄ちゃんたちと公平にしたいという理由だ。しかし聡は末っ子で、兄ちゃんたちと年が離れていたこともあって、お父さん（遺言を書いた本人）もお母さんも、本当にかわいがって育てた。兄ちゃんたちと協力して、お母さんを大事にしてあげてくれ」

これを読み上げられているさなか、険しかった聡さんの表情がみるみるうちに変化し、途中から涙を流し始めました。お母さんと弁護士さんに頭を下げ、遺産分けに対する不満も一切口にしませんでした。

あのとき付言事項がなかったら、もしかすると遺産分けはもめていたかもしれません。遺言と付言事項の大切さを感じました。

おわりに　「早めの危機感」が老後貧乏を救う

——たぶん、なんとかなる。多くの人が、自分の老後について漠然とそう思っているのではないでしょうか。しかし本書の20ページで示したようなグラフを自分で作ってみると、「なんとかならないかも」と多くの人が実感すると思います。

もう少し詳しく考えたい場合は、人生の資金計画を考えるキャッシュフロー（ＣＦ）表を作ってみることをおすすめします。自分の結婚、住宅取得、子育てなどのライフイベントをおおまかに想定し、収入と支出、貯蓄残高などをシミュレーションするものです。

日本ファイナンシャルプランナーズ協会が、ホームページ（https://www.jafp.or.jp/）上で「提案書（要するにＣＦ表です）の作り方」をＦＰ志望者向けに説明していて参考になります（「ＦＰ資格を取るには」→「ＡＦＰを目指す」→「提案書作成ツール」）。実際のＣＦ表のひな形も同じサイトの「わたしたちの暮らしとお金」→「便利ツールで家計をチェック」の項目でダウンロードできます。初めての人でも、このやり方に沿って計算すれば、自分の生涯のＣＦをある程度想定できると思います。

自分で将来の資金計画を考えるのが有効なのは、受験勉強などでも、計画表を作ると時間の不足など様々な問題点が見えてくるのと同じかもしれません（笑）。そうした「早めの危機感」が老後貧乏を防ぐごとにつながるのではないでしょうか。30歳で気づけば改善できる資金計画も、退職直前では困難なことがあるからです。

この本に書かせていただいたことはすべて筆者個人の考え方であり、違うご意見もたくさんあると思います。それでもひとつの考え方として少しでも参考にしていただければ幸せです。執筆がひどく遅れるなか、がまん強く的確な助言をしていただいた編集者の網野一憲さん、筆者がこれまで公私ともにお世話になった平山惟夫さん、灰谷健司さんに感謝いたします。

２０１５年2月

田村正之

【著者紹介】
田村 正之（たむら・まさゆき）

日本経済新聞社　紙面解説委員兼編集委員。

立正大学経済学部非常勤講師、証券アナリスト（CMA、日本証券アナリスト協会検定会員）、上級ファイナンシャルプランナー（CFP®認定者）、1級ファイナンシャルプランニング技能士。

1986年、早稲田大学政経学部卒。日本経済新聞社に入社し、社会部、証券部、「日経マネー」副編集長、生活経済部次長などを経て現職。

主な著書に『月光! マネー学』『しぶとい分散投資術』（いずれも日本経済新聞出版社）、共著に『日本会社原論5』（岩波書店）など。田村優之の筆名で執筆した小説『ゆらゆらと浮かんで消えていく王国に』（TBSブリタニカ）で開高健賞受賞。近著の経済小説『青い約束』（ポプラ文庫）は12万部超のベストセラー。

老後貧乏にならないための
お金の法則

2015年 3 月23日　1 版 1 刷
2015年 9 月15日　　　4 刷

著　者　　田村　正之

発行者　　斎藤　修一
発行所　　日本経済新聞出版社
http://www.nikkeibook.com/
東京都千代田区大手町1-3-7　〒100-8066
電　話　(03)3270-0251(代)

印刷・製本　　三松堂
ISBN978-4-532-35631-6